쓰레기의 정치학

국경을 넘나드는 새로운 자원

케이트 오닐 지음 | **명선혜** 옮김 | **정 철** 감수

북스힐

쓰레기의 정치학

국경을 넘나드는 새로운 자원

초판 1쇄 발행 | 2021년 10월 10일
초판 2쇄 발행 | 2022년 10월 15일

지은이 | 케이트 오닐
옮긴이 | 명선혜
감 수 | 정철
펴낸이 | 조승식
펴낸곳 | 도서출판 북스힐
등록 | 1998년 7월 28일 제22-457호
주소 | 서울시 강북구 한천로 153길 17
전화 | 02-994-0071
팩스 | 02-994-0073
홈페이지 | www.bookshill.com
이메일 | bookshill@bookshill.com

ISBN 979-11-5971-357-6
정가 15,000원

• 잘못된 책은 구입하신 서점에서 교환해 드립니다.

약어 설명

BAN	Basel Action Network	바젤행동네트워크
Bo2W	Best of Two Worlds	베스트오브투월드
BPA	bisphenol A	비스페놀 A
EPA	US Environmental Protection Agency	미국 환경보호청
EPR	Extended Producer Responsibility	생산자책임확대
EU	European Union	유럽연합
GAIA	Global Alliance for Incineration Alternatives	글로벌소각대안연맹
GlobalRec	Global Alliance of Waste Pickers	세계폐기물수거인연합
HS Code	Harmonized System Code	통일상품분류체계
ILO	International Labor Organization	국제노동기구
ISRI	Institute for Scrap Recycling Industries	폐기물재활용산업연구원
ISWA	International Solid Waste Association	국제고형폐기물협회
MRF	Materials Recovery Facility	자원회수시설
MSW	Municipal Solid waste	도시 고형 폐기물
mt	million tons	100만 톤
NGO	Non-Governmental Organization	비정부기구
NRDC	National Resources Defense Council	천연자원방어위원회
OECD	Organization for Economic Cooperation and Development	경제협력개발기구
RIC	Resin Identification Code	플라스틱고유코드
RIOS	Recycling Industry Operating Standard	재활용산업운영표준
SDGs	Sustainable Development Goals	지속가능발전목표

StEP	Solving the E-waste Problem	전자 폐기물 문제 해결
SWANA	Solid Waste Association of North America	북미고형폐기물협회
UNEP	United Nations Environment Programme	유엔환경계획
UNFAO	United Nations Food and Agriculture Organization	유엔식량농업기구
WIEGO	Women in Informal Employment: Globalizing and Organizing	비공식여성고용: 세계화 및 조직화
WRAP	Waste and Resource Action Programme	폐기물자원행동프로그램
WTE	Waste-To-Energy	폐기물 에너지
WTO	World Trade Organization	세계무역기구

서문

주말도 공휴일도 없이 밤을 새 가기도 하며 여러 날을 사무실에 앉아 폐기물에 관한 글을 쓴다는 것은 개인적으로 정말 괴로운 경험이었다. 무심코 리유저블(재사용 가능) 머그잔 뚜껑을 여는 순간 지난주에 마셨던 카페라테 찌꺼기가 마치 나를 언제 씻어낼 거냐고 쏘아보듯 텀블러 안에 잔뜩 들러붙어 있는 모습을 누구나 한번쯤은 본 적이 있을 것이다. 물건을 몇 번만 쓰고 버려버리는 일회성 문화에서 자란 우리 세대에게는 폐기물이 적은 삶을 산다는 것이 꽤 어려운 문제로 다가온다. 우리는 무엇을 버리고 무엇을 재활용할지, 어떤 것을 사야 할지 사지 말아야 할지를 매 순간 결정하며 산다. 물론 이러한 결정을 하면서 어떠한 결과가 따라오는지는 대부분 생각하지 않는다. 이러한 소비 습관 때문에 우리 주변의 버려진 물건이 분해, 재활용, 재판매가 가능한 해외 시장을 향해 운송되고 있는 현실을 낳았다.

이 책은 물건의 탄생부터 폐기 이후의 여정을 가시적으로 그려 내었으며, 버려진 물품을 위해 존재하는 국제 시장과 남들이 쓰다 버린 물건에서 가치를 추출하여 생계를 유지하는 사람들의 이야기를 다루었다. 또한 폐기물이 새로운 자원 개척지로 부상하면서 어떠한 위험이 수반되었는지, 폐기물과 재활용 분야의 행동주의는 전 세계적으로 어떻게 성장했는지, 폐기물의 국제 거래 규제 방법을 모색하는 거버넌스 행위자들은 어떤 식으로 대응하고 있는지를 살펴보았다. 이 책은 소비자의 선택과 행동이라는 개인적인 측면보다는 사람들의 행동 혹은 습관에 깊이 뿌리 박혀 있는 폐기물에 대한 관행을 집중적으로 다루었다. 이 글을 쓰고 있는 지금 플라스틱 폐기물을 필두로 한 폐기물 관련 문제는 그 어느 때보다 높은 수준으로 국제적, 국가적, 지역적인 정치 의제로 거론되고 있다. 따라서 향후 몇 년 내에 분명 많은 변화가 일어날 것이다(독자들은 각자 흥미를 갖는 분야에 계속 관심을 두고 살피길 바란다). 이 책을 준비하면서 폐기물 분야에 산적한 도전 과제와 힘든 현실에 압도당해 좌절한 적도 있었지만, 완성해가면서 비록 우리 세대는 아닐지라도 인류의 폐기물 위기 대처 능력과 역량에 대해 조심스럽게나마 낙관할 수 있게 되었다.

긴 시간 동안 홀로 앉아 글을 써 내려갔지만, 이 책은 많은 사람과의 만남과 대화를 통해 완성되었다. 폐기물에 관한 일을 하면서 개인적으로 흥미로웠던 점은 폐기물에 대해 언제 어디서나 누구에게나 물어봐도 다양한 이야기와 의견을 들을 수 있다는 점이다. 그중 많은 이야기가 이 책으로 엮어졌으며, 책의 방향을 결정하는 데 도움을 주기도 하였다. 먼저 지난 몇 년 동안 콘퍼런스나 발표회, 피트니스 센터, 공항, 식당, 산책길에서 만난 사람들, 나의 수업을 듣는 학생들, 대학교 캠퍼스에서 만난 사람들을 비롯해 시간을 내어 이 책의 주제와 관련 하여 다양한 경험과 의견을 나누어주신 모든 분께 감사의 뜻을 표한다. 각 장의 초안을 읽어가며, 편집과 의견을 건네준 알래스테어 일레스, 에린 버그런, 라울 파체코-베가, 마니샤 아난사라만에게 특별히 감사의 인사를 건넨다. 또한 연구 보조원으로 활약해 준 나의 학부생 제자 레일라 후시이어, 시에라 웨스템, 오브리 힐스에게도 고마운 마음을 전한다. 책을 쓰도록 많은 영감을 준 피터 도베르뉴, 섀넌 데이비스, 에밀리 폴스비, 프레이야 냅, 루이스 멜러, 애론 킹, 에이미 메이슨, 스콧 실바, 안나 입 그리고 UC 버클리 제로 웨이스트 커뮤니티에도 감사를 표한다. 관련 수치와 데이터를 구하는데 많은 도움을 주신 조시 레포스키와 『세계 시각: 글로벌 개발 및 환경 협력 매거진Welt-Sichten: Magazin für globale Entwicklung und ökumenische Zusammenarbeit』의 편집자분들께도 감사의 말씀을 건넨다. 온라인 매체 『더 컨버세이션The Conversation』의 제니 웍스 덕분에 나의 이전 연구이자 광범위한 내용을 다룬 『중국 그리고 작전명 국가 검China and Operation National Sword』이 출판될 수 있었다. 트위터를 통해 많은 질문을 보내도 모두 답변해 주신 폐기물과 폐기학 관련 커뮤니티 여러분께도 진심으로 감사의 뜻을 표하는 바이다.

마지막으로 책을 쓰는 동안 여러 아이디어와 전폭적인 지원, 현실적 조언을 아끼지 않았던 나의 남편 윌 번즈에게 특별히 감사의 마음을 전한다. 재활용해야 할 것과 해서는 안 될 것(또한 재활용 가능 조건)에 대해 끊임없이 이야기를 쏟아 내어도 언제나 묵묵히 들어준 남편에게 감사할 뿐이다.

차례

CHAPTER 1

폐기물과 국제 정치경제

"인간이 사용을 원하지 않거나 사용하지 않게 된 것."(Gourlay 1992) 누군가에게는 생계의 수단이지만 누군가에게는 위험의 원천이 되기도 하는 것. 전 세계 어디에서나 획득할 수 있는 자원. 바로 이 책의 주제인 폐기물이다. 목재, 광물, 어획고 등과 같은 천연자원이 무서운 속도로 줄어들고 있다. 반면 인간의 경제 활동으로 파생된 폐기물은 엄청난 양으로 증가하고 있으며 이를 역으로 활용한 수익 창출 잠재력도 같이 증가하고 있다. 『인류세 리뷰 2017』*에 게재된 한 연구에 따르면 산업혁명 이후 인류가 생산한 물질 총량은 30조 톤에 달한다 (Zalasiewicz 외 2017).** 이렇게 축적된 물건의 상당량이 사라지지 않은 채

---

* *The Anthropocene Review*. 인류세와 관련한 연구 내용을 게재하는 연 3회 발행의 다학제간 학회지이다.

** 인류세란 인간 활동이 지구 환경이나 역사에 영향을 주기 시작한 시기부터 현재까

아직도 우리 곁에 존재하고 있으며 쓰레기(폐기물)로 구성된 새로운 지질층마저 형성하고 있다. 아직 밝혀야 할 추가적인 사항이 많지만 이 책은 폐기물은 저절로 사라지지 않으며, 추출해서 재사용할만한 자원적 가치를 지닌 존재라는 두 가지 사실만은 분명히 밝힌다.

폐기물은 매우 상세히 분류된다. 오수, 폐건전지, 건설 폐기물, 버려진 옷, 폐지, 플라스틱, 핵폐기물에 이르기까지 모두 넓은 의미로 보면 폐기물이다. 그러나 발생 기원, 생애주기, 주변에 끼치는 영향과 가치 등의 측면에서 바라보면 매우 세분된다. 가정집, 매립지, 공장, 바다, 야외 등 어디서나 쓰레기는 존재한다. 위성 잔해는 외기권을 막고 있고 더는 사용하지 않는 오래된 가전제품이 다락방과 지하실에 쌓여 있다. 폐기물은 지구 공동체로 흘러 들어간다. 플라스틱이 바다에 넘실대고 매립지 배출 가스가 기후변화를 악화시킨다. 하수 오물 같은 일부 유기성 폐기물은 빠르게 생분해되지만 대부분의 폐기물은 반감기*가 매우 길다. 신문, 바나나 껍질, 오렌지 껍질 같은 물질은 환경만 잘 조성되면 몇 주 만에 분해되기도 한다. 그러나 플라스틱, 도자기, 유리 등과 같은 대부분의 비유기성 폐기물이 분해되려면 수백 년은 걸린다. 핵폐기물과 일부 화학 폐기물은 수만 년은 지나야 독성 분해가 가능해진다. 따라서 정부 당국들은 현재의 인류가 사라져도 이러한 독성 폐기물이 후세에게도 매우 심각한 수준의 '위험물' 혹은 '위험'으로 인식될 수 있도록 적절한 상징물을 고안하는 지경까지 이르

지의 시간을 지칭하는 지질학적 시대구분이다.

* 물질을 구성하는 성분이 반으로 감소하는 데 필요한 기간을 말한다.

렸다. 미국 에너지부US Department of Energy 실무진은 에르바르트 뭉크 Edvard Munch의 명화 「절규」의 영인본을 이러한 위험물 경고 표시 중 하나로 사용하는 방법을 생각해냈다.[1]

폐기물은 버려지고 끝이 아니다. 폐기물에도 가치가 존재하기 때문에 재사용, 재활용, 재처리가 가능하며 이를 통해 폐기물로 넘쳐나는 지구 환경을 보호할 수 있다. 버려진 전자제품에는 구리, 금 등을 비롯한 여러 금속물질이 포함되어 있다. 철거된 건물의 잔해에서 고철 및 강관 파이프와 구조물을 떠받치는 부재 등을 추출할 수 있다. 버려진 음식물에서는 영양분과 에너지를 얻을 수 있다. 버려지는 것 하나 없이 모든 것이 재사용되는 이상적인 형태의 세계 순환경제를 창조할 수 있다면 인류는 지구의 유한한 자원과 함께 사는 법을 터득한 셈이다.

그러나 일상의 사소한 거래에서도 폐기물과 자원을 구분하는 평가기준은 매우 주관적이다. 물건을 어떠한 상황에서 어떻게 보느냐에 따라 달라지기 때문이다. 몇 년 전 내 친구 하나가 가족을 데리고 잠비아로 이주했다. 이사용 종이 상자를 풀어 짐을 꺼내고 나니 누군가가 찾아와 종이 상자를 수거해 가겠다고 했더란다. 종이 상자 값을 두고 오간 흥정에서 친구는 종이 상자 폐기 비용이라 생각하고 값을 불렀는데 오히려 찾아온 사람이 종이 상자를 구입해서 재활용할 생각으로 값을 지불하고 갔다고 한다. 이는 하나의 작은 예에 불과하지만, 누군가에게는 쓸모없는 폐기물이 다른 누군가에게는 귀중한 자원이나 재화가 될 수 있다는 사실을 잘 보여준다. 이처럼 입장에 따라 혹은 관점에 따라 생겨나는 차이가 거래, 시장, 거버넌스*를 더욱 복잡하게 만든다. 따라서 자원으로서의 폐기물이 얼마나 복잡한 문제인지도 이 책을 통해 살펴보도록 하겠다. 폐기물 자원은 폐기물을 다루는 작업자, 지역사회, 생산자, 운반자에게도 큰 위험을 끼친다. 자원의 가치는 시장 상황이 약간만 달라져도 변동하기 때문에 이러한 복잡성을 다룰 수 있는 거버넌스가 필요하지만 아직은 개발 단계에 있다.

세계 폐기물경제의 탄생

20세기의 경제 성장과 산업화의 진행으로 폐기물과 자원의 관계도 변화되었다. 제2차 세계대전 이후의 세계 경제 확장으로 부유한 국가가 대량의 일회용 소비를 최초로 경험하면서 오늘날 도시 고형 폐기물municipal solid waste, MSW이라 알려진 폐기물을 발생시켰다. 도시 고형 폐기물은 가정과 기업에서 발생하는 플라스틱, 종이, 금속, 비유기성 폐기물 등을 포함한 고체 상태의 폐기물을 뜻한다. 대규모 산업생산은 금속, 콘크리트, 유리 등의 자체 폐기물은 물론 환경에 오랫동안 잔류하는 주로 유독성을 띤 화학 폐기물을 대량으로 양산하였다.

폐기물은 수거해서 재사용할 대상이라기보다 처리해야 할 골칫거리가 되었다. 쓰레기 매립지와 소각 시설이 여기저기 더 많이 생겨났고 규모도 커졌다. 대형 도시 폐기물과 산업 폐기물을 수거, 제거, 처리하는 서비스의 등장은 중산층 이상이 거주하는 대부분의 동네에

* 공동의 목표 달성을 위해 주어진 자원 제약 하에서 모든 이해 당사자들이 책임감을 갖고 투명하게 의사 결정을 할 수 있도록 하는 제반 장치. '협치'라고도 한다.

서 폐기물은 더 이상 눈에 거슬리지도 않고, 신경 쓰이지도 않는 존재가 되었음을 의미했다. 그 결과 폐기물을 둘러싼 여러 문젯거리는 여러 환경 위험 문제와 동일한 양상으로 나타나고 있다. 즉 혜택은 사회적 또는 경제적으로 힘을 가진 사람들이 누리고 그 대가는 상대적으로 힘없고 돈 없는 먼 곳에 떨어져 있는 사람들이 치른다는 점이다. 자유 무역과 경제의 세계화 시대가 도래하면서 폐기물은, 특히 유해 폐기물은 가난한 나라로 보내지거나, 부유한 나라 간의 거래 대상이 되었다(Vallette와 Spalding 1990). 유해 폐기물의 경우 1990년대 당시 국제 거래의 최대 90%가 합법적으로 수행되었으며 OECD 회원국 간에 이루어졌지만, 도착지에서는 여전히 위험 요소가 되었다(O'Neill 2000). 이는 주변 폐기물 시설에 대한 저항으로 이어졌고 미국의 환경 정의 운동(Bullard 1991)을 비롯해 유럽은 물론 전 세계적으로 폐기물 관련 운동과 캠페인이 불붙듯 일어나는 계기가 되었다. 또한 그린피스인터내셔널Greenpeace International과 제3세계네트워크Third World Network와 같은 국제 NGO가 부국이 빈국에 쓰레기를 버리는 '독성 거래'를 저지하기 위해 나서기 시작했다.[2]

이와 같은 캠페인은 북쪽의 부국들이 독성 폐기물 처리에 따르는 위험과 비용을 다른 나라에 떠맡기는 상황의 정도와 심각성을 부각했다. 전 세계 곳곳의 대형 매립지에 산더미처럼 잔뜩 쌓인 고형 폐기물, 낡은 전자제품과 버려진 컴퓨터가 더미를 이룬 모습, 비교적 최근에 찍힌 버려진 플라스틱이 바다의 숨통을 막고 있는 파괴적인 모습 등을 담은 사진 덕분에 폐기물 문제의 심각성을 지구촌 전체가 깨닫게 되었다. 또한 폐기물이 매립지 주변의 지역사회에 끼친 부정적인 영향은 글로벌 행동주의를 일으켰다.

이러한 충격적인 실상 폭로는 버려진 물건, 금속, 에너지 등을 위주로 폐기물을 재활용하던 기존의 범위에서 벗어나 훨씬 더 큰 폐기물 스트림* 차원에서 폐기물을 재활용하고 추출 가치를 활용하자는 새로운 생각으로 이어졌다. 비공식 노동자와 대형 다국적 기업은 '도시 광산'이라는 새로운 가치에 눈을 돌려 자원을 추출하고 생계를 유지해 간다. 이는 또한 폐기물 스트림을 축소하고 폐기물 동선waste flow을 간소화하려는 노력으로 이어졌고 최종적 폐기에서 생산적 재사용으로 폐기물을 다루는 방향이 바뀌어 가고 있다.

세계 폐기물경제가 창조된 배경에는 몇 가지 원인이 있다. 첫째, 인류는 이제 폐기물에 내장된 가치를 측정할 수 있게 되었다. 한 예로 폐전자제품의 원재료 총 가치를 값으로 환산하면 2016년 기준 약 550억 유로(한화 약 76조) 정도 된다(Bald 외 2017). 대형 다국적 기업에서부터 동네 폐기물 수거인에 이르기까지 모두가 직접적인 경제적 이해관계로 재활용 원자재, 새로운 에너지원, 금, 구리를 비롯한 기타 가치 있는 금속을 캐내고자 혹은 남들이 버린 물건에서 쓸 만한 부품이나 물건을 찾아 생계를 유지하고자 폐기물을 찾아다닌다.

둘째, 인간의 생산과 소비는 아무리 창의력을 동원하더라도 더 이상의 쓰레기 보관 장소를 찾을 수 없을 만큼 너무 많은 양의 쓰레기를 배출한다. 부유해진 삶에 따른 소비, 생산 활동, 인구 증가를 생각하면 쓰레기 배출량이 늘어난 것은 당연한 결과이다. 특히 개도국의

* waste stream. 폐기물 처리 전 과정을 뜻하며 개별 혹은 분야 단위로 적용이 가능하다.

도시화 속도가 매우 빨라진 것도 여기에 한몫했다.

최근 수행된 두 건의 연구는 전 세계의 폐기물과 관련 도전과제를 정량화하여 분석하였다. UNEP와 폐기물 분야의 선도적 기관인 국제고형폐기물협회ISWA가 작성한 「세계 폐기물 관리 전망Global Waste Management Outlook」(Wilson 외 2015)에 따르면 전 세계의 도시 상업 산업 폐기물과 건설 및 철거 현장에서 발생하는 연간 폐기물의 총량은 약 70~100억 톤에 달한다.

세계은행이 초판과 개정판(Hoornweg와 Bhada-Tata 2012; Kaza 외 2018)을 제작한 「극심한 낭비: 고형 폐기물 관리에 대한 글로벌 리뷰What a Waste: A Global Review of Solid Waste Management」에 따르면 도시 고형 폐기물 생산량이 지난 세기에 비해 10배나 증가한 것으로 추정된다. 2010년 전 세계 도시 고형 폐기물의 일일 생산량이 350만 톤에 달했으며 2025년에는 600만 톤에 달할 것으로 예상된다. 폐기물 생산 총량과 일 인당 생산량은 아프리카와 남아시아에서 가장 가파른 상승세를 보인다. 중국의 일일 폐기물 생산량은 2005년 52만 550톤에서 2025년에는 140만 톤으로 상승할 가능성이 있다. 지금과 같은 상황을 지속한다면 다음 세기까지 도시 인구를 안정화하고 폐기물 발생 수준을 낮추어야만 전 세계적으로 "폐기물 정점peak waste"에 도달하는 현상은 피해갈 수 있을 것이다(Hoornweg 외 2013). 「극심한 낭비」 개정판(Kaza 외 2018)에 따르면 2050년까지 폐기물 발생량이 인구 증가량을 두 배 이상 앞질러 연간 총 34억 톤에 이를 것으로 전망하고 있다.

특히 플라스틱 음료수 병이나 포장 용기 같은 일회용 제품의 사용이 증가하면서 지구 전체에 쓰레기 더미가 늘어나고 있다. 2017년 영국의 유력 일간지인 『가디언』은 전 세계에서 일 분당 100만 개의 플라스틱 병이 팔리며 그중 10%만이 다시 병으로 재활용된다고 보도했다. 나머지 쓰레기는 멕시코시티, 베이징, 라고스 등 거대 도시로 성장하고 있는 도시 지역과 그 주변에 위치한 '초대형급' 매립지에 버려진다. 세계 상위 50대의 대형급 단순 개방형 매립지는 인근에 거주하는 6,400만 명의 일상생활에 직접적인 영향을 끼친다(ISWA 2016). 또한 바다로 흘러들어 간 수백만 톤의 플라스틱은 향후 수백 년 동안이나 바닷속에 머무르게 된다. 2018년 발표된 한 연구에 따르면 최소 7만 9,000톤의 해양 플라스틱이 160만 제곱킬로미터의 면적에 달하는 바다를 떠다니고 있다. 이는 텍사스 크기의 2배 혹은 관점에 따라 프랑스 면적의 3배에 달하는 크기로 추정된다(Lebreton 외 2018).

셋째, 변화하는 세계화의 압박과 양상이 세계 폐기물경제의 범위를 확장했다. 전 세계적으로 폐기물 거래량이 크게 늘었고 운송되는 폐기물의 종류도 다양해졌다. 폐기물 공급망의 이동 거리도 점점 늘어나고 있다. 수백 킬로미터 떨어진 이웃 국경 간 거리를 넘어 이제는 수천 킬로미터를 지나야 하는 대륙 간 거래가 행해지고 있다.

폐기물 공급망의 형태가 20년 전보다 훨씬 복잡해진 것을 보면 지구 북쪽에서 남쪽 방향으로 폐기물이 이동한다는 기존 관념은 이제는 유효하지 않다. 더욱 복잡해진 폐기물 이동은 개방된 세계 무역 규정, 더 커진 상품 이동 규모, 더 저렴해진 운송비용 그리고 기본적인 재활용과 폐기 과정에 필요한 값싼 노동력을 겨냥한 아웃소싱에 의해 주도되고 있다. 폐기물 수거 노동자(비공식 분야의 폐기물 처리 노동자)와 국제 운동 단체가 힘을 합하여 이러한 국제 거래에 반대하고 있으며 이는 결국 전 세계적으로 행동주의activism가 일어나도록 부추겼다. 예를 들어 남-남 방향의 전자 폐기물 거래는 주로 폐기물이 북쪽에서 남쪽으로 이동하면서 북쪽은 가해자, 남쪽은 피해자라는 기존의 통념을 뒤엎으며 북-남 방향의 거래 규모를 앞지르고 있다.

2018년 한 차례의 엄청난 사건으로 폐기물을 둘러싼 국제 정치가 재편되면서 많은 이들이 폐기물 재활용과 처분이 얼마나 세계적인 규모의 비즈니스인지를 깨닫게 되었다. 2018년 초까지 중국은 미국을 비롯한 다른 부유한 국가가 재활용 쓰레기통에 내다 버린 플라스틱의 거의 절반에 가까운 양을 들여와 자국의 제조업체 성장을 이끌어갔다. 그러나 2017년 중국은 이러한 수입 관행을 확실하게 중단하겠다고 발표한다. 중국이 수입한 플라스틱, 종이, 저품질 스크랩* 등은 양이 너무 많았고 오염도가 너무 심각해 쉽게 재처리 되지도 않았다. 자국을 '세계의 쓰레기 처리장'으로 여기는 것에 신물이 난 셈이다. 이 부분에 대한 자세한 내용은 6장에서 살펴보겠지만 중국은 '작전명 국가 검(폐플라스틱 수입 금지령)'**을 내걸어 재활용과 폐기물 관리 산업계를 충격에 빠뜨렸다. 또한 이를 계기로 이 책의 주제이기도 한 세계 폐기물경제가 얼마나 취약한 분야인지가 여실히 드러났다.

* scrap. 차량 부품, 건물 폐자재, 잉여 물질 등 재활용이 가능하면서도 금전적으로 가치 있는 폐기물을 통칭하는 용어이다.
** Operation National Sword. '날카로운 중국 관문의 검(Sharp Sword at the Gate of the Country)'으로도 번역된다. (원주)

세 가지 주제

이 책은 세 가지의 중요한 주제를 다룬다. 세계 자원 개척지*로 부상한 폐기물, 이 과정에서 확장된 위험성 그리고 이 두 가지가 함께 발생시킨 혁신을 포함한 거버넌스 측면의 도전과제이다. 이러한 현상은 다양한 종류의 국제 폐기물 거래, 폐기물 관리, 자원 추출을 둘러싼 외국인 직접 투자의 패턴이 변화하고 있다는 데서 더 확실히 파악할 수 있다.

세계 자원 개척지

최근 폐기물은 대규모의 개척 자원 중 하나로 부상했다. 일찍이 1969년 휴스턴에서 열린 폐기물 관리 세미나에서 당시 미국의 내무부 차관은 "쓰레기는 우리의 유일한 성장 자원"이라고 말한 바 있다(Crooks 1993). 2011년 세계 재활용 산업 협회인 국제재활용국Bureau of International Recycling, BIR은 '쓰레기 시대의 종말'을 선언했다. 이에 힘입어 환경론자, 업계 지도자, 정치인들까지 나서 폐기물은 이제 '사람이 필요로 하지 않거나 남아도는 물건으로' 간주되지 않을 것이라 주장했다. 실제 과거와 현재에 발생한 폐기물을 통해 더 부유하고 더 지속가능한 미래를 열어갈 수 있다.

경제 성장이 가장 빠른 속도로 일어나고 있는 곳에서는 재처리나 재활용을 통해 새로운 제품이나 재료로 탈바꿈이 가능한 폐기물 추출

* 프런티어(frontier)라고도 하며, 말 그대로 새로운 개척 분야를 뜻한다.

자재를 찾는 경우가 늘어나고 있다. 실제로 전자 폐기물 거래량의 증가와 서방 세계가 쓰고 버린 플라스틱, 종이, 스크랩류 등을 중국이 거둬들이는 정도를 보면 이를 실감할 수 있다. 폐기물 개척지에는 노동자, 시 당국, 폐기물 에너지 광업 분야의 다국적 기업, 국제 기구, 행동주의 단체, 그리고 생산 지점에서부터 처리 지점까지 폐기물 운송을 감독하는 중개인 네트워크가 진출해 있다.

자원의 희소성이 한계점에 도달하면 자원 개척지가 생성된다. 에드워드 바비어Edward Barbier가 주장하듯 경제 성장은 희소 자원을 분배하는 것뿐만 아니라 새로운 자원 개척지를 찾고 발굴하여 가공과 판매를 할 수 있는 곳으로 운반하는 것까지 포함한다. 개척지는 "노동과 자본보다 이례적으로 풍부한 천연자원과 토지가 있는 지역 또는 원천"을 뜻한다(Barbier 2015; Peluso 2017 참조). 개척지는 공간적 차원을 뜻하기도 하는데 기후변화로 해빙이 녹으면서 북극은 석유와 광물 자원의 새로운 개척지로 묘사된다. 때로는 기술이 개척지를 창출하기도 한다. 최근 들어서 가능해진 심해 채굴 기술 덕분에 유가를 낮추고 새로운 공급원에 도달할 가능성이 열렸지만 실제로 착수하기에는 아직 비용 대비 효율성이 떨어진다.

개척지라는 용어는 중립적으로 사용되지 않는다. 개척지는 19세기 중반 태평양 지역을 중심으로 일어난 골드러시 현상과 미국 서부 정착민들이 원주민을 짓밟아가면서까지 땅을 차지하려 앞다투던 때를 연상케 한다. 경쟁, 갈등, 심지어 폭력이 동원되고 그 과정에서 오히려 기존 자원 사용자나 지역사회가 쫓겨나는 상황 등이 발생하는 곳이 바로 개척지이다. 하지만 동시에 제도화된 거버넌스가 없으면 누군가 큰 이익을 볼 수 있는 가능성이 존재하는 곳이기도 하다.

폐기물은 독특한 형태의 세계 자원 개척지다. 조셉 슘페터Joseph Schumpeter는 이러한 맥락에서의 개발이란 "이미 존재하거나 새로이 발견되어야 하는 원자재 공급원을 찾아 정복하는 것"을 의미한다고 설명한다(Schumpeter 1961, Barbier 인용). 폐기물 자원 개척지에는 먼 곳과 가까운 곳의 구분이 소용없을 정도로 특정한 지리적 위치가 정해져 있지 않다. 폐기물은 쓰레기 매립지, 소각 시설, 다락방이나 지하실 그리고 인간 거주지 주변의 쓰레기 하치장에 이르기까지 여기저기에서 수십 년 동안이나 도처해 있었다. 폐기물은 이동성도 높다. 책의 뒷부분에서 자세히 언급하겠지만 전자 폐기물, 플라스틱, 음식물쓰레기, 스크랩(중고 의류, 중고차, 중고 타이어 등)은 국경 내에서뿐만 아니라 국경을 넘어서까지 자주 그리고 쉽게 운송된다.

폐기물 개척지는 경제적 필요(천연자원의 실질적 혹은 예상되는 희소성), 기술력(폐기물 에너지, 금속 추출 기술) 그리고 풍부한 자본과 값싼 노동력에 의해 그 문이 열렸다. 이 분야의 기업과 지역사회가 시장접근, 시장점유율 그리고 생계를 위해 경쟁할 때 경쟁과 갈등이 발생한다. 다른 천연자원과 마찬가지로 매립지를 덮어버리거나 둘레를 울타리 치는 행위 등의 사유지 전환* 과정에서 해당 자원을 공동재산이나 생계 수단으로 여겨 온 기존 사용자를 배제하기도 한다.

폐기물 개척의 근거는 환경적인 이유에서뿐만 아니라 경제적인

* 인클로저(enclosure)라고도 하며 미개간, 공유지, 농민 보유지 등을 울타리로 에워싸 완전 사유지로 전환하여 배타적 소유권을 형성하는 행위를 말한다.

측면에서도 찾을 수 있다. 기업, 정부, 시민 사회 참여자들은 폐기물 개척과 재사용을 지속 가능 혹은 친환경 경제의 중요한 구성 요소로 간주한다. 폐기물 에너지 분야의 기업들은 기존 에너지원이 배출하는 온실가스를 감축시키는 데에 있어 자신들의 역할을 강조한다. 도시광업에 종사하는 다국적 기업과 소규모 도시 재활용업체는 자신들이 금속을 추출하거나 재사용함으로써 친환경적인 서비스를 제공한다는 점을 자랑한다.

지역 공동체, 정부 당국, 폐기물 처리 노동자 및 지역 행위자들이 세계 폐기물경제에 어떻게 관련되어 있는지를 살펴보면 인간 거주지 안팎에서 발견되는 세계적 자원 개척지로서의 폐기물이 어떤 특징을 지녔는지도 파악할 수 있다. 폐기물 자체가 독특한 자원은 아니지만 어느 지역에서나 존재한다는 점, 지구촌 곳곳으로 이동될 수 있다는 점은 폐기물만이 지닌 특성이라 할 수 있다. 따라서 폐기물은 지역적 차원의 문제가 아닌 세계적 차원의 자원으로 재인식될 필요가 있다. 폐기물 개척지의 가시성을 높여야 효과적인 거버넌스 메커니즘을 구축할 수 있다. 효과적인 거버넌스를 통해 다음 절의 주제인 더 커진 폐기물의 위험성을 완화하고, 폐기물을 귀중한 자원으로 재사용 가능하다. 이와 관련한 자세한 사항은 차차 설명할 특히 지구 남쪽의 폐기물 작업과 노동력의 실태, 전자 폐기물과 스크랩(철강, 플라스틱, 종이 등)의 국제 무역 사례를 통해 더욱 확실히 파악할 수 있다.

더 커진 위험

폐기물의 자원 가치가 이전보다 높이 인정됨에도 불구하고 폐기물은 여전히 위험요소로 간주된다. 이러한 위험은 지난 수십 년 동안 폐기물의 발생, 이동 및 영향력이 전 세계적으로 나타나면서 더욱 심각해졌다. 폐기물의 부정적인 영향은 소수 인종 또는 소수 민족 집단 중에서도 경제적으로 가장 취약한 집단에 불균형적으로 발생하며, 폐기물이 생산된 곳으로부터 멀리 떨어진 장소에서 처리됨에 따라 이러한 위험이 더욱 악화하였다. '멀리두기distancing'는 말 그대로 폐기물이 거래를 통해 혹은 해류를 타고 생성된 곳에서부터 수천 킬로미터 떨어진 곳으로 이동할 수 있다는 의미다. 비유적으로 표현하자면 먼 곳으로 사라진 쓰레기는 생산한 사람들의 머릿속에 더는 존재조차 하지 않거나 생각조차 나지 않는 그 어떤 것이라 할 수 있겠다. 쓰다 버린 플라스틱, 종이, 전자제품이 어디로 가는지 누가 그것을 처리하는지를 궁금해하는 사람은 거의 없다. '멀리두기'를 하나의 개념으로 받아들인다면 세계화 시대의 불평등이 무엇인지 이해할 수 있을 것이다(Clapp 2002; Princen 2002). 이는 세계의 소비와 생산, 그리고 이 둘을 연결하는 공급망에도 똑같이 적용된다.

폐기물 관리와 폐기물 위기 해결책과 관련된 위험성도 확대되었다. 세계에서 가장 크고 빠르게 성장하는 도시 주변에는 거대 쓰레기 매립지가 산재해 있는 것을 볼 수 있다. 매립지 주변 지역은 그 자체로 거대하고 큰 공동체를 형성한다. 실제로 202헥타르(약 61만 평)에 이르는 파키스탄의 잼 차크로Jam Chakro 지역에는 5,000개의 비공식 재활용 공동체가 구성되어 있으며 반경 10킬로미터 내 지역에 500만 명이 살고 있다. 연간 23만 톤의 쓰레기를 처리하는 인도네시아의 반타르 게방Bantar Gebang 지역에는 이미 2,800만~4,000만 톤의 쓰레기가 산적해 있다. 이 두 지역은 세계 50대 '초대형급 매립지' 중 단 두 곳에 불과하다(ISWA 2016).

엄청난 양의 폐기물 축적은 문자 그대로의 위험을 초래한다. 초대형 매립지 주변에서는 높이 쌓인 쓰레기 더미가 무너져 내리는 '쓰레기 사태'로 사람들이 목숨을 잃기도 한다. 2015년 12월부터 2016년 6월까지 전 세계적으로 750명 이상의 사람들이 쓰레기 처리장 내의 폐기물 부실 관리로 목숨을 잃었다(ISWA 2016). 폐기물 소각 시 발생하는 연기는 건강을 위협한다. 쓰레기 처리장의 불은 몇 주, 몇 달, 심지어 몇 년 동안 꺼지지 않으면서 독소와 기름 찌꺼기를 주변 공기와 지면에 배출한다. 2012년 쿠웨이트의 한 쓰레기 하치장에서 500만 개가 넘는 타이어를 소각하였는데 이때 발생한 연기는 우주에서도 보일 정도였다.

재활용 공장은 미국과 유럽에서 인건비가 저렴하고 규제가 느슨한 남아시아, 동아시아, 아프리카 지역으로 옮겨갔다. 폐기물 작업은 여전히 어렵고 위험하며 도시 및 산업 폐기물의 수거, 처리 및 재활용은 보건 및 안전 규정이나 고용 보장 등의 보호를 받지 못하는 비공식 노동자나 폐기물 수거업자가 수행하는 경우가 대부분이다. 폐기물 관련 범죄는 초국가적으로 발생한다. 국제 경찰기구인 인터폴의 환경 범죄 전담 부서는 국경 간 전자 폐기물 밀거래를 단속한다. 깨끗하고 친환경적인 폐기물 에너지 생산이라 자랑하는 쓰레기 소각 역시 유해성분 배출이 통제되지 않으면 지역사회에 해를 끼칠 수 있다.

가장 위험한 폐기물은 환경 속에 오래 머물며 대대로 독성 유산 toxic legacy을 남긴다. 고준위 핵폐기물은 단 1그램도 안전한 방식으로 폐기되거나 장기간 격리 보관되기 힘들다. 사용 후 핵연료봉(폐연료봉) 원전 주변의 저장수조에 계속 보관될 뿐이다. 2011년 후쿠시마 다이이치 원전 참사가 대표적인 예이다. 도호쿠 지진(리히터 규모 9.0)과 쓰나미가 비상 발전기를 정지시키면서 연쇄 붕괴가 촉발됐다. 발전소 옆에 위치한 냉각 연못의 물이 말라 폐연료봉이 과열되면서 상당량의 방사성 물질이 대기 중으로 방출됐다. 15만 명 이상의 인근 주민이 대피했고(대부분은 아예 떠나버렸다), 300킬로미터 이상 떨어진 곳에서 생산된 식료품에서도 방사능이 검출되었다. 이 사고로 신규 원전에 대한 전 세계적인 기대와 전망이 크게 떨어졌다.

도시 지역 특히 개발도상국 및 신흥국에서의 도시 고형 폐기물 증가는 기존 폐기물 수거 인프라에 부담으로 작용한다. 전 세계적으로 최소 20억 명의 사람들이 여전히 고형 폐기물 수거에 대한 접근성이 부족하며 최소 30억 명의 사람들이 통제된 폐기물 처리 시설에 대한 접근성이 부족하다(Wilson 외 2015). 2015년 레바논에서는 정부 당국이 주요 매립지를 폐쇄하면서 위기가 촉발됐다. 베이루트 교외를 따라 흐르는 강에 흰색 쓰레기 비닐봉지가 잔뜩 떠다니는 사진이 2015년 전 세계로 전파됐다. 비록 도시에 스며드는 악취나 쓰레기가 내뿜는 공중보건상의 위협까지 전달되지는 않았지만 사진 속 장면은 가히 충격적이었다. 레바논 정부와 영국 기업 간의 레바논 폐기물의 러시아 운송 계약이 무산되면서 레바논의 쓰레기 위기는 여전히 해결되지 않은 문젯거리로 남았으며 정부와 국민들 간의 갈등도 계속되고 있다.

2차 소재와 관련한 세계 시장은 여전히 취약하다. 2차 소재는 세계 경제의 흥망성쇠, 천연 원자재 가격 또는 중국 같은 주요 구매국의 갑작스러운 정책 변화에 영향을 받는다(Jolly 2007; Xiarchos와 Fletcher 2009). 우선 역사적으로 스크랩 금속의 경우 1차 금속과 달리 충격과 단기 변동성에 노출되어도 가격을 안정화하는 역할을 하는 미래 시장이 없다. 스크랩 금속은 1차 금속보다 수익성 마진이 작기 때문에 가격 변동이 시장에 훨씬 더 큰 영향을 미친다.

이러한 시장 취약성은 미국의 대형 스크랩 중개인에서부터 수거한 스크랩을 내다 팔기 위해 수 킬로미터를 걸어야 하는 남아프리카공화국의 비공식 노동자에 이르기까지 영향을 끼친다(Schenck 외 2017). 2008년 세계 금융 위기로 시장이 붕괴하자 수천 톤의 스크랩이 항구에 묶여 갈 곳이 없어졌다. 중국이 스크랩 수입 제한 조치를 강행하자 폐플라스틱을 실은 컨테이너선들이 외항에서 대기할 수밖에 없었다. 세계화된 시장의 외생적 충격과 내생적 충격은 이러한 위험에 대비할 능력이 부족한 근로자, 산업계 그리고 지방 정부에까지 급속한 연쇄 효과를 끼친다.

거버넌스 도전과제 및 혁신

세계 폐기물 위기는 매우 복잡한 문제이다. 폐기물은 국경을 넘어 바다, 대기, 심지어 우주에까지 산재해 있을 정도로 초국경적인 문제이지만, 거리에 쌓인 폐기물 처리를 위한 지역사회 단위의 소각장과 매립지도 있어야 하므로 매우 지역적인 문제이기도 하다. 많은 행위자가 폐기물 생산, 수거, 처리 및 재활용 사업에 관여되어 있으며 종종 직접적인 이해관계를 놓고 서로 충돌한다. 정확한 데이터 획득이 어렵기 때문에 폐기물 관련 오염 발생에 대한 책임 역시 추궁하기가 어려운 문제이다. 폐기물은 인류가 처리할 수 없을 정도로 전 세계에 쌓여가고 있다. 특히 경제 성장 가도를 달리고 있는 아시아와 아프리카의 거대 도시에서 폐기물이 쌓여가지만 정작 이런 도시에는 폐기물 처리 인프라가 구축되어 있지 않다. 이러한 상황은 환경 불평등을 야기하며 뒷장에서 자세히 나오겠지만 폐기물을 위험(폐기물)으로 또는 자원(스크랩)으로 다루어야 하는지에 대한 논쟁으로 이어진다.

폐기물을 글로벌 자원 개척지로 간주하는 것 자체가 전통적인 폐기물 거버넌스 패러다임에 대한 근본적인 도전이다. 이제는 단순히 물건의 사용 연수가 다했다고 해서 사용이 끝났다고 할 수 없다. 그렇다고 해서 목재, 석유 또는 광물과 같은 전통적인 자연 추출 자원 거버넌스를 폐기물에도 적용할 수 있는 것인가? 폐기물의 특성을 올바르게 이해하는 것도 폐기물의 국제 정치를 매우 가시적인 존재로 만들 수 있는 하나의 방법이다. 최악의 위험이 수천 킬로미터 떨어진 곳에 사는 다른 사람들에게 더 싸게, 더 쉬운 방식으로 떠맡겨서 해결될 수 있는 문제라면 그 어떤 기술이 개발된다고 하더라도 무용지물이 될 수 있다. 세계 폐기물 거버넌스 관련자들은 취약계층을 향한 위험은 최소화되고 혜택은 공유되는 방식으로 폐기물 자원을 추출하고 활용할 수 있도록 방법을 모색해야 한다.

이어지는 장에서는 전자 폐기물, 음식물쓰레기, 스크랩 분야(플라스틱 폐기물 포함)가 당면한 거버넌스 측면의 도전과제와 그 해결법에 대해 살펴보겠다. 음식물쓰레기에 반대하는 캠페인이 혁신적인 거버넌스 해법을 낳았다. 스크랩 분야의 행위자들은 스크랩이 국경을 넘어 안전하게 운송될 수 있도록 스크랩 라벨링 또는 인증제 허용을 고려하고 있다. 도시들은 앞다투어 '제로 웨이스트Zero Waste' 이니셔티브를 시행하고 있고 행동주의 연맹이 국내외 비공식 부문 노동자들의 역할을 변화시키고 있다. 1989년 유해 폐기물의 국가 간 이동 및 그 처리 통제에 관한 바젤협약Basel Convention on the Control of Transboundary Movements of Hazardous Wastes and Their Disposal을 비롯한 기존의 국제 협약이 최근 등장한 세계 폐기물경제를 통제하기에는 역부족함이 증명되고 있다. 2015년 UN의 지속가능발전목표SDGs를 개발하고 이행하는 행위자들은 폐기물 감축과 제로 웨이스트 목표를 수용했다. 하지만 지속가능발전목표는 회원국이 준수해야 하는 엄격한 지침이 아니기 때문에 구속력 없는 규범적 차원의 목표일 뿐이다.

폐기물 운동가들의 풍경도 변모했다. 행동주의 단체가 거버넌스 이니셔티브에 영향을 끼치기도 하고 그들만의 거버넌스를 창조하기도 한다. 폐기물 수거인 네트워크가 새로이 형성되어 국제 NGO와 지역사회 기반 조직 사이에서 활동을 넓혀가고 있다. 세계폐기물수거인연합GlobalRec과 쓰레기 소각에 반대하며 제로 웨이스트 운동을 펼치고 있는 글로벌소각대안연맹GAIA 등이 그 예이다. 오랫동안 유해 폐기물 거래에 반대하며 전면 금지를 주장해 온 바젤행동네트워크BAN는 이제 북에서 남으로 향하는 전자 폐기물 거래 종결에 초점을 맞추고 있다. 세계적인 '수리권right to repair' 운동이 전자업계의 계획적인 노후화(혹은 구식화)를 밀어내고 있다. 해양의 플라스틱 오염 위기가 점차 알려지면서 해양 관련 단체들이 폐기물 및 화학물질 단체들과 힘을 합해 UN의 조치를 촉구하고 있다. 천연자원방어위원회NRDC와 세계자원연구소WRI와 같은 NGO들은 자신들의 활동 영역에 음식물쓰레기를 포함했다. 영국에 본사를 둔 폐기물자원행동프로그램WRAP과 같은 연구 중심 NGO들은 소비자 폐기물에 대한 인식 개선과 정치적 투명성을 높이는 귀중한 노력을 하고 있다.

제로 웨이스트 행동주의 역시 지난 10여 년 동안 대학교 캠퍼스와 도시 정책 프로그램을 통해 활동하고 있으며 지속가능발전목표UN 고위급 회담에서 높은 수준으로 논의되는 등 중요한 성과를 내고 있다. 제로 웨이스트 활동가들은 매립지로 향하는 폐기물을 재활용과 재사용 용도로 최대한 전환하는 등 폐기물 생산 자체가 줄어들 수 있도록 다양한 정책과 프로그램을 추진하고 있다. 엘렌맥아더재단Ellen MacArthur Foundation을 비롯한 세계 유명 재단은 세계 순환경제 구축을 사명으로 삼고 있다. 폐쇄루프재단Closed Loop Foundation과 같은 단체들은 민간 및 공공 자금을 활용하여 미국과 세계 여러 나라에 폐기물 인프라를 건설하고 있다. 국제고형폐기물협회, 북미고형폐기물협회SWANA, 폐기물재활용산업연구원ISRI과 같은 폐기물 관련 협회는 자국 폐기물 산업을 대표하고, 데이터 수집과 연구 활동을 하며, 지속 가능한 폐기물 관리 해법을 추진한다.

지구촌이나 국가 지방자치단체 공동체의 기존 폐기물 거버넌스 대책은 논란이 되는 경우가 많다. 새로운 세계 폐기물경제 내에서 거버넌스 이니셔티브를 수립하려면 많은 경쟁적 이해관계와 영향력을 고려해야 한다. (각종) 폐기물 거래는 특히 골치 아픈 예다. 국경을 넘어, 특히 부유한 나라에서 가난한 나라로의 폐기물 운송 금지는 오래전부터 국제 거버넌스의 주요 과제였지만 최악의 유해 폐기물 덤핑 사례를 제외하고는 실패했다. 폐기물을 세계화된 자원으로 간주함으로써 얻을 수 있는 한 가지 교훈이 있다면 폐기물이 구매자, 판매자, 사용자가 있는 시장으로 흘러간다는 것이다. 지구 북쪽에서는 폐기물 처리 시설을 거의 찾아볼 수가 없다. 따라서 세계 재활용경제의 운명은 공급이 아닌 수요가 발생하는 곳을 중심으로 이동하는 폐기물이나 스크랩의 거래에 달려있다. 이러한 사실은 어떻게 해서든 국제사회가 안전하고 효과적으로 폐기물 거래를 할 수 있는 방법 또는 폐기물(발생)을 원천적으로 차단할 수 있는 방법을 찾아야 함을 시사한다. 바젤협약이든 WTO(6장 참조)이든 폐기물의 글로벌 거버넌스를 위한 최적임자를 찾는 일은 현재 진행형의 도전과제이다.

폐기물에 대한 관점

세계 폐기물과 재활용경제를 완전하게 이해하려면 폐기물을 보다 다양한 관점에서 살펴볼 필요가 있다. 즉 폐기물을 외부성* 물질, 원자재, 생계의 수단, 그리고 심지어 생산을 위한 가치 있는 투입재로 볼 수 있다. 이러한 관점을 통해 각각의 장에서 자세히 다룰 폐기물 작업, 음식물쓰레기, 전자 폐기물 및 플라스틱 스크랩의 복잡한 경제를 살펴보고자 한다. 이러한 의미론적 연관 체계는 지리학자 사라 무어Sarah Moore가 개발한 사회에서의 폐기물 역할에 대한 개념 체계에 기초한다(Moore 2012).

* 또는 외부효과(시장 참여자의 경제적 행위가 의도하지 않은 편익이나 손해를 끼침에도 불구하고 아무런 대가를 받지도, 지불하지도 않는 현상)라고도 한다.

역사적으로 인류는 폐기물을 외부성 물질 또는 생산 활동에서 의도치 않게 발생한 부산물로 여겨왔다. 따라서 폐기물의 수거, 관리, 처리는 보이지 않는 서비스로 설계됐다. 실제로도 폐기물은 눈앞에서 보이지 않도록 치워지며 여기에는 정치적인 요인도 작용한다(2장 참조). 폐기물 생산자들은 돈을 지불하여 폐기물을 먼 곳으로 치워버린다. 폐기물을 부정적인 외부효과의 관점에서 본다면 폐기물 생산자보다 오히려 처리 대상 폐기물이 도착한 지역사회와 환경이 더 많은 대가를 치르고 있는 셈이다. 그러므로 폐기물 발생이 생산 단계에서부터 근본적으로 줄어들도록 하는 동기부여가 거의 제공되지 않는다. 실제로 폐기물 생산, 운송, 처리 책임자들의 대부분은 자신들의 행동이 면밀한 조사 대상이 되지 않기를 바란다. 바로 이러한 태도 혹은 관점이 폐기물 관리 시스템, 매립이나 소각 같은 처리 기술 및 거버넌스를 수십 년 동안 지배해 왔다.

폐기물은 또한 상당한 위험이나 위험요소를 초래할 수 있다. 화학 물질의 생산과 사용이 늘어나면서 사람들이 많이 사용하는 제품에도 독소와 오염물질이 흘러 들어갔다. 이러한 위험은 폐기물을 안전하게 관리하지 않을 시 더욱 악화한다. 종종 이러한 위험은 빈곤층, 소수 인종이나 소수 민족 거주지 또는 그 밖의 소외된 지역사회에 집중된다. 최근 들어 폐기물이 발생하고 쌓여가는 것도 온실가스 배출에 영향을 끼친다는 사실이 밝혀졌다. 따라서 폐기물 관리, 사용, 감소는 기후변화를 겨냥할 수 있는 무기가 된다.

폐기물은 중요한 자원이기도 하다. 폐기물에는 사용 가치와 추출 가치가 있는 귀중한 자원이 포함되어 있다. 폐기물은 광석의 일종으로 추출, 재판매, 재사용이 가능한 귀중한 금속을 함유하고 있다. 동시에 폐기물은 석유나 가스 같은 에너지원이 될 수 있으며 재정비와 재사용을 통해 건설용으로도 사용할 수 있다. 버려진 플라스틱, 종이, 섬유, 유리도 재활용이나 재사용이 가능하다. 기업들은 폐기물 '광산'에서 값진 희토류 금속을 추출하고 폐기물에 열처리나 생물학적 처리를 가해 에너지를 생산하기도 한다. 장인 가구 제조업자가 철거된 주택에서 폐목재를 수거해 가구를 만드는 것을 폐기물의 '업사이클링'*[1]이라 한다. 대형 광산업체 역시 예외는 아니다. 이들은 쓰레기 폐기장이나 전자 폐기물 처리 시설에서 추출 가치가 있는 금이나 금속 물체를 찾아다닌다.

폐기물을 원자재로 생각하는 것은 자원으로서의 폐기물 역할과 밀접한 관련이 있다. 폐기물 스트림에서 폐기물이란 원자재를 꺼내어 새 상품으로 재정비한 후 다시 내다 팔 수 있다. 예를 들어 버려진 휴대폰을 분해해서 가치 있는 금속물은 추출하고 나머지는 다시 버려진다. 이런 의미에서 폐기물은 자원이 된다. 버려진 휴대폰은 수리 또는 재정비할 수 있다. 이 경우 폐기물은 상품이 된다. 의류나 자동차 같은 중고품은 국내 혹은 국경을 넘어 운송되는 상품으로 간주한다.

자원과 상품으로서의 폐기물은 지역적이든 국경을 넘든 사람들이 사고파는 물건이며 사람들의 일자리와 생계가 달린 생계 수단이기도 하다. 폐기물 처리와 재활용은 전 세계의 빈민굴, 빈민가, 도시 외

* up-cycling. 'upgrade'와 'recycling'의 합성어. 버려지는 물건을 재활용해 새로운 가치를 가진 제품으로 만드는 것을 뜻한다.

연부의 생계형 노동자들로부터 폐기물 관리, 재활용, 채굴 업체의 고위급 임원에 이르기까지 전 세계 수백만 명의 생계 수단이다. 폐기물 수거, 재활용, 재판매는 위험하지만 쓰레기 수거의 역사가 보여주는 것처럼 계층 상승 이동의 수단이 될 수 있고(Zimring 2015), 다른 잔업보다 더 나은 수준의 임금을 제공할 수 있다. 그러나 이러한 생계의 수단은 지역의 '대형 업체'나 최근 생겨난 형태의 대형 다국적 기업이 등장하여 폐기물 처리 업무를 빼앗아 가고, 매립된 폐기물에서 가치 추출을 독점적 수행하려 할 때 위협받는다.

'생산, 사용, 폐기'라는 기존의 선형 경제에 대한 반대 개념으로 최근에 새롭게 등장한 세계 순환경제가 폐기물에 대한 관점을 바꾸어 놓고 있다. 폐기물은 모든 것(또는 가능한 한 많은 것들)이 생산 과정으로 재순환되거나 재처리 혹은 재활용되는 순환경제에 있어 중요한 투입재가 된다. 학교, 도시, 국가 및 글로벌 행위자들이 추구하는 목표는 바로 순환형 또는 제로 웨이스트 경제를 구축하는 것이다. 이러한 관점에 대한 내용은 2장에서 자세히 다루고자 한다.

책의 개요

2장(폐기물 이해하기)은 이후의 사례 연구를 이해할 수 있는 토대가 되며, 폐기물의 정의와 관련된 내용을 설명한다. 또한 박스 1.1에 설명된 6가지 관점과도 연결되는 총 3가지 유형의 가치(폐기물 수거 및 처리의 가치, 자원 추출의 가치, 폐기물 예방의 가치)를 다룬다. 물건으로서 또한 스트림으로서의 폐기물 가치를 둘러싼 각각의 논의를 다

박스 1.1 폐기물을 보는 다양한 관점

외부성 물질로서의 폐기물: 폐기물은 사람들이 사용을 원치 않지만 어쩔 수 없이 수거되고 폐기되어야 하는 생산 또는 소비의 부산물이다.

위험 또는 위험요소로서의 폐기물: 폐기물의 특성(미국 환경보호국 기준에 의거해 독성, 인화성, 부식성 또는 반응성이 있는 경우), 잘못된 관리 또는 축적으로 인해 폐기물이 환경 또는 건강에 위험을 가한다.

물품으로서의 폐기물: 유리, 헌 옷 또는 중고 자동차와 같은 버려진 물건.

자원으로서의 폐기물: 용도변경, 가치 추출, 재활용을 통해 폐기물이 판매 또는 재사용된다. 목재 폐기물을 업사이클링하여 가구를 제작하거나 전자 폐기물에서 금을 추출하는 활동이 여기에 속한다.

생계 수단으로서의 폐기물: 폐기물의 수거, 재활용 또는 해체 작업은 주로 인근에 거주하는 비공식 노동자와 시 공무원 또는 세계 최대 공공서비스 제공 업체에도 소득 수단이 된다.

투입재로서의 폐기물: 생산과 소비의 선형 과정에서 발생하는 폐기물은 무한순환형 재활용이나 순환경제를 목표로 다시 생산 및 순환되어야 한다.

루고, 시간에 따라 진화한 폐기물의 수거, 처리, 재활용 및 재처리 방법 등을 설명한다.

3장(폐기물 작업)은 다국적 기업에서부터 폐기물 수거업자에 이르기까지 생계의 수단이 되는 폐기물을 소개한다. 공식 및 비공식 폐기물경제의 실제 사례를 통해 지역 단위의 폐기물 작업이 얼마나 광범위하게 세계 폐기물경제와 연관되어 있는지를 살펴본다. 초국가적 폐기물 수거업체 연맹과 그들의 세계 무대에서의 역할, 개발도상국의 폐기물 작업 공식화와 선진국의(가능성 있는) '탈공식화'를 함께 검토한다.

4장, 5장, 6장에서는 버려진 전자제품, 음식물쓰레기, 플라스틱과 관련한 사례와 연구를 소개한다. 위 세 분야는 모두 지난 10년 동안 언론의 헤드라인을 장식한 세계적인 폐기물 범주에 속한다. 또한(정확히 말하자면 항상은 아니지만) 소비자가 가장 많이 사용하고 가장 많이 배출하는 폐기물로 여겨져 왔기 때문에 이에 대한 정책적 처방이 최종 사용자의 행동을 바꾸는 데만 초점이 맞춰져 있는 경우가 많았다. 따라서 이 책에서는 관점을 바꾸어 종종 국경을 넘어 운송되거나 거래되는 세계화된 자원이나 상품으로서의 폐기물은 어떠한 정체성을 지녔는지 살펴보도록 하겠다.

또한 세계적 자원 개척지로 부상한 폐기물에 대해 자세히 알아보고자 한다. 생산 및 운송되는 폐기물의 양, 각각의 관련 위험, 거버넌스의 도전과제와 혁신은 무엇인지 살펴본다. 폐기물 예방(방지)을 위해 설계에서부터 판매, 사용, 폐기, 사후관리까지의 상품 공급망 전체를 살펴보고 최소 비용으로 폐기물의 가치 추출을 최대화하는 것의 중요성을 조명해 본다. 마지막으로 이러한 복잡한 사례연구에 나타난 행동과 거버넌스 혁신을 활성화하는 데 필요한 활동주의의 역할을 강조한다.

폐기된 전자제품 또는 전자 폐기물(4장)이 자원 추출의 대표적인 예가 된다. 전자 폐기물은 위험하기도 하지만 귀중한 재료를 많이 포함하고 있다. 전자 폐기물 거래는 부유한 지구 북쪽 국가들이 가난한 남쪽 국가에 쓰레기를 버리는 모습으로 종종 지나치게 단순화되어 널리 알려졌다. 전자 폐기물의 추출 가치와 그에 따른 수입 시장 수요를 살펴보면 왜 전자 폐기물 거래가 중단되지 않고 있는지, 어떻게 남-남 간의 전자 폐기물 거래가 북-남 방향의 무역을 앞질렀는지를 이해하는 데 도움이 된다. 가나 혹은 중국에 도착한 폐기물이 어떻게 되는지에 대한 추측도 충분히 틀릴 수 있다. 제품 설계와 쉬운 수리('수리권' 운동의 역할 포함)가 얼마나 중요한지도 알 수 있을 것이다.

세계 정치경제의 렌즈를 통해 음식물쓰레기(5장)를 들여다보는 경우는 거의 없다. 2000년대 후반 정치적 지지에 힘입어 빠른 속도로 '새로운' 종류의 폐기물로 인정된 음식물쓰레기는 개인과 가정, 농업업계에 이르기까지 모든 분야에 해당되는 중요한 문제이다. 대부분은 선진국의 사례지만 음식물쓰레기 관련 거버넌스 이니셔티브 역시 이러한 차원에서 등장했다. 음식물쓰레기는 새롭고 흥미로운 형태의 행동주의를 낳은 것이 특징이다. 그러나 미국과 유럽연합에서 식량원조 형태로 아프리카, 아시아, 중남미 국가로 잉여 농산물을 처리한 사실이 음식물쓰레기 관련 논쟁(혹은 담론)에서 직접적으로 다뤄진 경우는 거의 없다. 이와 같은 사실을 부각함으로써 식량 수출과 식량안보 간의 상호 직접적인 연관성을 강조할 수 있으며, 생산 과정에서 식량 손실이 발생한다는 기존 관념을 정면으로 반박할 수 있다.

플라스틱 스크랩과 폐기물, 잔여물은 폐기물과 폐기물이 지구에 끼친 영향과 관련한 공공 논쟁의 주제와 방향을 재정립했다(6장). 플라스틱이 바다를 막고 야생동물이 죽어 나가는 현상이 2017년과 2018년의 강력한 행동주의 운동을 일으켰다. 인류가 생산한 플라스틱의 양은 어느 정도이며 어디로 사라지는지가 연구를 통해 밝혀졌다. 6장은 폐기물을 세계 자원의 관점에서 바라보며, 전 세계 스크랩 시장을 산산조각 내고 일반 가정의 재활용 폐기물 수거 규정 등을 재정비하게 만든 중국의 작전명 국가 검을 중점적으로 다룬다. 플라스틱 스크랩은 '폐기물'과 '스크랩'의 경계에 놓여 있다. 재사용 가능한 형태로 재활용하는 것은 어렵지만 조건에 따라 재활용이 가능하며 인류가 생산해 내는 플라스틱 폐기물량을 고려하면 어떤 형태로든 플라스틱은 재활용되어야 한다. 그러나 과연 이쯤이 국제 사회가 가치 있는 폐기물과 그렇지 않은 것을 구분할 수 있는 마지막 지점일까?

결론 부분에서는 본문 전체를 통해 얻은 통찰력을 종합적으로 기술하였다. 또한 이 책의 세 가지 주제인 세계 자원 개척지로 부상한 폐기물, 이 과정에서 확장된 위험성, 그리고 거버넌스 측면의 도전과제에 대해서도 논한다. 폐기물과 자원 업계의 많은 사람이 고심하고 있는 질문인 '과연 폐기물 없는 세상을 만드는 것이 가능한가'에 대한 답변과 세계 순환경제 구축을 둘러싼 논쟁의 내용도 함께 다루었다.

더 커진 폐기물의 중요성

2018년 9월 29일 자 『이코노미스트』지에 실린 폐기물 특별보고서(「쓰레기 한 짐A Load of Rubbish」)는 폐기물이 중대한 국제적 문제(이슈)로 부상했다고 밝혔다. 이 특별보고서는 이 책에서도 깊이 탐구한 전 세계의 넘쳐나는 쓰레기 생산량, 지구 남쪽의 폐기물 수거 행태, 중국의 변화하는 역할, 해양 플라스틱 및 순환경제의 설계와 실천에 관한 딜레마 등의 많은 주제를 다루었다.

폐기물의 생산, 관리, 처리, 재사용에 관한 연구는 폐기물 그 자체뿐만 아니라 폐기물에 내재한 정치적, 사회적, 경제적 맥락까지 드러낸다. 환경적 불평등을 드러내며 종종 부패와 범죄의 경우도 밝혀낸다. 한 도시의 폐기물 관리와 수거 상태를 보면 도시가 얼마나 잘 관리되는지도 알 수 있다. 지역적 문젯거리에서 세계적인 네트워크를 갖춘 원자재로 부상한 폐기물의 여정을 연구해 보면 현대 경제에서 지역 단위와 전 세계가 어떻게 연결되어 있는지를 파악할 수 있다. 또한 세계 시장에서의 기업 권력 변화, 초국가적 노동자 행동주의의 출현 그리고 도시, 지역사회, UN을 아우르는 전 세계적인 다단계 거버넌스로의 진화 과정도 이해할 수 있을 것이다.

이 책은 다양한 학문 분야에서 통찰력을 얻었다(독자를 위한 글 참조). 폐기물학은 사회과학, 인문, 예술, 과학 연구 전반의 다원적 관점을 활용하여 '폐기물과 낭비와 관련한 광의의 시스템, 구조 및 문화'를 살펴보는 학문이다(Liboiron 2018). 세계 환경정치와 거버넌스 분야를 살펴보면 폐기물이 어떻게 그리고 왜 국경을 넘어 이동하는지, 그리고 효과적인 글로벌 거버넌스를 위한 기존 선택지와 새로운 선택지로는 어떤 것이 있는지를 알 수 있다. 이러한 관점은 모두 폐기물경제가 최근 수십 년 동안 어떻게 재편되었는지를 밝히는 데 도움이 된다. 이어지는 각 장의 사례를 통해 국가와 지역사회를 통틀어 누가 이득을 보고, 누가(환경적 혹은 위험) 비용을 부담하는지, 누가 어떻게 규제하고 통제하는지를 중심으로 새로운 세계 폐기물경제의 특징을 낱낱이 해부해 보고자 한다.

CHAPTER 2

폐기물 이해하기

2017년 북아메리카 전역을 몇 차례나 휩쓴 허리케인, 아시아 지역을 강타한 태풍, 캘리포니아와 포르투갈을 할퀸 산불, 시리아의 내전으로 인한 지속적인 파괴 등으로 발생한 대규모의 '재난 폐기물'이 화제가 되기 시작했다. 재난 폐기물의 대부분은 돌무더기 같은 것들이지만 가치 있는 폐기물(구리, 철강, 쓸 만한 생활용품)과 유해 폐기물(유류, 생하수, 부패한 음식물)이 섞여 있기도 하다. 또한 사람의 유해도 포함되어 있어 더욱더 까다롭고 민감한 처리를 요한다. 기후변화와 분쟁이 격화되고 있는 가운데 지구촌의 재난 폐기물은 수년에 걸쳐 복구해야 할 상당한 난제가 될 것임이 분명한 상황에서 각국 정부와 구호 기관들은 이제야 이 문제에 관심을 두기 시작했다. 재난 폐기물이 얼마나 복잡한 처리 대상인지를 이해하고 나면 재난 폐기물을 왜 정책적으로 다루어야 하는지도 이해할 수 있을 것이다. 동일한 재난

이란 있을 수 없지만 모든 재난은 피해 지역 복구와 회복이라는 동일한 과제를 남기고 간다.

본 장에서는 폐기물의 정의, 분류 방법, 폐기물의 가치를 살펴본 후 폐기물의 종류, 생산량, 처리 방법 등의 더 실질적인 폐기물 관리법을 알아보고자 한다. 또한 폐기물의 가치 추출 방법과 이를 둘러싼 논란 그리고 빠르게 변화하는 세계 시장에서 폐기물의 가치가 중요하게 다루어져야 할 시기임을 설명한다.

폐기물이란 무엇인가

> 무엇이 폐기물인가? 폐기물이란 것이 별도로 존재하는가, 혹은 그저 쓰레기인가? 저녁상에 올라온 겨자 소스 한 덩어리와 사용 후 폐기된 원자로의 차이처럼 폐기물 간에도 극명한 차이가 존재하는가(규모나 위험 면에서)? 모든 폐기물에 일률적으로 나타나는 보편적인 특징이 있기에 하나의 특징이나 명칭으로 정의될 수 있는 것인가? 또한 폐기물이 당면한 문제에 대해 공통적인 해결책을 제시할 수 있는 것인가?(Gourlay 1992)

무엇이 폐기물인지 정확하게 정의하는 것 자체가 매우 어려운 일이다. 아마 정확히 정의할 수 없을지도 모른다. 많은 국가에서 규제 목적의 폐기물 정의를 두고 치열한 법적 분쟁이 오가기도 한다. 특히 미국은 폐기물 정의 및 규제와 관련하여 매우 적대적인 규제 시스템을 갖추고 있다(Kagan 2001). 국가 간 또는 국가 내에서조차 무엇이 폐기물인지 정의를 내리는 과정에서 합의에 이르지 못하고 있다. 또한 폐기물을 스크랩 또는 자원으로 구분할 수 있는 통용된 기준이 있는 것도 아니다. 폐기물 정의에 대한 합의 부재는 폐기물과 폐기물 이동의 투명성을 저해하고 더 나아가서는 국제적 수준의 거버넌스 개선 노력에도 도움이 되지 않는다. 박스 2.1은 영향력 있는 기관들이 각각 어떻게 폐기물을 정의하고 있는지를 나타낸다. 자세히 살펴보면 기관마다 상이한 내용으로 폐기물이 정의되고 있음을 알 수 있다. 사람들이 버린 폐기물은 회수가치가 있는 것인지 혹은 수명이 다해 더 이상의 가치가 없는 것인지에 따라 다르게 이해된다. 예를 들어 옥스퍼드 영어 사전이나 세계보건기구의 폐기물 정의에 의하면 폐기물에는 재활용의 여지가 없다. 이와는 정반대의 스펙트럼 상에서 정의된 '제자리에 맞지 않은 물건'으로서의 폐기물은 폐기물 연구 분야에서 꽤 큰 영향력을 발휘하였는데, 이는 더러운 것(폐기물, 쓰레기)이란 상황에 따라 다르게 해석될 수 있는 점을 강조하기 때문이다. 일찍이 폐기물의 국

박스 2.1 폐기물 정의

- 제조 공정에서 남은 사용 불가능한 재료, 산업 공정의 쓸모없는 부산물, 쓸모없거나 팔 수 없을 정도로 훼손된 재료 또는 제조품 (옥스퍼드 온라인 영어 사전)
- 폐기물은 국내법에 의해 처분, 처분 예정 혹은 처분을 요하는 물질 또는 물체를 뜻한다 (1989년 유해 폐기물의 국가 간 이동 및 그 처리 통제에 관한 바젤협약 본문)
- 소유자가 특정 시공간에서의 사용을 더 원하지 않고, 현재가치 또는 지각된 시장 가치가 없는 것 (WHO)
- 쓸모없거나 불필요하거나 과잉 필요의 이유로 소유자가 더 이상 원하지 않거나 버린 물건 (Wilson 외 2015)
- 인간이 사용을 원하지 않거나 사용하지 않게 된 것 (Gourlay 1992)
- 제자리에 맞지 않는 물건 (Mary Douglas의 정의 인용, Douglas 1996)

제 정치에 관한 글을 쓴 켄 거레이Ken Gourlay는 폐기물의 상황에 따른 유연성을 명료하고 우아한 방식으로 기술하였다. 그는 "인간이 사용을 원하지 않거나 사용하지 않게 된 것"으로 폐기물을 정의하여 폐기물의 사후 사용이 가능하도록 포문을 열었으며 동시에 '우리 인간'에게 그 책임을 부여한다.

버려진 물건이 폐기물이 될 수도, 자원이 될 수도 있음은 그림 2.1의 '폐기물'과 관련된 다양한 용어를 통해서도 확인할 수 있다. 폐기물을 수명이 다한 것으로 보는 관점도 있고 재정비, 재사용, 재판매가 가능함을 시사한 용어가 보이기도 한다. 쓰레기, 폐기물, 버려진 것 등을 뜻하는 어휘는 매우 다양하다. 수년간의 연구 활동을 하면서 내가 다양하게 사용해 왔던 폐기물 관련 용어를 워드클라우드*를 이용해 순위를 매겨보았다. 그중 '스크랩'을 두 번째로 많이 사용한 것을 알 수 있었다. 지각된 가치**가 부여되었는가의 여부와 관계없이 무엇이 스크랩이고 무엇이 폐기물인지를 구분하는 것 자체가 폐기물 관련 국제무역 분쟁의 핵심이 된다. 스크랩은 재판매 및 가치 있는 물건으로의 재탄생 가능성이 있는 중고 물품과 재료를 총칭하는 단어이다. 미국의 경우 시장 목적을 위해 폐기물과 '스크랩'을 분류하는 정확한 규정이 있다. 그러나 이러한 규정이 전 세계적으로 적용되는 것이 아니기에 좁혀지지 않는 법적, 정치적, 문화적 격차가 생겨난다(6장 참조).

---

* wordcloud. 프로그램 또는 애플리케이션을 사용해 가장 많이 사용한 단어를 크기로 구별해서 한 눈에 알 수 있도록 모아 보는 것이다.

** perceived value. 소비자가 무엇을 주고받았는지에 대한 인지를 기반으로 한 제품의 전반적인 효용이나 가치를 말한다.

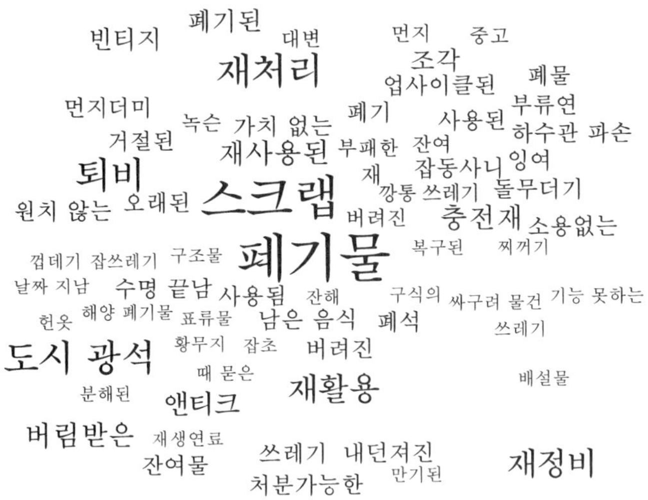

그림 2.1 폐기물을 뜻하는 어휘

출처: 저자, WordItOut.com에서 생성한 워드클라우드.

세계 순환경제 지지자 중 일부는 폐기물이란 단어와 그 동의어의 일체를 사용하지 말아야 한다고 주장한다(본서의 결론 참조). 폐기라는 용어보다는 '사용된 것', '중고', '이차적인' 등의 어휘를 사용하면 특히 소비자가 폐기물을 '수명이 다한 물건'으로 여기는 패러다임을 바꾸는 데 도움이 된다. 4장의 전자 폐기물 부분에서 이러한 용어 선별의 힘과 이러한 용어가 고장 난 전자제품과 가전제품의 수리권을 주장하기 위해 어떻게 사용되고 있는지를 자세히 살펴보겠다.

물론 모든 폐기물이 재활용될 수는 없다. 방사선 치료나 화학요법에 사용된 의료 폐기물처럼 위험하고 재사용이 불가능한 폐기물도 있다. 어떤 재료들은 완전히 쓸모없어지기 전까지 몇 번만 수리나 재활용이 가능하다. 다운사이클*이 빠른 플라스틱이 그 좋은 예이다. 자원은 자원을 사용하거나 구매할 준비가 되어 있는 사람들이 있을 때만 존재한다. 적어도 현재로서는 핵폐기물, 생하수, 독성 재ash 시장을 찾아보기가 어렵다. 폐기물 생산과 재활용의 숨겨진 '진면모'가 드러날 수 있도록 적절한 용어를 선별하는 것이 매우 중요하다.

폐기물의 생애 추적: 스트림인가 가치 물품인가

본 책에서 주요 경험적 사례로 다뤄진 전자 폐기물, 음식물쓰레기, 플라스틱 폐기물 또는 스크랩은 새로이 부상한 세계 폐기물경제의 매우 복잡한 현상을 잘 나타낸다. 휴대폰, 녹색잎채소, 플라스틱 빨대로 각각 대표되는 이 세 종류의 폐기물은 사물이나 물건으로 간주할 수 있다. 물건으로서의 폐기물은 '생성'에서부터 '사후'까지의 여정을 통해 가치 있는 물품(금, 금속, 재활용 가능한 플라스틱, 퇴비)과 위험(수은, 다이옥신, 오염된 식품)이 모두 포함된 폐기물 스트림을 거친다. 본 장에서는 가치 물품과 위험이라는 두 가지 관점에서 폐기물(스크랩 포함)과 폐기물의 생애주기에 대해 살펴보고자 한다. 폐기물은 주로 물건, 식별할 수 있는 사물 또는 상품으로 간주하지만 폐기물 스트림 차원에서 정의되기도 한다. 이와 같은 두 가지 관점에서 폐기물을 이해할 수 있다면 폐기물의 생산, 수거, 처리 및 재사용과 관련된 거버넌스 구축에 도움이 될 것이다.

---

* downcycle. 가치하향형 재활용. 재활용 횟수가 거듭될수록 사용 가치가 떨어진다.

물품으로서의 폐기물

폐기물을 자원으로 보기 위한 한 가지 방법은 폐기물을 물품으로 보는 것이다. 전자제품, 배터리(AA 가정용 배터리, 하이브리드 및 전기 자동차 전용 배터리 등), 타이어, 플라스틱 물병, 빨대, 커피 캡슐(머신용), 중고차, 중고 매트리스, 중고 의류 등은 모두 폐기물의 표준 범주에 속한다. 폐기물에는 유기성 물질, 금속, 플라스틱, 재활용 가능 혹은 불가한 물건, 위험 요소 또는 이러한 것들의 복합이 모두 포함된다. 사람들은 제품을 사용하면서 얻을 수 있는 그 무엇만 생각하고 구매 전과 사용 이후의 제품 생애에는 관심조차 없기 십상이다. 의복처럼 가장 보편적인 상품도 예외는 아니다.

버려진 물건이 항상 눈앞에서 사라지는 것은 아니다. 쓰레기 매립지, 동네 생활 재활용터, 혹은 스크랩 더미 등에서 쉽게 모습을 드러낸다. 버려진 자동차의 녹슨 모습이 미국의 거리 풍경을 어지럽히곤 했다. 폐자동차는 주로 영화 소품으로 사용된다. 스테파노 블로치*가 로스앤젤레스 거리에 버려진 매트리스의 사용 이후에 대한 글을 쓰기도 했다(Bloch 2013). 나는 몇 년 전 수명이 다한 선박의 사진을 찾다가 1961년 나의 아버지가 영국으로 가실 때 탔던 배, 1965년에는 어머니와 함께 신혼부부가 되어 호주로 돌아오실 때 다시 탔던 그 배를 우연히 발견하게 되었다. 그 배는 겉모습은 온전했지만 중국의 해양폐기물 적재장에 버려져 있었다. 배에 쓰인 오리아나Oriana라는 글자를 보고 나는 아버지가 탔던 배라는 것을 직감했고 이를 확인하기 위해 아

---

* Stephano Bloch. 미국의 작가이자 애리조나 대학교 교수이다.

버지에게 사진을 보냈다. 아버지는 바로 선실을 알아보셨다.

티셔츠와 같은 '물건'이 폐기되는 과정을 역으로 추적해 올라가면 시간의 순서에 따라 물건의 가치가 어떻게 획득, 손실, 재획득되는지 알 수 있다. 이러한 분석은 폐기물이 사회, 경제, 거버넌스적으로 매우 복잡한 문제임을 가시적으로 드러내며 보다 많은 사람이 폐기물 문제에 관심을 두도록 한다. 또한 생산부터 최종 폐기 시점까지의 제품 여정을 분석함으로써 제품 전체 생애주기에 걸쳐 나타나는 환경, 사회적, 정치적, 경제적 측면도 살펴볼 수 있다.

많은 중고품이나 사용된 물건이 국경을 넘어 거래되는데 그중 특히 눈에 띄는 품목은 수리, 재사용, 폐기 등의 길을 걷게 될 중고 전자제품이다. 이에 대한 내용은 4장에서 더 심도 있게 다루도록 하겠다. 중고차나 자전거 등의 교통수단 거래 수요가 중고품 분야의 수출입 사업을 번창시켰다. 브룩스는 파키스탄 무역상들에 의해 일본에서 남아프리카를 거쳐 모잠비크로 향하는 중고차 선적 업계와 그 관련 네트워크에 관하여 연구하였다(Brooks 2012). 북미자유무역협정North American Free Trade Agreement, NAFTA에 따라 매년 수백만 대의 중고차가 미국에서 멕시코로 수출되고 있다. 2016년 한 연구에 따르면 러시아와 미얀마가 중고차량의 주요 수입국이다(Coffin 외 2016).

개도국을 목적지로 하는 중고 의류 출하는 폐기물을 물건으로 간주하는 또 다른 대표적인 사례이다(Brooks 2013). 1990년대 중반까지만 해도 미국 내의 의류 기부량이 중고 의류 수요를 훨씬 앞질렀기 때문에 자선단체와 의류 수거업체들은 다른 선택지를 찾을 수밖에 없었다. 엘렌맥아더재단의 2017년 연구 「새로운 섬유 경제: 패션의 미래

재설계A New Textiles Economy: Redesigning Fashion's Future」에 따르면 선진국에서 재사용을 목적으로 수거한 의복 중 절반 정도가 빈곤 국가에 수출된다. 2000년에서부터 2015년 사이 전 세계 의류 생산량은 이전보다 2배인 2,000억 벌 대로 증가했다. 의류 업계에도 단 몇 번만 입고 버려지도록 디자인된 '패스트 패션Fast Fashion'이 등장하면서 품질이 떨어지고 있다.

자국 섬유와 의류 산업을 위협하는 '기부'에 압도당한 아프리카 국가들이 중고 의류 선박을 거부하기 시작했다. 동아프리카공동체East African Community 회원국(르완다, 케냐, 우간다, 탄자니아, 부룬디)은 2019년까지 중고 의류 수입을 금지할 계획이다. 가나 등 다른 나라에서는 판매 목적의 최고급 의류 수입만 허용하고 있다(Postrel과 Minter 2018). 이러한 거부 움직임이 선진국 혹은 의류 생산 국가들이 더 나은 의류 재활용, 제작 및 디자인을 추구하는 계기가 될지 혹은 더 정확히 표현하자면 덤핑 형태인 현재의 '의류 거래'가 유지되도록 더 큰 압력으로 작용할지는 두고 볼 일이다.

스트림으로서의 폐기물

보다 복잡한 관점에서 보자면 폐기물은 스트림으로 간주될 수 있다. 폐기물 스트림은 폐기물이 생산(또는 폐기) 지점에서 최종 처리되기까지의 전 과정을 뜻한다. 폐기물 스트림은 박스 2.2에 설명된 바와 같이 발생 지점과 내용에 의해 정의된다.

도시 고형 폐기물은 산업 건설 철거 폐기물에 비해 부피와 무게는 작지만 선진국에서 가장 눈에 띄는 폐기물 스트림을 형성한다. 이용

박스 2.2 주요 폐기물 스트림

하수: 그레이 워터(목욕탕, 샤워기, 식기세척기 및 기타 생활 가전에서 나오는 물)를 포함한 인체 노폐물, 비누, 세제 등이 포함된 생활 하수.

도시 고형 폐기물(MSW): 시 또는 시 대행업체를 통해 수거 및 처리되는 폐기물. 일반가정, 상업용, 사무용 건물, 병원, 소규모 업체, 정부 기관 등이 배출한 소비 후 폐기물을 포함한다. 소비 후 폐기물은 유기성 폐기물, 플라스틱, 종이, 유리 및 알루미늄 등을 뜻하며, 플라스틱과 종이 폐기물은 비닐봉지, 병, 산업용 플라스틱, 신문, 종잇조각, 종이접시, 판지상자 및 기타 포장 재료들을 포함한다. 도시 고형 폐기물은 또한 야적장 및 정원 폐기물, 거리 쓰레기, 쓰레기통의 내용물까지 포함하며 소량의 유해 폐기물을 포함할 수 있다. OECD 국가 전체 고형 폐기물의 약 24%를 차지한다.

산업 폐기물: 화학 물질, 철, 강철, 펄프와 종이, 플라스틱, 유리, 콘크리트, 음식, 에너지 생산으로 인한 고형 폐기물 등 제조 및 생산 과정에서 발생한 폐기물을 뜻하며 부피 면에서 가장 큰 폐기물 스트림을 형성한다.

농림 폐기물: 농업 폐기물은 농장, 양계장, 도축장에서 나오는 거름과 그 밖의 폐기물, 수확 폐기물, 논밭의 비료, 물이나 공기, 토양으로 흘러 들어가는 살충제, 밭에서 나오는 염분과 실트 성분 등을 포함한다. 산림 폐기물에는 상당한 양의 바이오매스(목재 분쇄, 목재 절삭 및 기타 산림·식물 관리 시 나오는 폐기물)가 포함된다.

건설 및 철거 폐기물: 콘크리트, 벽돌, 석면, 목재, 유리, 금속, 플라스틱, 용매제, 석면, 굴착토 등 많은 재료를 포함하며 이 중 상당수는 재활용이 가능하다. 건물과 토목 인프라의 건설과 철거, 도로 계획과 정비 등의 활동에서 발생한다. 이 폐기물은 무게 면에서 가장 큰 폐기물 스트림을 형성하며, 부피마저 커서 OECD 국가 도시 폐기물의 34%를 차지하고 있다. 중국과 아부다비 등 건설이 활발한 국가에서 빠르게 증가하고 있다.

광산 및 채석 폐기물: 표토, 암석, 광물 찌꺼기를 포함한 광물 자원 추출 및 처리 시 발생하는 폐기물을 뜻한다. 대부분의 광산 폐기물은 불활성이며 주로 크기가 크기 때문에 위협 요소가 된다. 나머지 광산 폐기물은 광석 가공 시 화학물질이 사용되기 때문에 매우 위험할 수 있다. 예를 들어 금광석 가공에 사용된 수은은 활동 중인 광산과 폐광산 주변에 지속해서 잔류한다.

유해 폐기물: 인체 건강과 환경에 끼치는 정도가 위험하여 단기 및 장기적으로 다루어져야 하며 특수기술로 폐기 및 처분되어야 하는 폐기물을 유해 폐기물이라 한다. 제조 공정, 의료 절차 및 세정액이나 살충제와 같은 버려진 상업 제품의 부산물을 포함한다. 가정용 유해 폐기물에는 페인트와 세제, 석면, 폐의약품, 형광등 전구와 음극선관(구형 브라운관 TV)을 포함한 전자 폐기물, 배터리 등이 속한다. 군사기지 해체나 생화학무기 분해 시 발생하는 폐기물도 유해 폐기물이다.

박스 2.2 주요 폐기물 스트림 (계속)

핵폐기물(방사성): 원자로에서 나오는 폐연료봉, 핵무기 생산 또는 재처리 과정에서 나오는 폐기물, 특정 종류의 의료 폐기물 또는 연구실험에서 나오는 폐기물을 포함한다. 핵폐기물이 초래하는 극단적인 위험, 장기간의 반감기, 보안상의 위험 때문에 핵폐기물은 정부 기관이 관리하고 엄격히 규제하고 통제한다.

출처: Wilson 외 2015, OECD(https://data.oecd.org/waste/municipal-waste.htm)와 유럽 위원회(http://ec.europa.eu/environment/waste/index.htm) MSW 관련 자료

가능한 데이터에 따르면 전 세계의 연간 산업 폐기물이 도시 고형 폐기물보다 18배 이상 많이 발생되고 있다(Kaza 외 2018; Liboiron 2016; MacBride 2012 참조). 구리 배관 또는 강철 지지빔과 같은 산업 폐기물은 추출이 비교적 용이한 다량의 자원을 포함하고 있다. 반면 도시 고형 폐기물은 폐기물 수거업자나 폐기물에서 가치를 추출하려는 사람들이 보다 쉽게 접근할 수 있는 폐기물이다.

음식을 포함한 녹색 폐기물은 전 세계 폐기물의 44%를 차지하며 가장 큰 폐기물 범주를 이룬다(Kaza 외 2018). 플라스틱, 종이 제품, 금속, 유리 등의 '건식 재활용품'은 전체 쓰레기의 38%를 차지한다(Kaza 외 2018). 녹색 또는 유기 폐기물은 고소득 국가보다 빈곤 국가에서 훨씬 높은 비율로 폐기물 스트림을 차지하고 있다. 이러한 비율은 지구 남쪽의 도시화 비율이 증가함에 따라 달라질 것으로 예상된다. 실제로 2012년부터 2018년 사이 발간된 세계은행의 보고서 「극심한 낭비」에 따르면 세계 폐기물 스트림에서 유기성 폐기물 비율이 64%에서 56%로 감소한 것으로 추정된다(Kaza 외 2018).[1]

각 스트림이 깔끔하게 분리되어 단독적으로 존재하는 것은 아니다. 유해 폐기물(독성, 특수 또는 지정 폐기물 등)은 도시 고형 폐기물

스트림(의료 폐기물 또는 배터리)으로 유입된다. 상호 교차되는 유형의 폐기물도 있다. '초대형-폐기물(폐선박이나 폐석유 굴착기)'이나 소각재, 독성이 강한 재와 같은 '폐기물의 폐기물'이 이에 해당한다.

스트림의 개념을 이해하면 폐기물의 자원으로서의 가치와 위험 요소를 이해하는 데에 도움이 된다. 자원 및 재사용 가능 물품은 스트림에서 제거되거나 추출되어 경제 순환 과정에 재편입된다. 금속, 퇴비성 식품 또는 경질 플라스틱(본 책의 사례연구 주제인 3가지 폐기물 유형) 등이 그 예이다. 스트림에서 분리되지 않고 최종 처분으로 향하는 폐기물은 '사용불가(혹은 거의 사용 불가의)' 상태이거나 납, 수은, 병든 동물 고기, 플라스틱 필름 등 위험한 물질을 포함하기도 한다. 전 세계 어디서나 생산되는 방대한 양의 도시 고형 폐기물을 다룬다는 것은 스트림에서 물품을 꺼내는 것뿐만 아니라 스트림을 완전히 바꾸거나 스트림 자체를 축소시키는 것을 의미한다. 예를 들어 '제로 웨이스트'는 매립장에서 최종 처분되는 폐기물을 아예 발생시키지 않는 것을 뜻한다(박스 2.5 참조). 폐기물은 재사용 또는 재활용이 가능하며 다소 논란의 소지가 있는 에너지 생산으로 전용될 수도 있다. 실제로 스웨덴은 폐기물 예방과 폐기물 에너지 프로그램을 통해 제로 웨이스트를 성공적으로 이끌었으며(Yee 2018), 소각장 운영을 위해 이웃 나라의 폐기물을 수입해야 할 정도이다. 그러나 폐기물의 폐기물 처리 방법은 여전히 문제가 된다. 보다 나은 제품 설계 등을 통한 폐기물 예방 대책을 수립하여 폐기물 스트림 발생 자체를 애초에 줄여야 한다.

"남 보기에 지저분해 보이는 일이 돈벌이는 잘 된다"[2]

앞에서 설명했듯 폐기물은 경제나 사회의 쓸모없는 유출물이 아니다. 폐기물은 그보다 훨씬 더 복잡하고 가치 있는 존재이다. 거의 모든 종류의 버려진 물건에서도 가치를 발견할 수 있으며 인류가 가장 치워버리길 희망하는 폐기물에도 가치는 존재한다. 오수를 처리하면 비료가 된다. 역사적으로 향수 제조에 사용된 용연향ambergris은 수컷 고래의 장 분비물이다. 구아노guano는 남대서양과 동태평양 섬에서 바닷새의 배설물이 응고 및 퇴적된 것으로서 비료 생산을 목적으로 사용된다.

폐기물의 가치 창출은 세계 최대 기업의 비즈니스 활동에서부터 오래된 차를 고치는 이웃의 취미활동에 이르기까지 다양한 경로를 통해 이뤄진다. 이러한 활동은 세계 각지에서 일어나며 스크랩, 제품, 기술의 대형 횡단적 거래 흐름을 발생시킨다. 폐기물, 에너지, 광업 분야의 세계 최대 다국적 기업들이 이 분야에 진출해 있다. 이러한 추세에 대응하여 초국가적 행동주의 운동이 등장하였다. 이들은 폐기물을 가치 있는 물건으로 바꾸는 과정에서 발생할 수 있는 불공평함과 우발적인 위험 때문에 생계, 건강, 안전을 위협받는 비공식 노동자와 지역사회를 국제적인 차원에서 보호하고 옹호하기 위해 활동한다. 3장에서 나오겠지만 부자와 가난한 나라의 수백만 명의 사람들이 '남들이 사용을 원하지 않거나 사용하지 않는' 폐기물에 생계를 의존하고 있으며 폐기물경제를 통해 높은 수익을 내기도 한다.

그러나 대부분은 폐기물에서 추출되는 가치보다 폐기물 자체(유독성 폐기물 등) 또는 잘못된 폐기물 관리에 의해 생겨나는 손해가 훨씬 크다. 그렇다고 해서 폐기물을 자유롭게 생산하라는 의미는 결코 아니다. 넘쳐나는 폐기물은 생태계(바닷속 플라스틱의 경우처럼)를 압도할 정도지만 인류는 아직 폐기물의 모든 가능한 가치를 추출하면서도 노동자 위험은 최소화할 수 있는 기능적이면서도 사회적으로 공정한 시스템을 갖추지 못했다.

폐기물의 세 가지 가치 원천(돈, 이익 또는 소위 말하는 '돈벌이 수단')은 특히 폐기물 수거 처리 가치, 추출 가치 그리고 폐기물 예방 전환에 따른 가치와 관련이 있다. 각각의 가치 범주는 1장에서 설명한 대로 폐기물을 위험요소나 외부성 물질(외부효과), 재원, 상품, 생계 유지 수단 또는 투입재로 간주하는 관점과도 연결된다.

그러나 폐기물의 자원으로서의 전환은 부분적일 수도 있고, 일시적이거나 불완전할 수 있다. 즉 유동적이라 할 수 있다. 폐기물의 가치는 외생적인 요소와 구매자와 판매자의 인식에 달려 있다. 2차 자원인 폐기물 시장은 1차 자원 시장에 의존한다. 무분별한 폐기물 가치 추출 활동은 말 그대로 쓰레기터만 생성하며, 인류 건강 위협, 환경 파괴 등으로 이어질 수 있다. 쓰레기 처리와 재처리 사업이 주로 세계의 가난한 지역으로 옮겨가면서 이러한 부정적인 영향이 확대된다.

폐기물 수거, 제거, 처리

폐기물 수거, 제거, 처리 작업자들에게 폐기물은 가치 있는 물건으로 간주된다. 누군가는 쓰레기를 눈에 보이지 않게 멀리 치우고 적절히 처리 또는 관리하는 일을 함으로써 보수를 받는다. 이러한 보수

박스 2.3 폐기물 수거 및 처리

a. **수거하지 않은 폐기물:** 동네 거리와 길가에 버려진 폐기물 혹은 쓰레기. 제조업체 등을 포함한 사업체가 이전하면서 버리고 간 것들.

b. **현장 관리:** 농업 폐기물, 광산 및 채석 폐기물, 사용후 핵연료봉(폐연료봉)이나 해체된 군사기지에서 발생한 폐기물로 현장에서 보관, 재활용·재처리 혹은 처분되는 것들.

c. **시 기관 또는 민간 업체 수거 및 운반:** 길가 수거(일반 가정 쓰레기를 버리고 재활용품을 구별해 놓는 곳), 또는 쓰레기통(주택, 아파트, 기관)을 통한 수거. 주로 지방 자치 단체와 계약을 체결한 민간 부문 업체가 담당.

d. **민간 업체들이 직접 수거:** 폐기물 처리업체를 통해 수거되는 산업 폐기물, 건설 및 철거 폐기물, 공장이나 설비 폐기물 등.

e. **비공식 수거:** 지역 폐기물 처리업체나 소규모 운송 업체가 담당.

를 간단한 개념으로 표현하자면 애초에 폐기물을 생산한 사람에게 편리를 제공하는 폐기물 관리 서비스를 제공하는 사람, 즉 폐기물을 수명이 다한 물질로 취급하는 사람이 받는 돈이다. 또한 현금이 부족한 정부 기관은 폐기물 분야에 매립세 등의 수수료와 세금을 부과함으로써 상당한 소득을 창출할 수 있다.

산업혁명 초기 시절과 비교해 폐기물 관리 관행과 기술은 크게 달라졌지만, 폐기물을 수명이 다한 물품으로 보는 관점은 예나 지금이나 여전하다. 박스 2.3과 2.4는 통제 및 비통제 형태의 폐기물 수거와 처리의 주요 특징을 나타낸다. 통제된 폐기물 관리는 감독과 책임 담당 체계 아래에 안전하고 환경적으로 건전한 방식으로 폐기물을 수거, 운반 및 처리하는 것을 뜻하며 폐기물 관리 시스템의 최종 목표이기도 하다. 하지만 이러한 이상은 쉽게 달성되지 않는다. 폐기물 수거 서비스는 고대 그리스와 로마 제국으로까지 거슬러 올라가지만, 산

박스 2.4 통제된 형태의 폐기물 처리 및 보관

매립은 통제된 장소에 폐기물을 매립하는 것이다. 폐기물은 처리 혹은 비처리, 혼합(도시, 산업 및 위험 폐기물) 혹은 비혼합의 형태로 취급될 수 있다. 위생 매립지, 구획화, 토양 또는 유기농 폐수층을 이루며, 주의 깊은 관찰과 통제를 통해 가장 안전한 방식으로 폐기물을 관리할 수 있다.

소각이나 열처리는 재, 가스, 열을 발생시킨다. 폐기물을 보다 쉽게 처리하거나 비료로 사용할 수 있는 잔해물로 축소한다. 그러나 연기는 특히 비통제형/개방형 소각장의 낮은 소각 온도에서 매우 강한 독성을 내뿜으며 재에는 고농축 독소가 함유될 수 있다.

퇴비화란 유기성 폐기물의 호기성* 분해로서 음식, 동물 사체, 농업 폐기물 등을 포함한다. 후속 퇴비화는 토양에 가치 있는 성분을 추가시키며, 매우 저렴하기 때문에 가정이나 시 단위에서 사용할 수 있다.

혐기성 소화**는 산소가 고갈된 환경에서 분해가 가능하기 때문에 유기성 폐기물을 처리하는 데 사용된다. 에너지로 사용될 수 있는 가스를 생산하며, 전통 퇴비화보다 냄새나 기타 부작용을 최소화한다. 습하고 무거운 폐기물을 처리하는 방법으로, 대규모로도 처리할 수 있다.

장기 저장(핵 및 일부 영구 유기성 오염 물질 포함)은 특수하게 건설되고 사람 거주지와 취약한 생태계(지진 가능성이 낮은 이상적인 곳 포함)로부터 고립된 시설에 주로 적용된다.

복원이란 오래된 쓰레기 더미 청소, 토양, 수질, 지역 생태계 등으로부터 오염원을 제거하는 것이다.

업화 시대의 공식적인 쓰레기 수거, 운송, 처리는 산업혁명 이후 유럽과 미국의 도시와 마을 단위에서부터 시작되었다. 산업 생산 과정에서 발생한 더러운 쓰레기와 잔여물의 증가가 콜레라와 같은 도시 건강 위협 요소의 등장을 야기했고, 그제야 당국은 폐기물 관리에 신경 쓰기 시작했다.

19세기 후반경 비공식 수거자들과 수거 업체가 해오던 일을 공중

* 세균 따위가 산소가 있을 때 생육하는 성질을 말한다.

** 무산소 상태에서 유기물을 분해해 메테인으로 전환하는 것을 말한다.

보건을 보호할 수 있는 체계적인 폐기물 수거 및 운반 시스템 확립을 목적으로 시 당국이 나서서 맡기 시작했다. 사실 오래전으로 거슬러 올라가면 폐기물 관리는 시영 서비스 중 하나였다. 오늘날 세계적인 대기업으로 성장한 이 분야의 몇몇 기업들이 이 시기에 출범하였으며 지정 쓰레기차나 지정 쓰레기통 같은 혁신을 통해 경쟁력을 확보하였다. 1970년대에 대부분의 선진국에 공식적인 재활용 시스템이 도입됐다. 이후 규제 초점이 폐기물 예방으로 옮겨가면서 폐기물 관리에 체계적인 순서가 도입되었다. 다양한 관리 순서가 있지만 가장 널리 사용되는 폐기물 관리 우선순위는 폐기물 예방, 최소화, 재사용, 재활용 그리고 마지막으로 최종 처리 순이다.

종말 처리로서의 폐기물 관리는 보이지 않는 서비스를 뜻한다. 은행, 미용실, 음식점 등에서 서비스를 받을 때 우리는 눈에 보이는 결과를 얻고 돈을 지불한다. 폐기물의 경우는 그 반대이다. 결과물이 눈에 보이지 않도록 서비스를 받고 비용을 지불한다. 이러한 서비스는 폐기물 특수 처리 비용을 받고도 위험 폐기물을 일반 매립지에 그냥 방치해버리는 폐기물 수거업자에게 잘못된 인센티브를 제공하기도 한다. 이러한 사례는 환경 범죄에 관한 연구(Szasz 1986)에 잘 나타나 있다. 보이지 않는 서비스는 1970년대와 1980년대의 국제 유해 폐기물 거래로까지 이어진다.

매립은 수명이 끝난 폐기물을 처리하는 가장 흔한 방법이다. 미국 내 폐기물의 55%가 폐쇄형 매립지에 묻혀 있다. 유럽연합의 매립률은 1995년 이와 비슷한 수준이었으나 2019년 자료에 따르면 2018년경 25% 미만으로 축소되었다.[3] 2016년 전 세계 폐기물의 약 40%가 매립 처분되었고, 재활용과 퇴비화 처리가 10%(최근 몇 년간의 큰 증가율), 소각 처리 11%, 나머지는 쓰레기 하치장으로 향하였다(Kaza 외 2018).

폐기물을 제거하는 또 다른 전통적인 방법은 인간의 건강을 손상하는 주원인 중 하나인 소각이다. 이는 특히 가난한 곳, 소수 민족 공동체 및 유색인종 공동체에서 주로 사용되는 방법이다. 선진국에서는 에너지 발전이 없는 소각장이 단계적으로 폐쇄되고 있으며 새로 건설 중인 소각 시설을 거의 또는 전혀 찾아볼 수가 없다. 소각 기술과 생물학적 처리 기술의 혁신을 통해 소각은 또 다른 가치 추출의 원천인 에너지 생산 분야로의 전환을 꾀하고 있다. 중국의 제12차 5개년 계획에 따른 폐기물 에너지 소각 추진으로 전 세계 소득 상위 국가의 전체 폐기물 처리 방법 중 소각이 차지하는 비중이 2012년 0.1%에서 2018년 10%로 이례적인 증가 추세를 나타냈다(Kaza 외 2018).

수백만 명이 폐기물 수거와 처리로 생계를 이어간다. 그러나 이야기는 여기서 끝나지 않는다. 폐기물을 수거하는 사람들이 폐기물(폐기물의 추출 가치)을 재활용, 재처리 및 재판매까지 하는 경우가 많다.

재활용, 재처리, 재판매, 복구 등의 대상인 폐기물의 추출 가치

위와 같은 종말적 처리 개념을 넘어서서 폐기물은 자원이나 상품으로서의 추출 가치를 지니기도 한다. 폐기물이나 버려진 물건을 재처리, 재활용 및 용도를 변경하여 새로운 재료로 만들고 에너지를 창출하는 것은 남이 버린 물건에 역으로 가치를 더하는 일이다. 전자 폐기물을 재처리(분해 및 분쇄, 금속 분리, 용해 및 재사용)하여 금속을 추출한다. 목재는 용도변경을 통해 건물이나 가구에 재사용될 수 있다. 전자제품과 의복은 복구하여 새 상품으로 단장할 수 있고 알루미늄 캔, 유리병, 플라스틱, 종이, 판지 등은 재활용이 가능하다.

교육을 목적으로 한 가장 간단한 폐기물 처리 우선순위는 '3R'* 로 나타낼 수 있다. 오늘날의 복잡한 폐기물경제에서는 최소 '13R'이 존재하며 여기에는 수리, 복구, 재생을 의미하는 Repair, Recover, Regenerate과 같은 용어가 추가된다. 이중 고리 뫼비우스 띠는 1970년에 재활용을 상징하는 공식 로고가 되었다. 환승역(재활용품 수거 장소)은 재활용품 길가 수거 프로그램의 일환으로 보완되었다.[4] 미국의 첫 번째 의무 재활용 프로그램은 1980년 뉴저지 우드베리에서 실행되었다. 재활용이 항상 간단하지만은 않다. 가장 좋은 사례는 전과 동일한 제품 혹은 동일한 품질의 제품을 무한 재활용하는 것을 뜻하는 폐쇄루프형closed-loop recycling으로 재활용하는 것이다. 그러나 플라스틱과 같은 대다수는 이와 반대 개념인 열린루프형open-loop recycling의 재활용 대상이며 종종 몇 번의 재활용 후 품질이 낮아지거나 매우 빠른 속도로 재활용 가치가 하락하는 다운사이클링에 속한다.

재활용이 기업이나 개인의 생활 습관적인 활동으로 여겨지기보다는 체계적인 관리와 의무화가 적용되어야 하는 분야라는 생각은 매우 북반구적인 경험에서 나온 것이다. 조 비올은 20세기를 연구하는 고고학자들이 지구 북부의 쓰레기 매립지에서 풍부한 연구거리를 찾

---

* Reduce, Reuse, Recycle. 순서대로 절약, 재사용, 재활용을 의미한다.

을 수 있겠지만 재활용 규범이 엄격한 지구 남쪽의 매립지에서는 연구거리를 거의 찾을 수 없을 것이라 말한다(Beall 1997).

폐기물과 스크랩이 분해, 재활용, 재사용을 목적으로 국경을 넘어 운송되기 때문에 재활용 및 기타 가치 추출 활동 역시 전 세계적으로 이루어지고 있다. 기존 폐기물 저장고에서 귀중한 자원을 추출하거나 회수하는 과정인 '도시 광산' 분야에는 지역 중소기업과 다국적 기업이 진출해 있다. 4장에서 전자 폐기물 측면에서의 도시 광산을 더 심도 있게 다루도록 하겠다.

폐기물에서 가치를 추출하는 또 다른 방법은 에너지 회수이다. 700년 전 마르코 폴로는 중국 농민들이 오두막에 전력을 공급하기 위해 폐쇄된 하수 탱크에서 메테인을 포획하는 것을 보고 이를 기록해 두었다. 이전보다 폐기물 에너지 기술이 훨씬 많이 발전했지만, 소각 등의 열기술 분야를 둘러싼 논쟁은 여전히 치열하다.[5]

데이터 수집 서비스인 '스타티스타Statista'에 따르면 2014년 세계 폐기물 에너지 시장은 260억 달러(약 29조 3,000억 원) 규모였으나 2024년에는 440억 달러(약 49조 6,000억 원)로 성장할 것이 예상됐다. 폐기물 에너지 시장에는 열처리뿐만 아니라 에너지 발전을 위한 매립가스 추출도 포함된다. 최근 몇 년간 주요 폐기물 업체들은 자사 포트폴리오를 다각화하여 대규모 또는 선진 폐기물 에너지 분야에 진출했다. 로스앤젤레스는 2014년 폐쇄 직전까지 미국에서 최대 규모를 자랑했던 푸엔테 힐스Puente Hills 매립지를 지역사회를 위한 에너지 생산기지로 전환하고 있다. 도쿄, 요코하마, 고베, 오사카와 같은 일본의 몇몇 도시들도 세계 폐기물 에너지 분야의 주요 참여지이다. 중국은 자국의 폐기물 생산량이 증가하고 매립 공간은 부족해지자 폐기물 에너지 소각에 눈을 돌려 이 분야의 새로운 글로벌 중심지로 부상했다. 제12차 5개년 계획(2011~2015년)에 따라 소각장 244개가 추가로 건설돼 중국 전체 폐기물의 35%를 처리하고 있으며 22만 4,000톤가량의 폐기물이 매일 소각되고 있다. 중국의 제13차 5개년 계획(2016~2020년)이 끝날 때쯤이면 폐기물 에너지 일일 처리 용량은 46만 7,000톤으로 두 배가량 증가할 예정이다(Li 외 2015). 폐기물 에너지 소각의 상징 격인 스웨덴은 에너지 발생을 위해 도시 고형 폐기물의 거의 50%를 소각한다.

폐기물 에너지 소각 지지자들은 플라스틱 등의 지구 폐기물 비축량을 줄이는 것도 중요하지만 폐기물 에너지를 통해 기후변화에도 대처할 수 있음을 피력하며, 폐기물 에너지의 효용성을 높이 평가하고 있다(Castaldi 2014). 전통적인 소각 기술은 많은 기술 발전으로 보완이 되었다. 기체화와 열분해는 열폐기물 처리의 일종으로 고온에서 연소되고, 오염 발생을 줄이며, 차량 동력화에 사용할 수 있는 액상 '합성가스'를 생산한다. 열분해라고도 알려진 '화학적' 재활용은 플라스틱을 가장 기본 단위체로 분해하여 플라스틱 품질이 저하되지 않고도 재활용될 수 있도록 한다.

폐기물 에너지 반대론자들은 가장 진보된 기술조차도 인간의 건강과 환경이 치러야 하는 대가를 요구한다며 이에 반박한다. 에너지 발생 여부에 관계없이 소각은 특히 다이옥신 같은 독성이 높은 화학물질을 배출하기 때문에 주변 지역사회에 지속해서 부정적인 영향을 끼치는 것으로 오랫동안 알려져 왔다(Baptista 2018). 소수 민족 지역사회에서의 소각 시설 설립 중단은 미국의 환경 정의 운동(미국기독교교회연합 인종정의위원회, United Church of Christ Commission for Racial Justice, 1987)의 핵심 동력이었다. 미국시장협의회US Council of Mayors와 같은 단체들은 폐기물 에너지 소각을 재생 에너지의 원천이나 제로 웨이스트 목표를 달성하는 것으로 인식하지 않는다. 소각 시 기후변화에 미치는 보건 및 환경상의 부담에 대한 우려와 소각이 암묵적으로 폐기물 발생을 장려할 것이라는 염려가 이러한 반대 원인으로 작용하기도 한다. 반소각적 행동주의는 세계적인 현상이다. 영국, 아일랜드, 중국, 러시아 등 많은 국가의 지역사회가 소송과 항의를 통해 폐기물 에너지 소각 반대 운동을 펼쳐가고 있다.[6] 글로벌소각대안연맹은 소각 반대 운동과 공정한 제로 웨이스트 정책을 위해 동원된 글로벌 네트워크로서 오랫동안 폐기물 에너지 소각을 반대해 왔다.

폐기물 예방과 전환

폐기물의 세 번째 가치원은 폐기물을 방지하거나 용도를 전환하여 얻는 이익으로부터 창출되며 이는 '생산 투입재로서의 폐기물'의 관점과도 연결된다. 폐기물 예방은 순환경제 플랫폼을 구성하는 중심축 중 하나로서(박스 2.5 참조) 효율성은 높이고, 자원을 절약하며, 오염 부담을 줄인다. 폐기물 예방에는 두 가지 측면이 있다. 폐기물 예방(또는 방지)은 재활용을 통해 다시 제품으로 생산될 수 없는 때에 최소한의 폐기물만 생산하는 것을 뜻한다. 폐기물 전환이란 폐기물이 매립지, 개방형 하치장 또는 수로에 최종적으로 폐기되는 것을 막기 위해 폐기물을 재활용, 재사용, 에너지 생성, 퇴비 등의 생산적인

박스 2.5 제로 웨이스트와 순환경제

제로 웨이스트와 순환경제라는 용어는 '생산, 사용, 폐기'의 선형적 경제에서 벗어나는 것을 목표로 하는 정책 이니셔티브, 대중 캠페인, 기업 활동 및 산업 및 제품 설계 등을 뜻한다.[7] 옹호자들에게는 폐기물이 없는 지구라는 새로운 지구적 차원의 희망이나 비전을 뜻한다. 두 용어를 명확하게 구분 짓는 경계는 없으며 종종 서로 다른 맥락에서 사용된다.

제로 웨이스트는 주로 지역이나 행정구역 단위로 혹은 대학교 캠퍼스 등에서 채택되고 있으며, 샌프란시스코(2020년까지 완전 제로를 목표), 런던(2030년까지 65%)과 일본의 가미카츠(2020년까지 완전 제로)의 경우처럼 도시 단위로도 실행되고 있다. 가미카츠는 이미 시민들에게 폐기물을 34개 범주로 분류하도록 요구한 것으로 알려졌다. 제로 웨이스트의 정의에 따르면 매립과 소각에서 폐기물을 분리하는 것을 목표로 하지만 종종 제품과 포장재의 재설계와 재사용까지 확장적으로 수용한다. 제로웨이스트유럽(Zero Waste Europe)과 같은 운동 단체들이 시민 동원을 위해 제로 웨이스트를 지지한다. 본 용어는 실용적이고 성취 가능한 목표임을 나타내기 위해 사용된다. 미국 산타이네즈 추마시인디언미션(Santa Ynez Band of Chumash Mission Indians)과 미국 EPA 웹페이지에는 제로 웨이스트를 다음과 같이 명확하고 간결하게 정의하고 있다. "매립지와 소각장에 들어가는 쓰레기를 최대한 적게(목표는 '제로'이다) 발생시키며, 제품, 포장 및 기타 품목을 재사용하거나 매립을 피하도록 재설계하는 것."

순환경제의 개념은 세계적인 지속가능성 전환으로의 더 큰 비전을 향하고 있다. 영국의 폐기물자원행동프로그램의 정의는 널리 인용된다. '전통적인 선형경제에 대한 대안으로서 자원을 최대한 오래 사용하고, 사용하는 동안 자원으로부터 최대 가치를 추출하며, 각 사용 수명이 끝날 때 제품과 재료를 회수하고 재생하는 것'을 뜻한다. 유럽연합과 중국 등이 21세기 기본 발전 패러다임으로 채택하였다(Kiser 2016, Mathews와 Tan 2016, Stahel 2016). 엘렌맥아더재단은 세계적인 '순환경제로의 전환' 가속화를 재단의 사명으로 삼았으며, 컨설팅, 연구, 옹호 활동을 통해 순환경제를 추구하고 있다.

순환경제 플랫폼을 구현한다는 것은 제품과 공급망을 재설계하고 경제 시스템 전반에서 재생 에너지와 지속 가능한 농업 전략으로 전환하는 것을 의미한다. 이상적으로는 사용 후 최종 폐기를 피하도록 폐기물 생산 및 처리 방식을 아예 바꾸는 것이 순환경제 플랫폼의 중심이다. 연장 선상에서 보면 음식물, 전자제품 그리고 특히 플라스틱 분야가 순환경제에 있어 가장 중요한 요소이다. 유럽연합은 2018년 플라스틱을 중심으로 한 순환경제 패키지를 통해 2030년까지 일회용 플라스틱 소비재를 획기적으로 줄이고, 플라스틱 제작자의 폐기물 책임 회수 및 재활용을 의무화하며(특히 플라스틱 포장재), 바다로 흘러 들어가는 플라스틱 양을 줄인다는 야심 찬 계획을 세웠다.

용도로 전환하는 것을 말한다. 폐기물 전환은 2000년대 초부터 많은 지역에서 시행되고 있는 제로 웨이스트 운동의 기본 방침이기도 하다.

폐기물 전환과 예방의 구분이 중요한 것은 각각의 접근방식이 서로 다른 개념과 반대편의 지지자를 동원하기 때문이다. 예를 들어 폐기물 산업은 폐기물 전환 서비스(재활용, 에너지, 퇴비화)의 선두 주자로 자리매김했지만, 폐기물 예방론자들은 애초에 폐기물 발생을 줄여 폐기물 스트림을 축소하는 것이 중요하다고 주장한다.

박스 2.5는 폐기물과 자원을 둘러싼 작금의 논쟁을 지배하는 두 가지 용어인 '순환경제'와 '제로 웨이스트'의 옹호 입장과 적용 사례를 각각 나타낸다. 순환경제와 제로 웨이스트는 폐기물의 예방적, 추출적 가치가 통합된 지역적 및 국제적 수준의 폐기물 경제 비전을 각각 담고 있다. 이러한 비전이 특히 세계적 수준으로 확장될 때의 장단점에 대한 내용은 뒷부분에서 알아보기로 한다. 순환경제 정책 제정에 있어 음식물쓰레기는 비옥한 토대 역할을 하지만 플라스틱 폐기물로부터는 이러한 역할을 기대하기가 매우 힘들다. 예를 들어 버려진 음식물은 지역 단위로 수거하여 퇴비화하거나 재분배가 가능하다. 반면 플라스틱은 지역적 차원에서의 재활용이 어렵기 때문에 주로 장거리로 운반되며, 시장성 있는 상품으로 재활용되기도 쉽지 않다.

전체 폐기물 배출량이나 매립지의 폐기물량은 여러 이유에서 반드시 축소되어야 한다. 세계적으로 급속히 축적되는 도시 고형 폐기물 처리 비용은 2010년 연간 2,050억 달러(약 231조 원)에서 2025년까지 3,750억 달러(약 432조 원)로 증가할 것이다(Wilson 외 2015). 여기에는 위험 또는 핵폐기물의 안전 처리 비용은 포함되지 않았다. 이미 세계 대부분의 지역에서 폐기물 수거 재활용 처리 기반시설의 용량이 초과 범위를 넘어섰다. 인간이 폐기물을 넣을 장소를 찾기 위해 아무리 창의성을 발휘해도(때로는 부주의한 사람들도 있기에) 폐기물 저장 공간은 날로 부족해져만 간다.

재활용과 자원 추출에서 발생한 이윤은 주로 높은 수준의 효율성을 통해 발생한 돈으로서 실제 통화 흐름이 매우 복잡하게 형성되며 추적하기도 힘들다. 폐기물 예방 또는 전환의 주된 가치는 그동안 경시되어 온 인간 건강에 대한 영향, 환경오염 및 온실가스 배출 문제를 다룬다는 데에 있다. 또한 사고와 오염 발생에 대한 법적 책임을 지는 일이 발생하지 않도록 방지하는 데에 있다.

경제 모델은 이러한 비용 절감을 통화 단위로 평가할 수 있다. 아이디어, 기술 및 전문지식을 제공하는 기업가 및 디자이너, 컨설팅 업체 및 연구자에게도 분명한 이득이 있다. 폐기물 처리 스타트업에 초기 자본을 제공하는 클로즈드 루프 벤처Closed Loop Ventures 같은 기업과 순환경제 스타트업을 대상으로 수여되는 유럽 그린앨리상Green Alley Award의 등장으로 세계 순환경제 스타트업 부문이 번창하고 있다. 폐기물 생산이 시스템상에서 애초에 방지되도록 설계하면 특허 획득을 포함한 다양한 재정적(및 규범적) 인센티브를 받을 수 있다.

제로 웨이스트와 순환경제 관련 정책과 프로그램은 우수 폐기물 에너지 기술이나 자재 회수 및 재활용 기술에 투자하는 기업에 기회를 제공한다. 유럽연합과 미국(캘리포니아와 매사추세츠)을 비롯한 전 세계 여러 도시에서는 모든 또는 일부 선별된 폐기물 스트림에 대한 의무적 규정이나 관련 프로그램이 구축되어 있다. 그 예중 하나가 음식물쓰레기이다(5장 참조). 해당 스트림의 폐기물 산업계는 이러한 변화를 이끌어 나가고, 매립지로 향하는 폐기물이 생산적인 용도로 전환되도록 도움을 주면서도, 수익을 창출하는 환경 서비스 공급자로 자리 잡을 수 있다.

도시, 대학교 캠퍼스 등에 설정된 제로 웨이스트 목표는 야심 차긴 하지만 잘못된 방향으로 갈 수 있고, 설계 자체가 부실할 수도 있다. 제로 웨이스트가 단순히 폐기물이 매립지에서 최종 폐기되는 것을 방지하는 차원이라면(가정 단위의 재활용이나 녹색 쓰레기통 사용 등의 경우) 수거 이후 쓰레기통의 내용물은 방치되는 셈이다. 산업화한 국가에서 수거 및 분류 과정을 거쳐 중국으로 보내지는 어마어마한 폐플라스틱이 폐기물 전환 건으로 인정되고 계수되는 현실은 환멸을 느낄 정도로 실망스럽다(Davis 2014).

"기술 주도와 경제적 이득"(Hobson과 Lynch 2016)이라는 명분을 앞세운 순환경제는 전 세계의 전폭적인 지지 속에서도 그 이론과 실제가 매우 강한 비판을 받아왔다. 실제로도 순환경제는 일부 현실적인 충돌과 갈등 사태를 정면으로 바라보지 못하게 한다. 그 실례는 전자폐기물과 플라스틱 스크랩의 국제 거래를 다룬 뒷부분에서 확인할 수 있다. 이러한 폐기물의 국제 거래를 통해 모든 선진국의 재활용 시스템이 돌아가고 있다. (순환경제 옹호자들이 제안하는 것처럼) 선진국의 폐기물 수출을 단순히 끝내버리면 재활용경제와 재활용 재료를 활용하는 제조업 시장에 혼란이 가해진다(Gregson 외 2015). 물론 이에 영향을 받아 야기된 환경적, 사회적 불평등도 고려해야 한다. 또 다른 갈등은 폐기물 에너지 소각을 순환경제의 일부로 간주하여야 하는지에 대한 것이다. 이에 대해 대부분의 활동가와 많은 정책 입안자들은 아니라고 말하지만 폐기물 에너지 산업과 중국은 그렇다고 말하고 있다. 최근 들어 제로 웨이스트와 순환경제 정책 플랫폼에서 소각이 배제되는 추세다. 이 부분은 마지막 장에서 더 자세히 다루고자 한다.

폐기물의 비물질적 가치

폐기물에서 금전적인 이익만 취하는 것은 아니다. 버려진 물건이나 매립지 파생 물질로 만들어진 예술작품, 음식물쓰레기를 활용한 팝업 레스토랑,* 매립지에서 발견된 재료로 탄생한 악기 등이 지역사회를 풍요롭게 하는 동시에 새로운 문화체험을 만들어낸다. 파라과이 카테우라Cateura의 '재활용 오케스트라'는 2015년 다큐멘터리 「조화로운 매립지Landfill Harmonic」의 주제였다. 산호 서식지에 침몰한 폐선박은 폐기물이 생태계에 긍정적인 영향을 끼칠 수도 있음을 보여준다. 박물관, 도심 광장, 국제 정치 지도자 회의 석상 등에 플라스틱 폐기물로 만든 조형물을 세워 사람들의 눈길을 끌면서도 플라스틱 폐기물에 대한 관심을 두게 할 수도 있다. 뉴욕을 비롯한 일부 지역의 갤러리들은 참여형 전자 폐기물 미술 전시회를 개최했다. 이러한 사례들은 사물의 효용성, 예술성, 정치적 측면을 혼합적으로 적용한 방식이다.

쓰레기는 또한 우리의 일상사를 대변하기도 한다. 고대의 쓰레기

* 짧은 기간 동안 식당을 빌려 특별한 주제를 가진 요리를 선보이는 식당이다.

보관소는 조상들의 삶을 엿볼 수 있는 귀중한 역사적 정보의 원천이다. 100년 이상 방치된 매립지는 '쓰레기학'[*]의 연구 대상이다(Humes 2010). 쓰레기 매립지에서 표본을 채취하면 다른 시간대의 다른 사람들이 무엇을 먹고, 읽고, 사용했는지를 알 수 있다. 쓰레기학을 통해 산업화한 국가의 쓰레기는 매립을 통해서는 쉽게 분해되지 않는다는 것을 밝혀냈다.

유동 자원인 폐기물

폐기물이 지닌 모든 가치에도 불구하고 폐기될 물건이 가치 있는 자원이나 상품으로 변환되는 것은 부분적, 불균형적 또는 일시적일 수 있다. 즉 유동적이다. 폐기물의 가치는 불확실하고, 예측 불가능하며, 상황에 따라 다르다. 또한 많은 외부 요인에 의해 영향을 받는다. 말 그대로 위험물질에 둘러싸여 있거나 비유적으로 표현하자면 시장 변동성에 갇혀 있는 경우가 많다. 이사용 종이 상자(1장의 사례)는 누군가에게는 쓸모 있는 물건이지만 누군가에게는 쓰레기가 된다. 사용후 핵연료봉은 가치 있는 발전용 연료로 재처리될 수 있지만 수십만 년 동안 사라지지 않는 방사성 폐기물을 남긴다. 이러한 조건부적 환경은 추가적인 위험과 거버넌스 측면의 난제를 가중시킬 가능성이 있다.

　폐기물과 재활용품 시장은 경제 상황과 가격 충격에 취약하다

---

[*] 쓰레기장을 조사해서 그 지역에 사는 사람들의 생활 실태를 알아보는 사회학의 한 수법을 말한다.

(Jolly 2007). 스크랩은 수익률 자체가 낮기 때문에 약간의 가격 변동에도 시장 상황이 달라진다. 2차 원료 시장은 동급 천연소재 가격에 의해 크게 좌지우지된다. 기름이나 구리 가격이 크게 떨어지면 플라스틱이나 구리 스크랩 시장 전체가 붕괴할 수도 있다. 사람들이 사용을 원치 않는 소재가 스크랩 야적장이나 도시 폐기물 분류 구역에 쌓여만 갈 수 있다. 이렇게 발생한 폐기물을 내다 팔 곳이 없게 되면 스크랩을 소유한 사람들은 가장 싸게라도 처분할 방법을 찾게 되며, 이는 종종 가장 비환경적인 방법을 포함한다. 결국 원자재 가격 변동은 폐기물에서 자원과 원재료를 추출하는 사람들의 생계에 심각한 영향을 끼친다.

스크랩이나 알루미늄 캔과 같은 일부 버려진 물건들은 재활용 시스템을 통해 동일한 품질의 물건으로 다시 만들어질 수 있다. 이것을 무한순환형 재활용이라 한다. 이 외의 것들은 성능이 저하되어 사용할 수 없게 될 때까지만 사용되는 다운사이클, 재활용 혹은 전보다 낮은 품질의 것으로만 재처리될 수 있다. 이는 열린고리형 재활용 또는 계단식 재활용이라고 한다. 일부 플라스틱은 최종 사용 지점에 빨리 도달한다.

재처리 또는 재활용된 폐기물 중 일부는 더는 재처리가 불가한 잔류물을 발생시키기도 한다. 폐기물 에너지 생성 시 발생하는 재 속에는 연소 중 발생한 다량의 유독 성분이 농축되어 있다. 이러한 잔류물 처리는 폐기물 에너지 소각 시설의 주변 지역 환경에 환경 불평등적인 요인이 된다. 일부 폐기물 스트림을 효과적으로 분류하기엔 너무 큰 비용이 든다. 도시 폐기물 스트림은 의료 폐기물, 전자 제품, 배터리 등에 비교적 많이 오염되어 있기 때문에 스트림이 통째로 매립지로 보내질 가능성이 높다.

결론

지금까지 인간이 원하지 않거나 사용하지 않는 것의 실례와 범주를 알아보았다. 폐기물을 물건과 스트림이란 두 개의 관점에서 본다면 폐기물이 지닌 가치, 특히 최종 처분 이상으로서의 가치와 연결해서 살펴볼 수 있다. '물건으로서의 폐기물'이란 관점에서 본다면 자원의 초기 획득에서부터 제조, 사용, 최종 폐기에 이르는 제품의 전체 수명 주기와 연결된다. '스트림으로서의 폐기물'은 폐기물 처리 이후를 살펴보게 한다. 즉 폐기물을 처분했다고 해서 폐기물의 수명 자체가 끝난 것은 아니다.

새로이 등장한 세계 폐기물경제가 이 분야의 거버넌스 판도를 바꾸어놓았다. 본 장 초반에 다음과 같은 질문을 제시한 바 있다. "모든 폐기물에 일률적으로 나타나는 보편적인 특징이 있기에 하나의 특징이나 명칭으로 정의될 수 있는 것인가? 또한 폐기물이 당면한 문제에 대해 공통적인 해결책을 제시할 수 있는 것인가?" 이에 대해 대답을 하자면 점점 더 '아니오'라 대답할 것 같다. 물건과 스트림이라는 대형 범주 속에서도 사용 이후의 폐기물이 '폐기물' 또는 '버려진 것'으로 분류되는 어느 지점에 도달하는 순간이 있다. 그러나 그 순간도 폐기물의 전체 생애를 다 담고 있지는 않다.

폐기물을 단지 외부성 자원 또는 위험요소로서 간주하여 '파이프의 끝(사용 종료)'과 같은 존재로 다루거나 지역적 차원에서만 초점을 맞춘 폐기물 규제와 거버넌스는 새로운 세계 폐기물경제에 적합하지 않다. 마찬가지로 기존의 글로벌 협약과 제도로 새로운 유형의 폐기물과 폐기물 스트림을 다루고 폐기물을 위험보다는 자원으로 간주하기에는 역부족이다. 수거, 처리, 재활용의 구조로는 세계적인 쓰레기 대란을 감당하기에 충분하지 않다. 또한 국제 개발자금의 0.3%만이 고형 폐기물 관리에 사용되고 그중 3분의 2는 중간 소득 10개국에 돌아갔다(Wilson 외 2015).

폐기물 거버넌스는 소외된 근로자와 지역사회에 대한 위험을 최소화하고, 강력하고 안정적이며 안전한 2차 소재의 국내 또는 국제 시장을 창출하고 유지하며, 보다 효율적이고 보다 순환적인 경제 체제로의 전환을 구현해야 한다. 그러나 이러한 것은 폐기물이 가치를 지닌 중요한 자원임을 이해할 때 비로소 이루어질 수 있다. 이를 통해 폐기물 거버넌스 수립 시 더욱 다양한 주체(산업계 포함)의 지지를 얻을 수 있게 되며 세계 경제에도 더 큰 이득을 가져다줄 것이다.

폐기물이 지닌 자원 가치, 위험 요소, 세계화된 개척지에 적합한 거버넌스와 이러한 도전과제를 다루는 정치적 내용에 관해서는 책의 후반부에서 차차 다루고자 한다. 이어지는 3장에서 세계 폐기물경제, 즉 "남 보기에 지저분해 보이는 일이 돈벌이는 잘 된다"는 폐기물 분야의 자본, 노동, 기술력 등을 자세히 살펴보도록 하겠다.

CHAPTER 3

폐기물 작업

폐기물 분야의 동료 연구자인 라울 파체코-베가Raul Pacheco-Vega는 새로운 도시나 마을을 방문할 때면 누가 폐기물을 처리하고 재활용하는지를 꼭 살펴보고 온다. 스크랩이나 버려진 물건들로 가득 찬 수레는 누가 끌고 가는가? 회수 가치가 적은 알루미늄 캔이나 유리병은 누가 수거해 가는가? 누가 거리를 쓸고 있나? 누가 거리에 나와 중고서적이나 중고 가정용품을 팔고 있는가? 그들의 성별, 나이, 민족 또는 인종은 어떻게 되는가? 주로 이민자들인가? 혹은 농촌에서 온 이주민들인가? 한번 이쪽 세상에 발을 들여놓으면 이런 것들을 확인 안 하고 그냥 지나치기란 어려운 법이다. 또한 쓰레기 운반 트럭에 쓰인 업체명(웨이스트 매니지먼트Waste Management, 베올리아Veolia, 혹은 시카고의 그루트Groot)은 물론, 누가 트럭을 운전하고 누가 쓰레기를 트럭에 싣는지도 관심 있게 살펴보게 된다. 폐기물 수리 서비스는 어디서 어떻게 제공되는가? 이러한 사항은 광대한 공식 및 비공식 쓰레기 처리 산업에서 가장 쉽게 눈으로 확인할 수 있는 정보이다. 반면 매립지에서 쓰레기를 회수하고 있는 노동자의 모습, 집안에서 재활용품을 분류 및 정리하고 있는 폐기물 수거업자, 혹은 자원회수시설에서 자동 분류기를 사용하거나 최신 재활용 기술을 활용하는 근로자의 모습은 쉽게 눈에 띄지도 않을뿐더러 직접 찾아가 확인해 보기도 어려운 사항이다.

우리는 모두 지역 폐기물 경제권 안에 산다. 지난 몇 년간 새집이나 작은 규모로 집을 옮겨 다닐 때마다 나는 미국 EPA를 은퇴하고 개인 픽업트럭을 소유한 이웃의 '픽업트럭 맨'에게 이사를 부탁하곤 했다(그는 현재 폐기물 처리 작업에서도 은퇴했다). 픽업트럭 맨은 우리가 사용을 원하지 않는 모든 물건을 가져다가 재정비, 재활용, 판매, 기부, 폐기가 가능한 용도로 각각 분류하였다. 직접 할 시간도 관련 지식도 없었지만 내가 했더라면 시청에서 받아주지도 않았을 작업이었다. 종종 그와 함께 쓰레기 버리는 장소를 장기 임대하여 모든 것을 내다 버리는 부유한 나라의 어리석은 행동에 관해 이야기하곤 했다. 나는 책, 배터리, 헌 옷, 대형 판지와 같이 길가에 그냥 버려둘 수 없는 물건은 도시 재활용 센터로 가져갔다. 옮기기 힘든 가구는 크레이그리스트*에 무료 수거 요청글을 올려 해결했다.

지역 폐기물경제는 세계 폐기물과 재활용경제에 깊이 관여되어 있다. 버려진 물품과 폐기물이 국경을 넘어 전 세계로 운반되고 있으

---

* Craigslist. 지역 생활정보 사이트로, 미국 샌프란시스코에서 시작되어 현재 50개 국가에서 운영되고 있다.

며, 이 업계에 뛰어든 다국적 기업들은 유럽과 아프리카의 폐기물 서비스 업종에 투자하고 있다. 세계 폐기물경제의 다양한 모습이 부각된 것은 최근 들어서이다. 세계 폐기물경제권에서 누가 대부분의 위험을 부담하는지는 비교적 쉽게 파악할 수 있지만 누구의 손을 거쳐 어떤 방식으로 돈이 흐르는지는 추적하기가 어렵다.

3장에서는 폐기물의 가치 추출이라는 보다 복잡한 작업과 폐기물에 생계를 의존하는 노동자와 업체에 관한 내용을 다룬다. 휴스턴이나 파리에 본사를 둔 기업에서부터 이집트의 카이로나 브라질의 벨로 호라이존테Belo Horizonte 거리의 수백만 명에 달하는 노동자에 이르기까지 많은 이들이 폐기물 분야에 종사하고 있다. 본 장에서는 특히 이 분야의 방대한 비공식 노동력이 세계화 시대를 맞이하여 어떻게 변모하고 있는지를 중점적으로 살펴보고자 한다. 많은 국가에서 공식 법인 업체의 폐기물 관리업 진출이 허용됨에 따라 기존의 폐기물 수거업자(비공식 노동자)가 생계 현장에서 이탈하게 되는 등 갈등이 빚어지고 있다. 대체로 폐기물 작업은 매우 위험하며 이러한 위험은 폐기물의 부피, 독성, 이동거리 증가에 따라 더욱 확대되었다. 그러나 세계화 덕분에 행동주의, 기술 혁신, 폐기물 수거 및 관리와 관련한 새로운 조직적 모델의 확산 등 예상치 못한 성과가 피어날 공간이 생기기도 했다. 이번 장에서는 지역 폐기물 작업이 국내와 국제적 차원의 경제는 물론 정치적 프로세스와 어떻게 연관되어 있는지를 보여주는 두 가지 사례(폐기물 처리로 생계를 유지하는 카이로의 자발린족, 기후 회의에 참석하는 비공식 폐기물 수거업자)를 소개한다. 이를 통해 폐기물 작업의 공식적인 영역과 비공식적인 영역은 물론 공식화와 탈공식화의 경우까지 폭넓게 살펴볼 수 있다. 실제 이러한 공식 및 비공식 분야의 노동력에 의해 4장과 6장의 주제인 전자 폐기물 거래와 폐기물 자원 추출 작업이 이뤄지고 있다.

폐기물 작업과 생계

폐기물이 자원이나 위험 요소가 되는 동시에 생계가 된다는 것은 무엇을 의미하는가? 개념상으로 생계는 단순한 소득 창출 이상의 의미를 지닌다. 생계는 "자원과 기회에 대한 접근성 확보, 위험에 대처, 사회적 관계 협상 및 가정, 지역사회, 도시 내의 사회적 네트워크와 관련 제도를 관리하는 것"을 의미한다.[1] 주로 직접 관찰과 참여연구를 기반으로 하는 폐기물 관련 연구는 다음과 같다. 로빈 네이글의 『쓰레기 줍기: 뉴욕의 거리와 폐기물 수거 트럭 주변의 환경미화 노동자들의 행위를 중심으로Picking Up: On the Streets and Behind the Trucks with the Sanitation Workers of New York City』(Robin Nagle 2013), 캐서린 부의 『아름답고도 영속적인 것의 이면: 뭄바이 언더시티의 삶, 죽음, 그리고 희망Behind the Beautiful Forevers: Life, Death, and Hope in a Mumbai Undercity』(Katherine Boo 2012)과 같은 연구는 폐기물의 세계로 더욱더 많은 독자들을 초대한다.

폐기물 노동자들은 트럭이나 수레를 이용해 폐기물을 수거 및 운반한 후 종류대로 분류하여 세척한다. 공식 사업 분야로 구조화된 비즈니스의 경우 감독관, 보건·안전 관리 공무원, 엔지니어·기술자, 관리자, 임직원 등이 체계를 이루고 있다. 폐기물 노동자들은 스크랩 하치장이나 쓰레기 매립지에서 일하며 스크랩 거래를 중개하기도 한다. 폐기물 노동자와 스크랩 중개인은 사람들이 버린 물건과 자재의 용도를 변경하여 새로운 물건으로 탄생시킨 뒤 재판매한다. 하지만 이들은 폐기물과 폐기물 처리 방법 때문에 발생하는 즉각적이고 장기적인 위험에 가장 먼저 노출된다.

폐기물 작업은 현대 도시, 지역, 국가의 기능에 있어서도 매우 중요한 역할을 한다(Wilson 2007). 비네이 기드와니Vinay Gidwani는 이를 "인프라 노동력infrastructural labor"이라 칭한다(Gidwani 2015). 시의 폐기물 수거는 빈틈없이 실행되어야 하며 거의 눈에 보이지 않는 서비스여야 한다. 그러나 폐기물 노동자와 당국 또는 법인이 충돌할 때 그 결과는 자명하다. 거리의 쓰레기 더미는 정부를 무너뜨리거나 적어도 약화할 수 있다. 예를 들어 2000년대 초반 나폴리의 쓰레기 업체 파업은 이탈리아의 국가 이미지 손상으로 이어졌고 정부의 부패마저 부각되었다. 1970년대 후반 영국의 폐기물 수거 노동자 파업은 마거릿 대처와 보수당 쪽으로 여론을 돌렸다. 결국 대처는 1979년 선거에서 승리하여 총리에 당선되고 영국의 새로운 시대를 열었다. 2012년 콜롬비아에서는 시 당국과 민간 폐기물 수거 업체들과의 결전이 벌어졌다. 2013년 법원이 시 당국의 비공식 부문 조직 통합이 위헌임을 판결하면서 보고타의 좌익 시장은 몰락했다(이후에 복직됨). 2015년 베이루트 안팎에서 발생한 '쓰레기 더미' 처리를 위해 레바논 정부는 국제 폐기물 처리 법인업체와 계약을 맺으려 했으나 이는 대규모 시위를 유발하여 결국 레바논 정부에 심한 타격만 입혔다. 매립지와 쓰레기 하치장이 통제 없이 방치되고 있자 2018년 모스크바 주민들의 항의가 일어나 시 정부를 괴롭혔고, 이는 아마도 러시아 지도층까지 괴롭게 했을 것이다(Henry 2018).

폐기물 작업은 도시의 길가는 물론 원거리 국가의 재처리 및 재활용 시설에 이르기까지 규모와 거리를 따지지 않고 어디에서나 행해진다. 중국의 소규모 업체가 미국과 유럽에서 수입된 플라스틱을 녹이는 작업을 한다. 선진국의 전자 폐기물에서 추출된 금속은 벨기에의 공장에서 제련된다. 엔지니어와 전문기술자들은 폐기물 에너지 기술 혁신에 힘쓰고 있다. 기업가들은 플라스틱의 생물학적 대체품 개발에 주력하는 순환경제 스타트업에 투자한다. 기업 대표와 폐기물 수거업자 모두 너 나 할 것 없이 세계 기후와 지속 가능한 발전 정책에 자신들의 의견이 반영되도록 강력한 목소리를 내고 있다. 생계가 위협받고 있음을 알아챈 폐기물 노동자들, 특히 비공식 폐기물 수거 공동체는 여러 도시의 폐기물 관리가 자신들의 생명줄로 인정될 수 있도록 여러 방법을 찾고 있다.

경제 생산과 노동 분야의 연구자들은 노동력과 기업의 공식적 분야와 비공식적 분야를 종종 구별하곤 한다(Chen 2012). 현실적으로는 공식과 비공식 영역의 정확히 양분된 지점을 찾기보다는 두 영역을 하나의 연속체로 간주하는 것이 더 정확하다고 볼 수 있다. 또한 기업은 물론 노동자도 두 영역 모두에 걸쳐 활동한다는 점을 생각해 보아야 한다. 그러나 어찌 됐건 이러한 용어적 구별은 전 세계 폐기물 업계의 다양한 면모를 살펴보는 데 도움이 되며 섬유, 농업, 서비스, 가사도우미 업종과 같은 타 분야와의 비교 시에도 유용하다.

폐기물과 재활용업은 도시 내는 물론 국제적 단위의 공식·비공식 노동자와 집단동원·행동주의 연구에서도 매우 중요한 부분이다.

폐기물 작업은 인간이 치러야 하는 대가를 요구하기도 하지만 생계의 수단이 되며, 사회·경제적 지위 상승의 기회가 되기도 한다. 그러나 향후 몇 년 안에 시영 노동력의 민영화와 더욱 다양한 비정규 노동 형태(예로 '긱 이코노미'*)의 출현으로 선진국의 폐기물 작업은 '탈공식화'될 것이다. 이와는 대조적으로 개발도상국의 비공식 폐기물 처리 노동자들은 폐기물 수거 시스템에 통합되고 있다.

공식 폐기물경제

공식적인 부문은 공식 경제 분야와 법적 시스템 내에서 사업체와 노동자에 의해 운영되는 경제 분야 및 업체로 구성된다. 법인 기업이 설립되고 세금을 낸다. 근로자들은 이상적으로 고용계약을 체결하고 사회복지 혜택과 근로자 보호를 받는다. 폐기물 분야 노동자는 시 당국 혹은 민간 업체에 소속된다. 기업은 은행이나 증권거래소를 통해 자본을 조달하며 대체로 계층화를 이룬 매우 구조적인 형태로 조직된다. 폐기물 분야의 대형 기업은 전 세계 또는 전 지역에 걸친 사업 범위를 확보하고 있으며, 더 발전된 기술력을 보유하고 있다. 또한 에너지와 상수도 등의 대형 에너지 공급업체 산하의 자회사 형태로 설립되는 경우도 많다.

UN은 2015년 환경재와 서비스 부분의 전기, 수도, 폐기물 산업 분야 정규직 일자리가 144만 3,000개로 2000년 이후 50% 이상 늘었

* 비정규 임시·계약직의 프리랜서 근로 형태가 확산하는 경제의 등장을 말한다.

다고 발표했다(유럽환경청 2018). 미국의 2016년 통계에 따르면 폐기물 수거업자를 제외한 40만 명 이상의 폐기물 관리 전문 종사자들이 평균 소득(37,040달러, 약4,200만 원)보다 더 많은 수입을 번다. 폐기물 관리는 괜찮은 직종으로 여겨지며, 상당수의 환경미화원이 노동조합에 가입되어 있다.[2] 폐기물 서비스 분야 최대 법인은 전 세계적으로 수만 명의 직원을 고용하고 있으며(표 3.1), 이들의 직업은 기술, 기능, 급여 등의 측면에서 높은 차별성을 지닌다.

하지만 문제는 산업 안전이다. 미국노동통계국US Bureau of Labor Statistics, BLS은 환경미화 직종을 미국에서 다섯 번째로 위험한 민간 직업군으로 분류했다. 실제 2016년 한 해에 31명의 환경미화원이 근무 중 사망하였다. 뉴욕의 가정 폐기물은 시청 소속 노동자들이 수거해 가고 기업의 경우는 밤 시간대에 폐기물을 수거해가는 전문 수거 업체를 선택적으로 고용할 수 있다. 2018년 1월 미국 공영방송국 PBS의 뉴스아워NewsHour 프로그램은 '왜 민간 폐기물 관리는 미국에서 가장 위험한 직업군 중 하나가 되었는가Why Private Waste Management is one of the Nation's Most Hazardous Jobs'라는 제목의 방송분을 통해 뉴욕시의 보행자, 자전거 운전자, 폐기물 노동자를 대상으로 밤 시간대 안전 위반, 부상, 사망 현황을 조사했다. 폐기물 산업계의 주요 조직인 북미고형폐기물협회는 산업계 내외부 사람들을 교육하여 안전 규정이 준수되도록 하는 것을 최우선 과제로 삼고 있다. 또한 환경미화원들이 주로 차에 치여 사망하는 경우가 많기 때문에 '환경미화원 근처에서는 속도를 줄이시오Slow Down to Get Around'라는 운전자 대상 캠페인을 벌이고 있다.

표 3.1 폐기물 관리 및 자원 복구 분야의 주요 글로벌 기업 현황

	웨이스트 매니지먼트 (Waste Management)	베올리아 인바이론먼트 (Veolia Environment)	수에즈 인바이론먼트 (Suez Environment)	리퍼블릭 (Republic)	레몬디스 (Remondis)	코반타 (Covanta)
본사	미국	프랑스	프랑스	미국	독일	미국
진출 국가	미국, 캐나다	48개국	70개국	미국	4개 대륙 30개 국가	미국, 이탈리아, 영국, 아일랜드
수익	$148.6억 (약 17조 원)(2017)	$278억(약 32조 원)*	$222.5억(약 25조 원)*	$94억(약 10조 6천만 원)	$90억(약 10조 원)	$17억(약 2조 원)
직원 수	42,300(2017)	163,226	82,536	33,000	31,200	3,600

* 비폐기물 분야의 수익을 포함한 전체 수익. 별도 명시 없는 경우 2016년 데이터를 뜻한다.

출처: Statista.com, 각 사 웹사이트 및 보고서

폐기물 관리 및 자원 복구 산업은 세계화, 경제 민영화, 도시화에 의해 형성되었다. 2000년대까지는 미국과 유럽에 본사를 둔 소수의 다국적 기업만이 세계 폐기물 부문에 진출했다. 이러한 회사들은 기업 구성 변화에 따라 지난 20년 이상 도시, 산업 및 정부를 상대로 폐품 수거, 운반, 폐기 및 재활용 서비스를 제공하며 이 분야를 지배해 왔다. 2015년 4,330억 달러(약 490조 원)로 평가된 전 세계 고형 폐기물 산업 가치는 향후 몇 년 동안 증가할 것으로 예상되며, 특히 남아시아와 동아시아에서는 2020년경 5,620억 달러(약 638조 원)에 이를 것으로 예상된다.[3] 업계 행위자들은 이 분야를 전 세계적인 환경 서비스 제공 업체로 성장시키기 위해 부단히 노력해왔다.

웨이스트 매니지먼트는 북미에서 가장 큰 폐기물 관리 회사이며, 2016년 포브스가 선정한 세계 상위 2,000개 공기업 순위에서 549위에 올랐다. 웨이스트 매니지먼트는 리퍼블릭과 함께 미국의 폐품 수거, 운송, 폐기, 재활용 시장의 절반 이상을 차지하고 있다. 웨이스트 매니지먼트 회사 이름이 쓰인 트럭을 미국 각 주와 도시에서 매우 쉽게 찾아볼 수 있다. 위험 폐기물 관리, 배출 및 재해 복구 서비스 제공 업체인 클린 하버스Clean Harbors는 1980년 단 1대의 트럭과 4명의 직원으로 시작했다. 2015년 16억 달러(약 1조 8억 원)의 수익을 기록하며 5,000명의 직원을 보유한 또 다른 미국 업체인 코반타는 미국, 캐나다, 아일랜드에서 활동하며, 이탈리아와 중국에서 출자지분을 취득한 세계 최대 규모의 폐기물 에너지 서비스 업체 중 하나이다. 코반타는 100만 가구에 전력을 공급할 수 있을 정도로 충분한 분량인 연간 2,000만 톤의 폐기물을 처리한다.

유럽 폐기물 업체는 수도, 에너지 공급을 주력 분야로 삼은 대형 유틸리티 업체의 자회사인 경우가 많다. 프랑스의 수에즈 인바이론먼트의 기업 가계도는 1822년으로 거슬러 올라간다. 1860년대 수에즈 운하 건설 참여를 계기로 기업명을 수에즈 인바이론먼트로 정했고, 70개국에서 폐기물 관리 및 상수도 공급 서비스를 제공한다. 레몬디스는 폐포장재와 전자 폐기물 수거 등 모든 범주의 재활용 서비스를 유럽연합 규정에 의거하여 제공하는 독일 기업이다. 유럽 최대의 큰 폐기물 에너지 업체인 베올리아는 멕시코시티에서 남극대륙에 이르기까지 널리 계약을 체결하고 있으며, 폐기물 에너지 분야를 이끌고 있다.

주요 업체 간의 상대적 연속성에도 불구하고 글로벌 폐기물 관리 산업은 변화무쌍한 지형을 나타낸다. 대형 회사들은 자사를 매각하거나 내수 시장을 제쳐놓고 새로운 벤처 회사를 인수하거나 소규모 또는 지역 업체를 합병하거나 인수한다. 이외 소규모 업체는 특화된 전문 서비스를 제공하거나 지역 시장에서 활동한다. 산업계도 변화를 요구하는 외부 압력에 직면해 있다. 기성 업체는 물론 신규 진입자까지 모두 폐기물 에너지, 도시 광산 채굴 등의 여러 관련 서비스를 제공하며, 세계 폐기물경제가 던지는 도전에 맞서기 위해 재개편 중이다. 이러한 세계적인 추세 속에서도 지역 및 도시 정치와 계약 체결 경쟁은 여전히 폐기물 사업에서 큰 비중을 차지한다. 예를 들어 스페인 회사 FCC는 웨이스트 매니지먼트를 제치고 2018년 1월 미국의 휴스턴시 당국이 발주한 재활용 업무 체결 계약을 성공적으로 따냈다. 휴스턴은 웨이스트 매니지먼트의 본사가 있는 곳이다. 한편 실제 현장에서 기업의 녹색 환경 노력이 항상 성공적인 것만은 아니다. 배출가스 위반, 환경 사고, 오래된 부지 청소와 부패의 문제는 여전히 다루기 힘든 골칫거리이며, 친환경 기업이 미국을 비롯한 여러 국가에서 새로운 시설을 설치하려 해도 많은 장애물을 넘어야 한다.

중국은 폐기물 산업 분야에서도 국제무대에 진출하였다. 2015년 베이징 엔터프라이즈Beijing Enterprises는 유럽 폐기물 에너지 공급 분야의 선두주자이자 16억~21억 달러(약 1조 8,000억~2조 3,000억 원)의 기업 가치를 보유한 에너지 프롬 웨이스트Enery-from-Waste, EfW를 인수하였다. 2014년 베이징 캐피털Beijing Capital은 뉴질랜드 최대 폐기물 관리회사를 8억 달러(약 9,000억 원)에 인수했다. 중국 기업들은 특히 폴란드와 스페인을 중심으로 유럽의 폐기물 관리 및 인프라 관련 기업에 투자하거나 매입하고 있다. 유럽 폐기물 시장을 향한 중국의 구애는 전혀 놀라운 일이 아니다. 중국은 더 발전된 형태의 폐기물 에너지 및 기타 폐기물 시설 건설을 통해 날로 증가하는 자국의 폐기물 문제를 처리할 수 있는 기술력과 전문인력이 필요하기 때문이다.

세계 최고 수준의 폐기물 산업계는 폐기물 관리 사업을 병들게 했던 부패와 범죄로부터 적극적으로 거리를 두었다. 지구 북쪽에 관한 광범위한 문헌 중 몇 가지를 예로 들어보자면 앤드류 사스(Andrew Szasz 1986), 앨런 블록(Alan Block 1985), 프랭크 스카피티(Frank Scarpitti 1985)가 미국의 사례를 연구했으며, 로베르토 사비아노(Roberto Saviano 2008)가 나폴리의 경우를 연구했다. 폐기물 산업 전반이 범죄 행위에 영향을 받았다고 말하는 것은 시기상조다. 그러나 미국의 소규모 기업에서 사기와 부패로 체포되는 건이 발생한다. 또한 여러 국가에서 폐기물 수출입이 금지된 틈을 타 범죄 조직과 조직범죄 집단이 지구 남쪽 대다수 도시의 폐기물 처리와 자원 추출 분야를 지배하고 있으며, 전자 폐기물 거래 분야도 장악하고 있다(4장 참조).

마지막으로 자원 복구 및 재활용 서비스 제공업체로 자리매김한 주류 폐기물 산업계는 순환경제 이니셔티브 차원의 역할이 강조됨에 따라 중대한 과제에 직면해 있다. 이들은 폐기물 예방보다는 폐기물 용도 변경으로부터, 또한 폐기물의 효과적 복구를 위한 기술적 접근으로부터 직접적인 경제적 이득을 본다. 이와 관련한 논쟁은 순환경제 정책이 설계 및 실행됨에 따라 더욱 본격화되었다(7장 참조).

비공식 폐기물경제

비공식 부문은 일반적으로 납세, 사회 보장 및 사업 등록과 같은 정상적인 법적 테두리 밖에서 존재하는 기업과 근로자로 구성된다. 일자리는 고정적이지 않으며, 파트타임 형태로 법적 주당 노동 시간을 초과하는 과도한 양의 일을 할 수도 있다. 비공식 분야 노동자들은 전반적으로 불안정한 상태, 즉 일자리가 없거나, 특정 계절에만 일거리를 찾을 수 있거나, 고용주의 마음대로 해고될 수 있으며 항상 그렇지는 않겠지만 주로 위험에 노출되어 있고, 가정, 작업장, 노동 착취 공장 등 매우 안전하지 않은 작업 환경에서 일한다.[4]

비공식 노동은 개발도상국과 선진국의 농업, 섬유, 전기, 가사 노동, 건설, 운송 및 폐기물과 재활용 분야를 포함한 다양한 경제 분야에 존재한다. OECD는 글로벌 금융위기 이후 2009년 전 세계 노동력의 절반 이상인 18억 명이 공식적인 계약 체결이나 사회보장의 혜택 없이 일하고 있음을 발견했다(Linzner와 Lange 2012). 전자 폐기물 해체나 선박 해체와 같은 매우 위험한 직업군과 의류 제조 현장 같은 노동 착취적 작업 환경에서 비공식 노동력의 대부분이 형성된다. 이러한 위험은 다른 국가들에 의해 먼 곳에서부터 이동된 위험이며, (말 그대로이자 비유적 표현인) 작업 공간을 먼 곳으로 이동시킨 세계 경제의 부작용이다.

비공식 부문 근로자는 주 정부, 시장 조직 및 규정 체계에 속하지는 않지만 대개 계층 구조, 집단 또는 가족 단위의 자체적인 운영 체계와 시스템을 갖추고 있다. 비공식 노동자층은 세계적인 지지와 응원을 받고 있다. 예를 들어, 비공식여성고용: 세계화및조직화WIEGO는 비공식 노동자를 연구하고 옹호하는 대표적인 NGO이다.

비공식 작업은 폐기물, 재활용 또는 스크랩 분야에서 가장 오래된 노동 형태이다(Dias와 Samson 2012). 전 세계 약 2,000만 명의 사람들이 비공식 폐기물과 재활용 분야에서 일하는 것으로 추정된다(ISWA 2012). 2010년 브라질의 한 연구에 따르면 브라질에서만 22만 9,000명이 넘는 비공식 폐기물 노동자가 존재한다(Dias 2011). 서아프리카, 남아프리카, 인도의 폐기물 종사자는 도시 노동력의 1% 미만을 차지하지만 이를 숫자로 따지면 결코 작지 않다. UN 해비타트는 잠비아의 도시 일자리 중 약 60%가 폐기물 분야에 속하는 것으로 추정된다(UN-Habitat 2003).[5]

선진국의 폐기물 수거와 처리 용역 공식화는 상당한 투쟁 끝에 거의 한 세기에 걸쳐 진행되었다. 또한 향후 몇 년 동안 지속해서 해결해야 할 일들이 아직 남아있다. 데이비드 펠로와 칼 짐링은 폐기물 분야의 역사와 이 분야의 주요 노동자인 소수 민족과 소수 인종이 공식 분야의 노동자가 누리는 권리와 보호를 획득하기 위해 어떻게 서로 힘을 모으고 싸워왔는지를 문헌으로 정리하였다(David Pellow 2002; Carl Zimring 2015). 1968년 4월 4일 암살당한 당시 마틴 루터 킹은 근무 조건 개선과 근무 중 사망 문제에 항의하던 아프리카계 미국인 환경미화원들의 투쟁 현장인 멤피스Memphis에 있었다.

폐기물이 전 세계적으로 거래되는 자원이자 원자재로 부상하고, 폐기물 생산 및 처리량에 대한 경각심이 높아지자 비공식 분야의 폐기물 업무가 주목받기 시작했다. 비공식 폐기물 수거인 조직은 국제적인 동맹을 맺어 국제무대에서 자신들의 요구를 관철하고자 애쓰고 있으며, 지역 단위로 집결하여 안정적이고 노동 착취의 염려가 없는 안전한 근무 환경 속에서 생계를 유지할 수 있도록 고군분투하고 있다. 세계폐기물수거인연합이 이들의 입장과 이해관계를 대표한다. 세계은행을 비롯한 여러 국제 기구들은 아프리카, 아시아, 중남미의 성장 가도를 달리고 있는 도시 곳곳의 폐기물 관리 인프라 발전 방안으로서 비공식 폐기물 분야의 활용을 지목해 왔다.

2008년 콜롬비아 보고타에서 열린 제1차 세계폐기물수거인회의World Conference of Waste Pickers 대표단은 '청소부scavenger'와 같은 차별적인 용어를 대체하고, 집단 정체성 형성에도 도움이 되도록 '폐기물 수거인waste picker'이라는 영어 단어를 채택했다. '청소부'는 이집트에서는 자발린zabaleen, 부에노스아이레스에서는 까르또네로스cartoneros,

멕시코에서는 페페나도레스pepenadores, 브라질에서는 까따또레스catadores, 에콰도르에서는 미나도레스minadores라는 단어로 불린다. 동유럽과 중부유럽에서는 소수 민족인 로마족 출신의 노동자가 폐기물 수거(처리) 작업의 대부분을 감당하고 있으며 인도에서는 헌법에 의거하여 가장 억압받고 사는 집단 중 하나인 달리트, 즉 지정 카스트 출신 노동자가 담당한다.

폐기물 수거인은 다른 사람들이 버린 물건을 수거하여 분류, 재활용, 용도변경 및 판매까지 하며 폐기물에서 가치를 추출하기도 한다. 또한 집마다 방문하여 재활용이나 업사이클링, 재판매가 가능한 폐기물을 수거한다. 비공식 분야의 또 다른 노동자는 수거 작업 후 방치된 폐가구와 기타 도시 고형 폐기물을 수거 및 처리한다. 이들은 길거리를 쓸고 쓰레기를 치우며, 공공장소에 놓인 쓰레기통이나 대형 쓰레기통 안의 내용물을 꺼내어 분류한다. 수거에서부터 재처리의 과정까지 폐기물은 거리의 노동자, 소규모 지역 구매자, 더 나아가 대규모 지역 거래자와 창고 소유주에 이르기까지 여러 사람의 손을 거쳐 간다. 이 과정에서 계층 구조가 형성되며 폐기물 수거인은 최하위층에 놓인다(Gidwani 2015; Beall 1997 참조).

대부분의 폐기물 노동자들은 쓰레기 더미에서 혹은 쓰레기 매립지 바로 근처에서 생활하며 쓸만하거나 내다 팔만한 물건을 찾아 쓰레기 더미를 헤집고 다닌다. 국제고형폐기물협회의 2016년 세계 50대 공개 매립지 보고서에 따르면 수천 명의 노동자가 쓰레기 더미 혹은 그 옆에서 살고 있다(그림 3.1 참조).

개발도상국의 경우 도시 폐기물 수거와 재활용 서비스는 대부분

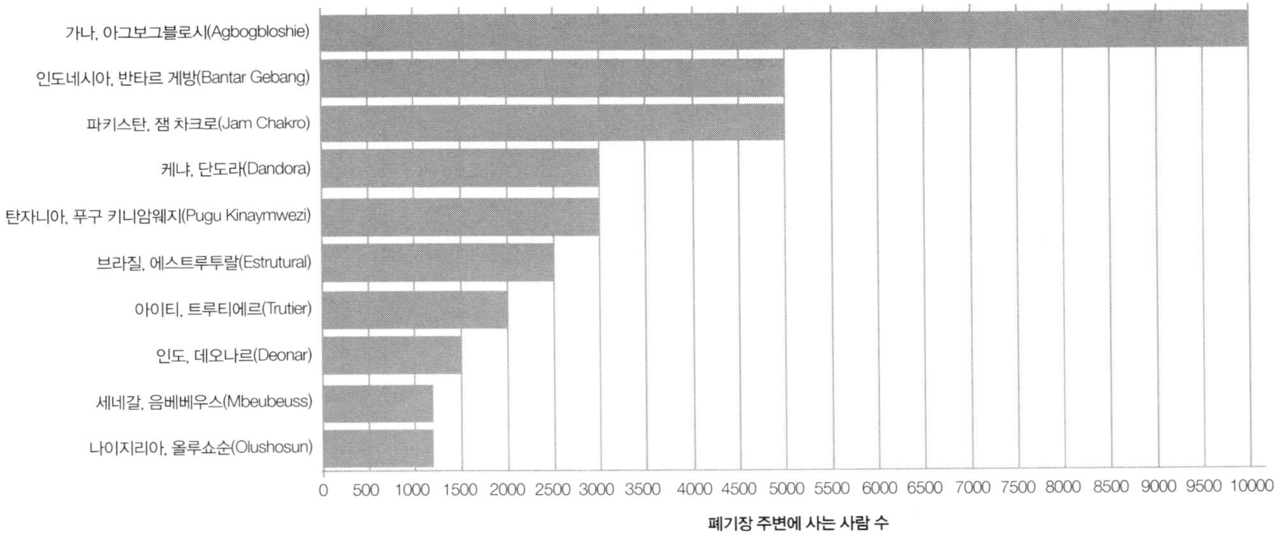

그림 3.1 세계 10대 대형 폐기물 하치장 주변 거주자 및 노동자 수

출처: ISWA 2016

혹은 전부 비공식 부분에 의해 수행되고 있다. 파키스탄의 카라치에서는 전체 폐기물의 45%에 달하는 재활용 작업이 전부 비공식 근로자에 의해서만 수행되고 있으며, 공식적인 분야는 재활용을 전혀 다루고 있지 않는다(Wilson 외 2009). 브라질에서는 비공식 노동력 덕분에 높은 수준으로 판지(80%)가 재활용되며 알루미늄(92%)이 재사용된다(Dias 2016). WIEGO를 비롯한 여러 단체는 폐기물 수거인이 도시 청결, 도시 미화, 폐기물 전용율 상승 및 공중 보건 개선이라는 대안보다 훨씬 낮은 비용으로 도시에 필수적인 서비스를 제공한다는 사실을 강조한다.

최빈곤층이나 노숙인에게 폐기물 수거와 기타 폐기물 작업은 생계 수단 그 이상의 가치를 지닌다. 이들은 수거한 물건 중에서 내다 팔거나 고쳐서 쓸 만한 물건을 찾아 생계를 유지할 수 있기 때문이다. 멕시코, 브라질, 카이로(비공식 폐기물 근로자는 주로 수거인 단체나 집단에 속해 있다)의 노동자들은 최저 임금(빈곤선)의 몇 배에 달하는 임금을 받는다(Linzner와 Lange 2012). 한 연구는 비공식 폐기물 근로자의 임금이 지역 최저 임금보다 110~240% 높은 것을 밝혀냈다(Scheinberg 외 2010). 기술력, 훈련 또는 특정 사업장의 측면에서 진입 장벽이 낮음에도 불구하고 이 분야의 임금은 높은 편이다.

그러나 폐기물 수거업자들은 위험한 환경에서 일하며, 작업장, 도로, 심지어 집에서조차 사고와 질병, 사망 등의 위험에 노출된다. 2015년 12월부터 2016년 6월까지 전 세계적으로 750명 이상의 사망자가 쓰레기 하치장과 매립지에서 사망하였다. 부실한 폐기물 관리가 이러한 사망 사고의 직접적 원인이 될 수 있다(ISWA 2016). 2017년 3

월 에티오피아의 수도 아디스아바바에서 발생한 쓰레기 매립지 붕괴 사고로 최소 113명(CNN에 따르면 어린이를 포함해 남성 38명, 여성 75명)이 사망했다. 한 연구에 따르면 멕시코의 일반 국민 기대 수명은 67세지만 폐기물 수거업자의 기대수명은 39세로 낮게 나타나는데(Dauvergne와 LeBaron 2013), 이는 위와 같은 사망 사고만큼이나 심각한 장기적인 위험에 노동자들의 건강이 위협받고 있음을 시사한다. 임금 통계는 불평등한 현실을 제대로 반영하지 못한다. 현실에서는 계층적 위계가 뚜렷한 지역사회에서는 소수의 '상사'와 중개인만이 이득을 취하며, 여성과 아이들은 남성보다 돈벌이가 적다. 또한 많은 어린이가 전 세계의 도시 쓰레기 처리장에서 살며 일한다.

폐기물 수거인 공동체는 그들의 직업과 삶을 향한 배척, 차별, 오명으로 고통받는다. 빈민가, 판자촌, 빈민굴에서 사는 이들은 정작 그들이 부유한 이웃에게 제공하는 바로 그 폐기물 처리 서비스의 혜택을 받지 못한다. 심지어 이들 중 부자라 할지라도 멸시받는 것은 여전하다. 이들은 종종(해외 또는 시골에서 온) 이민자들이다. 이들이 사는 더러운 장소(쓰레기가 널브러진 쓰레기 수거인 정착지)는 그곳에 사는 사람까지 비위생적이고, 비도덕적이고, 반항적일 것이라는 사라지지 않는 편견을 낳는다. 이들은 무질서의 상징이 되었다. 이러한 편견은 당국이 민족, 계급, 인종 또는 종교에 근거한 역사적 인식과 갈등을 조장하여 이들의 공동체를 붕괴시키거나 공식 업체 사업 부지로 대체시킬 수 있는 빌미를 제공한다(McKee 2015). 이스라엘의 베두인, 인도의 불가촉천민인 달리트, 불가리아의 소수 민족인 로마족, 터키의 쿠르드 난민이 이러한 오명을 겪고 있다(Dinler 2016; Gregson 외 2016;

McKee 2015; Resnick 2015).

비공식 폐기물 분야의 최고 전문가인 소니아 디아스Sonia Dias는 "지구 남쪽 대부분의 도시에서 비공식 노동자의 존재는 매우 가시적임에도 불구하고 이들의 도시 환경 개선과 경제 발전에 대한 공로는 지구 북쪽에서 들여온 자본 집약적 기술 기반의 합리적-현대 도시화 모델을 높이 사는 도시 계획 전문가들에 의해 대부분 무시된다"고 지적한다(Dias 2016). 세계적 도시로의 성장을 열망하는 도시의 경우 공무원의 눈에 빈곤의 상징이자 무질서의 상징으로 보일 수 있는 더러운 장소나 지저분한 사람의 모습이 외국인 눈에 띄지 않도록 온갖 수단과 방법이 동원되고 있다. 바로 이러한 이유로 이집트, 필리핀, 아르헨티나, 인도 등에서 폐기물 노동자와 정부 간의 대립이 발생하기도 한다. 다음 부분에서는 폐기물 노동자, 국가, 기업 간의 갈등에 대해 자세히 살펴보도록 하겠다.

세계 자원 개척지에 드러난 갈등

폐기물 수거인의 생계, 가정, 지역사회와 관련한 도전과제는 지구 북쪽과 남쪽 모두에서 나타나는 국제적(공식적) 및 지역적(비공식적) 부문 간의 갈등으로 이어진 폐기물을 둘러싼 새로운 세계정치경제의 중심에 놓여있다. 본 장과 4장에서 소개되는 여러 사례는 폐기물 수거업자가 지역적·국제적 네트워크와 정치에 어떻게 개입되어 있는지를 설명한다. 폐기물 노동자가 도시 근방에서 폐기물 수거 작업을 한다. 그 옆의 멀지 않은 곳에서는 미국을 비롯한 수천 킬로미터 떨어진 먼 나라에서 실려 온 전자 폐기물의 분해 작업이 이뤄진다. 이들은 같은 민족이나 집단은 아니지만, 세계화된 폐기물 자원 개척지를 차지하기 위하여 서로 침범하고 경쟁하는 동안 공동의 명분으로 얽혀 있다.

폐기물 근로자 문제를 두고 정부와 다국적 기업은 두 가지 공통적인 갈등에 직면해 있다. 첫째, 누가 폐기물을 수거하는가? 둘째, 누가 노동자의 생계 수단인 쓰레기 하치장이나 매립지에 대한 접근(또는 해체) 권리를 갖고 있는가? 정부가 민간 부문과 자유시장 세계화의 힘에 못 이겨 권력과 역량을 비우도록 몰아붙인 세계 신자유화 물결이 전 세계 여러 도시의 폐기물 정치를 형성하였다. 기드와니는 지방 정부가 아무 때나 재산권 행사를 하지는 않지만 궁극적으로 도시 고형 폐기물은 지방 정부의 재산이라 지적한다(Gidwani 2015).

정부는 폐기물 서비스를 제공을 위해 민간 기업과 협력하며, 종종 민관 협력 관계를 만들어낸다. 협력 파트너는 국내 기업일 수도 다국적 기업일 수도 있다. 이러한 전략은 주로 미국국제개발처USAID, 유엔개발계획UNDP, 세계은행과 같은 국제 기부기관이 독려한다(Gidwani 2015). 도시 고형 폐기물 수거가 민간 기업과 계약된 경우 노동자는 독립적으로 일하는 것보다 더 적은 임금을 받는다. (도시 광산) 자원 추출이나 에너지 생산을 목적으로 매립지를 사유화하거나 폐쇄할 시 그곳에서 생계를 유지해 온 사람들은 보상은커녕 대비책도 없이 매우 빠른 속도로 내몰린다.

인도, 이집트, 남아프리카, 멕시코, 니카라과, 콜롬비아, 도미니카 공화국을 비롯한 여러 국가와 관할 지역에서 이러한 충돌이 현재 진행 중이거나 최근 들어 발생하기 시작했으며, 일부 지역에서는 1980년대부터 지금까지 해결되지 않고 있다(이에 대한 자세한 사항은 WIEGO 및 세계폐기물수거인연합의 웹페이지 참조). 2018년 멕시코시티의 일일 4,500톤의 폐기물 처리 역량을 보유한 소각장 건설 계획은 멕시코의 비공식 폐기물 노동자들의 일자리를 위협했다(Sánchez 2018). 한 연구는 니카라과의 수도 마나과에서 최대 규모로 손꼽혔던 라추레카La Chureca 쓰레기장의 사유화 및 위생 매립지 전환 과정에서 그곳에서 생활하며 일했던 2천 명의 노동자에게 끼쳐진 영향을 조사했다(Hartmann 2018). 연구 결과에 따르면 이주 보상으로 이들에게 더 나은 주거 환경이 주어졌지만 대체 일자리가 확보되지 않아 이들의 경제 상황은 결국 악화하였다.

밴쿠버를 비롯한 일부 부유한 도시에서는 덤스터 다이버dumster diver를 몰아내기 위해 쓰레기통 잠금장치 설치, 불법 침입 법률 제정, CCTV 설치 등의 전략이 실행되었다(Wittmer와 Parizeau 2016). 이러한 정책은 도시 당국이 표현한 '무질서'의 문제는 잠재웠지만 근본적인 원인에 대한 해결책은 되지 못했다. 버려졌지만 먹을 수 있는 음식 회수 캠페인을 벌이는 프리간Freegan 운동은 레스토랑과 슈퍼마켓이 먹을 만한 음식물쓰레기를 폐기 처분하는 현상을 중단하고, 궁극적으로는 음식물쓰레기 종식을 위해서라도 덤스터 다이버를 차단하는 이러한 조치에 반대하고 있다(5장 참조).

폐기물 수거인 단체도 국경을 넘어 초국가적 행동주의 네트워크를 형성하며 자신들의 목소리를 찾고 있다. 2009년에 설립된 세계폐기물수거인연합은 주로 중남미, 아시아, 아프리카의 28개국에 속한 수천 개의 폐기물 수거인 단체를 서로 연결한다. 글로벌소각대안연맹은 전 세계의 제로 웨이스트 활동가를 지원하고 협력한다.

다음 두 사례는 새로운 세계 폐기물경제가 지역적 및 세계적인 차원과 어떻게 연관되어 있는지를 나타낸다. 첫 번째 사례는 카이로의 쓰레기 수거인인 자발린족과 이집트 정부 간의 관계이며, 두 번째는 국제 기후변화 협상의 자리에서 자신들의 이해관계를 강조하는 초국가적 폐기물 수거인 연합의 사례이다. 두 경우 모두 행동주의, 조직성, 지역사회의 유대적 연맹의 강점을 나타내는 동시에 이와 관련한 지속적인 갈등을 조명한다.

카이로의 폐기물 수거인: 자발린족

이집트의 수도 카이로는 수 세기 동안 중동 지역의 가장 큰 도시 중 하나로 여겨져 왔다. 급속히 팽창하는 다른 도시의 경우와 마찬가지로 카이로 역시 공식 폐기물 서비스만으로는 감당할 수 없는 날로 늘어만 가는 쓰레기 처리 문제에 직면해 있다. 1940년대 이후 아랍어로 '쓰레기족'을 뜻하는 자발린족은 긴밀한 공동체를 형성해 폐기물 관리 서비스를 수행해 왔으며, 효율적이고 수익성 있는 결과를 내고 있다.[6] 카이로에는 5만~7만 명의 자발린들이 하루 약 1만 2,000톤의 쓰레기를 수거한다. 이들은 카이로 외곽이나 변두리에 거주하며, 거의 90%가 이집트의 소외된 소수 민족인 콥트 기독교인으로 구성되어 있다. 자발린족이 몇 세대에 걸쳐 시행해 온 폐기물 관리 시스템은 세계에서 가장 효율적인 자원 복구 시스템 중 하나로 꼽히며, 이들이 수거한 물품의 80% 이상이 재활용된다. 그러나 2000년대에 들어 자발린과 국가의 관계는 대립으로 바뀌었다. 이집트 정부는 국제 금융 기관의 폐기물 관리 분야 민영화 전환 압박과 카이로시를 관광객과 기업인에게 더욱 매력적인 도시로 탈바꿈하려는 정부의 목표를 명분 삼아 자발린이 확립해 온 폐기물 관리 시스템을 희생양으로 삼았다.

자발린족은 주로 폐품 수거와 양돈 농사를 통해 생계를 유지한다. 자발린족 남성들이 쓰레기를 모아서 마을로 가져가면 여성들이 쓰레기 분류 작업을 한다. 재활용 가능 물질을 분류하고 남은 유기농 폐물질로 돼지를 사육하며, 도살된 돼지고기는 주로 이집트의 대형 관광지에 내다 판다. 자발린족은 그들보다 오래전부터 카이로에 거주하고 있는 중개업자인 와히야족Wahiya과 계약을 체결했다. 자발린족은 보다 효과적인 폐기물 처리를 위해 교육과 기술에 많은 투자를 하고 있다. 이러한 성공은 소액대출 프로그램 같은 국제적 지원을 끌어냈으며, 안전과 교육을 목표로 하는 지역 NGO의 참여로도 이어졌다. 자발린족 사이에서도 소득 격차는 다양하게 벌어진다. 여전히 많은 사람이 가난에 처해 있으며, 이 중 일부는 아래 자세히 소개될 갈등 과정에서 모든 것을 잃기도 했다. 부유한 자발린은 재처리 공장을 운영하고, 해외로 제품을 팔고, 카이로의 부유한 동네에 산다. 그러나 전 세계의 다른 재활용 관련 종사자들과 마찬가지로 이들의 소득 역시 스크랩 가격과 최근 문제가 된 이집트의 정치적 안정성에 의존하고 있다.

세월이 흐르면서 이집트 국가와 자발린과의 관계는 암묵적인 수용에서 대립으로 바뀌었다. 카이로시 당국이 2003년 유럽 다국적 기업 3개 사와 폐기물 수거 용역을 계약하고, 2009년 자발린족의 돼지

도살을 결정하면서 정부와 자발린의 갈등 관계가 구체적으로 드러났다. 먼저 다국적 기업과의 폐기물 수거 계약은 자발린족의 전통적인 생계의 수단을 빼앗아 갔으며, 카이로의 도시 위생만 더욱 악화시켰다. 재활용률이 떨어지고 쓰레기가 제대로 수거되지 않자 주민들은 새로운 시스템을 피해 기존의 폐기물 수거인에게 계속해서 돈을 지불했다. 2009년 전 세계적으로 돼지 및 조류 독감이 확산되자 이집트 보건 당국은 자발린족이 키우는 돼지 떼의 도살 계획을 발표했다. 초기에는 이러한 도살 계획이 질병의 확산을 막기 위한 것이라 주장했지만 이후 자발린 지역사회의 공중위생 상태를 그 이유로 내세웠다. 무바라크 대통령 임기 말에 시행된 이러한 반 자발린 정책을 두고 콥트 기독교인을 더욱 탄압해 이슬람교도의 환심을 사려는 정치적 의도라는 의혹이 제기되기도 했다. 결국 돼지는 도살됐고 자발린족은 돼지 사체를 팔거나 이용할 수 없게 되었다. 카이로시에는 쓰레기가 다시 쌓이기 시작했다.

그러나 자발린족의 생계는 계속되었다. 2014년 카이로에서 활동하는 언론인 피터 헤슬러Peter Hessler는 교통 대란, 정전, 물 부족 사태, 3번의 헌법 교체, 3번의 대통령 교체 속에서도 쓰레기는 매일 수거되었음을 주목했다. 이 사례는 국가의 도시 서비스와 공간 사유화(그리고 세계화) 정책 앞에서도 지역사회와 네트워크가 매우 탄력적으로 행동할 수 있음을 보여준다. 자발린족은 돼지 도살 사태에서도 살아남았고, 당국의 '도시 환경 정화' 계획은 지속적인 반대에 부딪혔다. 2017년 4월 시 당국이 카이로의 부촌에 재활용 키오스크를 설치하자 오랜 세월을 살아남은 카이로의 비공식 재활용 노동자들이 다시 한번 투쟁적인 자세를 취했다.

세계 기후변화 회의에 참석한 폐기물 수거업자들

자발린과 이집트 당국을 둘러싼 위 사례에서 알 수 있듯이 비공식 폐기물 노동자가 당면한 갈등은 세계화의 측면을 나타낸다. 개발도상국의 매립지 사업과 폐기물 서비스 분야를 인수하고 매립지 간척 사업 등에 진출하여 민간 분야에서 더 큰 이익을 얻고자 하는 다국적 기업의 이해관계와 매립지 운영을 기계화 및 공식화하고 길거리의 폐기물 노동자를 내몰고자 하는 정부의 이해관계는 종종 서로 맞아떨어진다. 이러한 자원 전용 과정은 수천 명이 거주지에서 내몰려야 하는 대형 댐 개발 같은 대규모 개발 프로젝트의 경우와 마찬가지로 인구 이동을 암시한다. 인구 이동 현상은 도시 광업과 전자 폐기물 처리업을 통해 직접적인 수익을 벌어들이고자 하는 다국적 기업과 광산 업체의 사례에서도 찾아볼 수 있다. 4장에서 이러한 인구 이동을 유발한 사례를 자세히 살펴보겠다.

다음 사례를 통해 지역 단위의 폐기물 작업이 어떻게 세계기후정치와도 연결되어 있는지 또한 행동주의 운동가들은 이러한 연결성을 어떻게 국제적으로 활용하고 있는지를 살펴볼 수 있다. 세계 기후 협상의 장은 폐기물 수거인 네트워크가 자신들의 이익을 옹호할 수 있는 예상치 못한 국제무대가 되었다(Ciplet 2014; Newell과 Bumpus 2012).

1997년 유엔기후변화협약의 일부인 교토의정서는 온실가스 감축 촉진을 위한 일련의 국제적 장치이다. 그중 하나인 청정개발체제Clean Development Mechanism는 전 지구적 차원의 감축 목표량 상쇄 프로그램이다. 선진국이 저비용의 온실가스 감축 효과를 목표로 개발도상국의 온실가스 감축 사업에 투자할 수 있도록 하며, 투자자인 선진국에도 혜택이 돌아가도록 설계되었다. 대표적인 프로젝트로는 태양광, 수력, 풍력 발전 설비가 있다. 교토의정서의 탄소배출 저감 증서에 의거하여 투자자인 부국은 이러한 프로젝트에서 달성한 실적을 자국의 의무 감축량에 적용하거나 다른 나라에 판매할 수 있다.

폐기물 관련 프로젝트는 청정개발체제 등록 프로젝트 목표의 8분의 1에 해당하는 효과를 낼 수 있다. 매립가스 포획 프로젝트는 매우 간단한 프로젝트로 간주된다. 매립가스는 대부분 메테인 성분으로, 강력한 온실가스이다. 메테인 가스 1톤이 대기 중으로 배출되는 것을 차단하면 단기적으로는 이산화탄소 72톤을 차단하는 것과 같은 효과가 있다. 이러한 프로젝트는 태양열 설치와 같은 대안에 비해 실행 비용도 적게 든다.

메테인 포획 관련 프로젝트는 2000년대 후반 폐기물 수거 행동주의와 그 반대 운동의 초점이 되었다. 초국가적 폐기물 수거인 조직과 반反소각 옹호 단체는 2009년 유엔기후변화협약 당사국총회와 청정개발체제 회의에서부터 파리협정이 채택된 2015년 제21차 유엔기후변화협약 당사국총회에까지 참석하기 시작했다. 이러한 총회의 자리를 빌려 폐기물 반소각을 옹호하는 행동주의 네트워크는 폐기물 매립가스 포획과 에너지 발전, 폐기물 에너지 소각이 그 주변의 삶과 생계에 끼치는 부정적인 영향에 대해 항의하며, 이 분야의 많은 동참을 요청했다. 그 반대편의 폐기물 관련 프로젝트 관계자들은 매립지 폐쇄 이후 폐기물 수거인과 공동체는 갈 곳이 없어지며, 메테인 축적 또는 소각 시 배출되는 재와 기타 오염물질이 주변 지역사회에 끼치는 위험 등을 이유로 들며 소각 처리 프로젝트의 필요성을 피력했다(Vilella 2012). 글로벌소각대안연맹의 보고서는 특히 환경 정의에 부정적인 영향을 미치는 청정개발체제 등록 프로젝트의 예로 남아프리카 공화국 더반의 비사사르Bisasar 매립지 가스-에너지 전환 프로젝트, 인도 델리 인근의 티마르푸르-오클라Timarpur-Okhla 폐기물-에너지 전환 프로젝트, 리우데자네이루의 우시나 베르데Usina Verde 소각장의 사례를 언급했다.

세계폐기물수거인연합과 그 동맹 단체는 위의 사례 및 다른 사례를 소개하여 폐기물 수거인들의 생계에 대한 경각심을 높이고 이들의 사례에 더 많은 관심이 기울어질 수 있도록 했다. 또한 교토의정서의 탄소배출 저감 증서처럼 재활용 기반 프로젝트의 실적이 지역단위의 온실가스 감축 노력의 일환으로 인정 및 거래될 수 있도록 요청하였다. 이들은 회의장 밖에서 평화적으로 항의하였고, 유익한 부대 행사를 펼쳤으며, 지역 단위의 재활용 노력도 탄소배출 저감 증서의 일환으로 인정받을 수 있도록 청정개발체제의 새로운 평가 방법 구축을 위한 로비 활동을 벌였다. 이 단체들이 세계 유해 폐기물 거래와 화학물질 거버넌스가 아닌 기후 거버넌스를 선택했다는 사실은 세계기후정치가 지역사회에까지 영향을 끼치고 있음을 시사한다. 이는 동시에 국제적 전략의 무대에서 폐기물 수거업자들이 당면한 문제나 어려움을 부각할 수 있는 NGO의 역량을 나타내기도 한다.

이 모든 사례는 비록 지구 공동체가 청정개발체제의 목표 달성에는 실패했을지라도 다양한 행위자가 예상치 못한 방식으로 국제적 시스템에 참여할 수 있는 길이 열려 있음을 뜻한다. 또한 기후 해결책이 가장 소외된 계층(폐기물 수거인)에게는 부정적인 영향을 끼칠 수 있음을 시사한다.

글로벌 폐기물 처리 동향

지구 남쪽과 북쪽 모두에서 폐기물 작업이 진화되고 있으며 변화를 맞이하고 있다. 남쪽에서는 공식 폐기물 관리 분야로 비공식 분야가 통합되는 추세지만 북쪽에서는 폐기물 작업이 '탈공식화'되고 있다. 또한 지구 남쪽의 공식화는 북쪽의 공식화와는 매우 다른 양상으로 펼쳐지고 있다. 지구 북쪽에 형성된 노동조합이 남쪽 지역에서 결성되는 사례는 드물며, 남쪽의 노동 집약적이고 저비용의 폐기물 노동 작업이 자본 집약적 기술 도입을 여전히 방해하고 있다. 인도 정부는 폐기물 노동자를 피고용인이 아닌 개인사업자(자신의 위험을 책임지는 사람)의 형태로 보길 선호한다.

비공식 폐기물 작업의 조직과 통합: 개발도상국을 중심으로

폐기물 수거인 지역사회는 생계유지를 위해 외부 위협에 대응해야 했으며 이러한 과정에서 집단의 형태나 위의 여러 사례에서 확인했듯 지역사회 기반의 조직이나 환경 단체와 연맹하여 서로 간의 지속적인 네트워크와 강한 유대관계를 구축했다. 폐기물 에너지 반대 운동 덕분에 폐기물 수거업자와 지역 소각장 프로그램에 반대하는 일반 주택 거주자들이 공동의 명분을 통해 하나가 될 수 있었다. 폐기물 수거인들은 지방 당국, 교회, 국제 NGO 및 기타 소규모 형태의 업체를 선호하는 국제 개발기관들과 연합 세력을 형성하였다. 따라서 하나의 전문 직종이자 생계의 수단인 비공식 폐기물 수거업은 왕성하게 활동하는 강력한 행동주의의 도움을 받을 수 있었다.

폐기물 작업의 가시성 덕분에 도시와 마을의 야외 현장에서 일하는 폐기물 노동자는 가정, 공장 또는 농업 현장에서 일하는 노동자보다 더 쉽게 서로 연락이 가능하며, 지역사회 단체나 언론인이 비교적 쉽게 접근할 수 있다. 그러나 동시에 작업의 개방성은 다른 노동자의 침범(영역 다툼)이나 권력에 의한 괴롭힘 혹은 폭력에 폐기물 노동자를 취약하게 한다. 리우데자네이루의 경찰이 주로 아동 혹은 그보다 더 취약한 계층으로 구성된 빈민가의 폐기물 노동자를 괴롭히는 것으로 알려졌다. 하지만 이러한 폭력의 위협이 계기가 되어 폐기물 노동자들이 자신을 보호하기 위해 더욱더 조직력을 높이게 되었다. 폐기물 운동가들은 직업 내 성 불평등, 노동자 안전과 노동 착취, 정부나 외부 기업과의 관계를 의제의 일부로 삼았다. 거리의 쓰레기는 정치적 혼란의 강력한 상징이며 빠르게 여론을 활성화한다는 점에서 폐기물 노동자와 정부 간의 갈등을 매우 가시적으로 드러낸다.

지난 20년 동안 폐기물 노동자 보호, 대표성 부여, 훈련, 아동 교육, 기본적인 건강 보호와 혜택 제공 등을 목표로 한 노동자를 위한 조직적 행동이 많은 성과를 내고 있다. 폐기물 수거인 조직 혹은 집단은 연맹, 협력조직, 또는 영세기업의(소규모 기업 정도)의 형태를 취하기도 한다. 폐기물 노동자 집단은 전 세계 어디서나 찾아볼 수 있다. 중남미의 브라질과 콜롬비아에서 시작된 노동자들의 집단적 움직임은 전 세계로 퍼져갔다(Marello와 Helwege 2018). 인도 벵갈루루*의 하시루달라**는 기업과 연합하여 완전한 폐기물 수거 서비스를 제공한다. 프랑스의 아멜리오Amelior는 선진국의 폐기물 연합 집단을 대표적으로 나타낸다. 남아프리카 공화국의 폐기물 수거인들은 2017년 요하네스버그폐기물수거인위원회Johannesburg Reclaimers Committee를 구성해 재활용 서비스를 민간기업에 맡기려는 시 정부의 노력에 저항했다. 이러한 비공식 조직은 주로 구성원에게 지속가능한 생계 제공을 목표로 한다. 즉 노동자 스스로가 "스트레스와 충격에 대처하고 회복하며, 직업 역량과 자산을 유지하거나 향상하고, 다음 세대를 위한 지속가능한 생계를 제공할 뿐 아니라 이 모든 것을 통해 다른 사람의 생계에도 순혜택이 돌아가도록 기여할 수 있는"(Uddin과 Gutberlet 2018; Chambers와 Conway 1991 인용) 역량을 갖추는 것을 뜻한다.

개발도상국에서는 공식 분야의 도시 폐기물 관리 서비스 부족, 비공식 폐기물 노동자의 조직화 및 국제 개발기관의 압력이 작용해 폐기물 수거인 조직이 시 당국 및 지역 산업계와 협력하는 현상이 나타나고 있다. 폐기물 수거인이 공식 폐기물 관리 서비스 분야의 직원이나 혹은 계약직 직원으로 고용되거나 공식 분야에 통합 및 합병되는 추세이다. 또한 시 당국은 폐기물 서비스 분야 개선 과정에서 수십 년 동안 폐기물 작업에 종사해온 비공식 노동력이 갈 곳이 없어지지 않도록 최선을 다하고 있다.

---

* Bengaluru. 이전에 사용되던 'Bangalore'는 영어식 표현으로 이제는 사용되지 않는다.

** Hasirudala. '녹색 군대'라는 뜻의 폐기물 수거인을 위한 환경 단체이다.

이러한 통합의 대표적인 예로 브라질의 벨로 호라이즌테와 인도의 푸네 사례를 들 수 있다(Dias 2016, 2017). 벨로 호라이즌테는 브라질에서 여섯 번째로 큰 도시로 폐기물 분야의 초기 선구자라 할 수 있다. 1990년대 초부터 벨로 호라이즌테시는 비공식 노동자 단체들과 함께 일해 왔으며, 이들 단체에게 도시 재활용품 수거 작업을 먼저 맡겼다. 푸네에서는 고형폐기물수거처리SWaCH 협동조합이 2008년부터 시 당국과 공식적인 협력을 통해 방문수거업 분야를 담당하고 있다. 협력과 통합 현상의 예는 이뿐만이 아니다. WIEGO를 비롯한 국제기구는 폐기물 수거인 조직과 시 당국의 협력이 전 세계적인 현상이 되도록 고군분투하고 있다. 이 과정에서 폐기물 수거인 조직은 세계은행에서부터 국제고형폐기물협회에 이르는 여러 국제 기구의 지원을 받기도 한다. 여성 폐기물 노동자들은 자신들의 숨은 역할을 강조하기 위해 그들만의 자체 조직을 형성하였다. 여성 폐기물 노동자는 주로 눈에 띄지 않는 곳에서 일하며, 광대한 폐기물 작업 범위 중에서도 더욱 기피되는 작업에 투입되며, 상대적으로 낮은 보수를 받는다.

이러한 조직화와 통합의 과정은 환영할 일이다. 그러나 조직화 혹은 통합의 사례가 항상 성공하는 것은 아니다. 정부의 정책은 변화하고, 비공식 분야 안팎으로 경쟁이 발생하며, 작업 훈련과 역량 강화를 위한 자금 지원이 중단되거나 사라질 수 있다. 재활용품 시장마저 붕괴할 수 있다. 또한 기존의 계층구조를 답습하는 노동자 조직은 기존의 불평등을 지속시키는 것이나 다름없다. 가난한 이주민들은 비공식적이고 위험한 폐기물 작업에라도 뛰어들 가능성이 있음에도 불구하고 폐기물 수거인 조직의 일원으로 받아들여지지 않는다(기존 지역사회 단체의 지원을 받을 가능성도 적다).

언론 인터뷰에 응한 폐기물 수거업자들은 자녀가 같은 직업을 선택하길 원치 않는다는 뜻을 밝혔다. 조직화와 통합 현상은 이들의 자녀들이 교육과 돌봄의 기회를 더 많이 얻을 수 있음을 뜻한다. 하지만 세계 경제의 불평등과 탈공식화가 심화하면 이런 기회는 사라질 수 있다. 국가나 기업 행위자들이(주로 미개간지나 공유지에 위치한) 폐기물 처리장을 사유화하는 과정에서 갈등과 폭력이 발생한다. 또한 중국, 아프리카 등 세계 각지의 비공식 폐기물 작업장에서 아동 노동 역시 심각한 문제이다. 일례로 세계폐기물수거인연합은 2018년 7월 남아프리카 공화국 요하네스버그에서 폐기물 수거업자들이 사유화가 진행되는 폐기물 처리장을 떠나가도록 사설 보안업체 요원들의 공격을 받았다고 보고했다. 이 사건 발생 당시 요하네스버그시 당국은 가정 분리수거 의무화 정책의 실행과 이를 민간 기업에 위탁하는 도시 정비 계획을 수립했다.

탈공식화: 선진국의 동향

지금까지 남미, 아프리카 및 아시아 국가에서는 폐기물과 재활용 작업의 조직화(공식화) 및 통합 현상이 일어나고 있음을 살펴보았다. 그러나 특히 미국을 중심으로 한 선진국에서는 이와 반대되는 현상이 발견되고 있다. 선진국의 대도시에서 한시적 노동자의 사례를 많이 찾아볼 수 있다. 전자 폐기물이나 기타 유사한 폐기물을 비공식적으로 재활용하는 노동자의 사례나 그림자 폐기물경제(병이나 깡통을 수거하는 비공식 인력) 사례는 어제오늘의 일이 아니다. 폐기물 노동조합이 약화하는 등 부유한 국가의 폐기물 노동자 보호가 약화하고 있다. 긱 이코노미 또는 공유경제에 종사하는 근로자는 부업에 종사하거나 한시적 노동자를 일컫는 용어인 '프레카리아트'*에 속한다(Friedman 2014).

폐기물 수거 및 분류의 자동화, 매립지 감시용 드론, 운전자가 없는 자동 운전 트럭 등의 기술 혁신이 등장하면서 산업계 전반에도 새로운 고용 형태가 생겨났다(Roboff와 Spurlock 2017). 기술 훈련을 받고 업체 소속의 정규 근로자(주로 노조를 형성한)로 일하던 선진국의 무너지지 않을 것 같았던 블루칼라 인력이 폐기물 서비스의 민영화와 스크랩 재활용 업계의 해외 아웃소싱(노동력이 싼 곳으로의)으로 장기간에 걸쳐 대체되고 있다.

유럽을 연구한 자료에 따르면 유럽에서는 시영 폐기물 관리가 여전히 중요한 형태로 자리 잡고 있지만(어떤 경우에는 다시 증가하기도 한다) 재활용과 재처리 분야는 민간 분야가 지배하고 있다. 유럽연합의 난민 위기가 비공식 폐기물 노동자의 증가 원인일 수 있다. 뉴욕시 위생국의 연구 결과는 일용직 노동자들이 정규직의 교대 근무를 목적으로 고용되고 있음을 밝혀냈다.[7] 특정 유형의 폐기물 및 재활용 부분 근로자는 다른 부분 근로자보다 공식적인 혜택에서 제외될 가능성이 높다. 실제로 민간 업체 직원이나 계약 직원 또는 시영 소속 계약 직원이라 할지라도 지방법에 의거한 법정 임금 혜택을 받지 못하는

---

* Precariat. '불안정한'을 뜻하는 이탈리아어 'Precario'와 노동자를 뜻하는 영어 'Proletariat'의 합성어이다.

경우가 있다(Rosengren 2018a). 미국의 자원회수시설은 대부분 민간 업체가 운영한다. 미국 노동국 통계에 따르면 폐기물 수거 현장에서 사망하는 노동자보다 자원회수시설 현장에서 사망하는 노동자 수가 더 많다.

그러나 탈공식화가 미국과 같은 나라에서 일어날 경우 반드시 부정적인 것만은 아니다. 미국의 친환경 관련 분야 상 그린 아메리카 어워드Green America's People & Planet Award를 수상한 매사추세츠주의 세로*는 보스턴 일대의 퇴비화 전용 폐기물 수거를 담당한다. 스웨덴의 소규모 수리점은 가치 있는 지역 서비스를 제공하고 세금 감면 혜택을 받는다. 하지만 문제는 부유한 국가와 도시의 폐기물 작업을 '긱 이코노미'의 범주에 넣어야 하는가이다. '우버라이제이션'**이 실제 의미와는 상관없이 폐기물 수거 분야에서 흔히 사용되고 있다.

결론

3장에서는 폐기물에 생계를 유지하는 사례와 세계 최대 규모의 기업에서부터 세계 최빈국도시의 폐기물 노동자 사례를 살펴보았다. 가정이든 외부 일터이든 폐기물 작업의 일터는 세계 자원 개척지 상에 놓여있다. 개척지는 정부, 기업, 근로자 간에 투쟁이 펼쳐지는 곳이며, 불균등한 위험이 발생하는 분쟁 지역이다. 폐기물과 재활용 작업 분

* CERO Cooperative. 노동자 소유의 협동조합이다.
** Uberization. 모바일 기술을 활용해 기존 서비스를 다른 방식으로 구매하고 이용하도록 시장에 변화를 가져오는 행위 또는 과정을 말한다.

야를 통해 공식 부문과 비공식 부문의 영역이 서로 만날 수 있으며, 지구 남쪽과 북쪽 간의 거래 안팎을 살펴볼 수도 있다. 또한 이 분야는 새로운 형태의 초국가적 활동주의의 중심 무대이기도 하다.

거버넌스는 어떠한가? 3장에서는 비공식 폐기물 수거인의 조직화와 통합(시영 혹은 민간 업체 시스템으로의)으로 나타나는 지역적 차원의 추세와 폐기물 노동자와의 갈등에서 나타난 정부 당국의 도전과제를 살펴보았다. 웨이스트 매니지먼트, 베올리아, 코반타와 같은 저명한 폐기물 산업 행위자들은 지명도가 덜한 폐기물 산업 행위자보다 더 많은 책임을 져야 한다. 그와 동시에 실질적인 결과물이나 활동을 하면서 쏟아지는 비난 역시 감내해야 할 것이다.

국제노동기구ILO를 비롯한 여러 국제 기구(Lundgren 2012)도 폐기물 노동자를 위해 목소리를 높이고 있다. 그러나 노동자의 건강과 안전, 임금과 복리후생은 해당 국가의 손에 달린 문제이기 때문에 국제적 차원에서 다루기 어려운 사항이다. 변화된 노동력의 형태를 규제하는 과정에서 발생하는 여러 도전과제를 두고 정부 당국은 막상 해결할 의지가 없거나 역량이 부족할 수도 있다. 노동법과 노동자와 정부 간의 관계가 좋은 쪽으로든 나쁜 쪽으로든 분명 변화를 맞이하고 있는 상황에서 기존 상황만을(혹은 규정만을) 고수하는 태도는 오늘날의 현실과 맞지 않는다(Ashiagbor 2019). 본 장에서는 폐기물 노동자들이 자신들이 당면한 우려와 문제점이 세계 경제권에서 드러날 수 있도록 서로 힘을 합해 조직과 연합을 결성한 진취적인 사례를 소개했다. 이어지는 4장의 전자 폐기물 자원 추출 사례를 통해 이와 관련된 주제를 계속 다루고자 한다.

CHAPTER 4

전자 폐기물

세계 유해 폐기물 거래를 반대하는 주요 NGO인 바젤행동네트워크는 2002년 획기적인 보고서 「해로움을 수출하다: 아시아의 하이테크 폐기물Exporting Harm:The High-Tech Trashing of Asia」를 발표했다(Puckett 외 2002; 참조 논문 Puckett 외 2005). 본 보고서는 유럽과 북미의 낡은 노트북, 휴대폰, TV, 스테레오와 같은 전자 폐기물이 지구 남쪽으로 이동하는 과정을 들춰냈다. 또한 남쪽의 노동자들이 매우 위험한 환경에서 오래된 전자제품을 분해하여 재처리나 재판매가 가능한 금, 구리 등의 금속을 추출하는 과정을 자세히 설명하고 있다. (1991년에 산 나의 첫 애플 매킨토시 데스크톱과 같은) 오래된 전자제품의 대부분이 지구 북-남 간의 '디지털 격차 해소'를 명분 삼아 자선단체를 통해 개발도상국으로 보내졌다. 그러나 이렇게 보내진 낡은 전자제품은 디지털 격차 해소는 고사하고 아시아와 아프리카의 매우 열악한 임금을 받는 노동자층만 양산하였다. 물론 여기에는 아동 인력도 포함된다. 낡은 회로판을 산성 물질로 씻어내고 오래된 컴퓨터 케이스를 태우는 과정에서 이들은 다이옥신, 수은, 납 등을 포함한 독성 물질에 노출된다. 중국 광둥성의 구이유시가 최대 5,000여 개에 달하는 전자 폐기물 처리 작업장을 지원했던 당시에는 일일 1만 5,000톤에 달하는 전자 폐기물이 분해되었다. 이 중 대부분은 미국과 유럽에서 온 것들이었다.

이 보고서와 그 무렵 발간된 다른 보고서의 내용이 2008년 미국 뉴스 프로그램 쇼 〈60분60 Minutes〉에서 한 시간짜리 분량으로 다뤄지면서 많은 사람이 이 문제에 관심을 두기 시작하였다. 2000년대 초까지만 해도 새로운 '보다 친환경적인' 첨단산업의 작업 혹은 노동 환경이 비판적으로 검토된 사례는 거의 없었다. 전자 폐기물은 사용자의 개인 흔적을 남기기도 한다. 일정한 때가 되면 교체하는 휴대폰, 태블릿, 노트북 등은 수천 킬로미터 떨어진 폐기물 처리장에 있을지라도 누구의 소유였는지 식별이 가능하다.

각 국가와 국제 기구는 즉시 이러한 전자 폐기물의 국제 거래를 축소하거나 중단하기 위한 조처를 하기 시작했다. 21세기의 첫 20년이 지난 지금도 전자 폐기물과 전자 중고품의 국제 거래는 여전히 활발하지만 더는 환경을 생각하는 이 시대의 정의로운 행동으로 간주하지는 않는다.

전자 폐기물 더미의 순 규모, 전 세계적인 확산 및 이동성, 국제 자본 시장 진입 덕분에 전자 폐기물은 세계 자원 개척지의 전형적인 존재로 떠올랐다. 오래된 전자 기기나 제품은 재처리와 분해가 가능하며, 추출 가치가 있는 금속 등의 쓸 만한 재료를 포함하고 있기도 하다. 재정비와 수리 과정을 거치면 새 제품으로 탄생하여 다시 팔리기도 한다. 그러나 전 세계 수십만 명(아마도 수백만 명)의 비공식 근로자들이 이러한 작업에 생계를 의존하지만 전자제품 분해나 수리 작업은 해당 작업자의 건강과 지역사회 환경에 심각한 위험요소가 된다.

시간이 지남에 따라 전자 폐기물의 거래 양상도 달라졌다. 전자 폐기물 거래는 이제는 단지 지구 '북-남' 차원의 문제가 아니다. 버려진 전자 폐기물의 상당수가 개발도상국(OECD 비회원국) 간에 혹은 가난한 나라에서 부유한 나라로 운송되기도 한다(Lepawsky 2018). 이제는 많은 중산층과 빈곤층 국가에서도 상당한 양의 전자 폐기물이 생산되고 있다. 가나는 147개국으로부터 중고 전자제품을 수입한다(Grant와 Oteng-Ababio 2016). 카리브해에서 출발한 전자 폐기물은 베네수엘라로, 중동에서 출발한 폐기물은 한국이나 인도네시아로 운송된다. 다국적 광산 기업은 '도시 광석'을 통해 자원 추출 분야에 진입하면서 업계의 지속가능성을 스스로 개척해 나가고 있다.

중고 전자제품 거래로 더 자주 언급되는 전자 폐기물 거래는 다음의 두 가지 사례를 통해 많은 논쟁과 논란의 대상이 되었다. 그중 첫 번째 사례는 '부유한 가해국'과 '가난한 피해국'이라는 인식이다. 이는 논쟁의 소재가 될 뿐만 아니라 복잡하고 변화하는 세계정치경제를 드러낸다. 두 번째 사례는 언론에서 자주 보도되고 있는 전자 폐기물 현장의 모습이다. 노동자들의 작업 환경은 어떻게 손을 댈 수도 없을 정도로 매우 끔찍하다. 운송되는 대부분의 폐기물이 사용조차 할 수 없는 상태임에도 불구하고 위험한 작업 환경 속에서 해체되고 있다. 한편 대부분의 전자 폐기물은 수리가 가능하다고 주장하는 사람들이 있다. 실제로 많은 전자 폐기물이 수리를 거친 후 국내 또는 해외에서 판매되고 있다. 또 다른 한편에서는 전자 폐기물의 국제 거래 유형과 추세가 변화하기 때문에 바젤협약을 비롯한 국가적 혹은 국제적 규제 노력에도 혼선이 발생한다는 주장이 펼쳐지기도 한다.

전자 폐기물을 둘러싼 새로운 국제 정치는 폐기물 발생 흐름 처분을 위주로 한 기존 거버넌스에 정면으로 도전한다. 덕분에 유럽연합과 캘리포니아에서 실행되고 있는 생산자책임 확대 캠페인과 같은 거버넌스 혁신이 탄생하기도 했다. 본 캠페인은 디자인에서 최종 분해까지의 제품의 여정을 모두 담은 생애주기와 공급망을 따라 형성된 제품 생애주기 내의 모든 지점을 이해하는 것이 얼마나 중요한지를 강조한다. 이러한 거버넌스 혁신의 대부분은 제품의 디자인 지점으로 되돌아가 전자제품의 재활용성을 극대화하고 독성은 최소화하는 것을 목표로 한다. 본 책에서 언급된 다른 사례와 마찬가지로 가장 효과적인 해결책은 위험은 최소화하고, 폐기된 재료에서 자원이나 가치를 추출할 방법을 찾는 것이다.

무엇이, 왜, 얼마나 많아 문제인가

2000년대에 들어 전자 폐기물이 정책 이슈로 부상하면서 해결해야 할 문제의 대상으로 정의되었고 정량적으로 분석되기 시작했다. 유럽연합이 공식 용어로 채택한 폐전기·전자제품 처리지침Waste of Electronical and Electranic Equipment, WEEE은 폐기물 중에서도 가장 복잡하고 가장 빠르게 확대되는 폐기물 스트림을 형성한다. 전자 폐기물 데이터의 가장 권위 있는 출처로 꼽히는 「글로벌 전자 폐기물 모니터 Global E-waste Monitor」(2017)에 따르면 2016년 전 세계 전자 폐기물의 생산량은 4,470만 톤에 달했다. 이를 달리 표현하면 지구 거주자 1명당 6.1kg의 폐기물을 생산한 셈이 되는데 이마저도 현실보다 적게 집계되었을 가능성이 높다(Bald 외 2017). 2014년에 4,140만 톤의 전자 폐기물이 발생한 것으로 집계되며 2021년에는 5,220만 톤으로 늘어날 것으로 예상된다. 대륙별로는 아시아가 가장 큰 공급원이 될 것 같다.

지금까지 전 세계 전자 폐기물의 20%만이 공식 수거 프로그램을 따라 생산자, 시 당국 또는 수거 센터에 의해 수거 및 재활용된 것으로 나타났다(Bald 외 2017). 나머지는 집계에 잡히지 않거나(대부분이 지하실, 다락방 또는 사무실 등에 계속 쌓여있기 때문에) 매립 또는 소각된다. 그러나 이러한 데이터는 실제 재활용률이 훨씬 높은 개발도상국의 비공식 재활용 산업 분야를 간과하고 있다. 가나의 경우 사용된 기기의 수거율은 95%에 달한다(Grant와 Oteng-Ababio 2016).

전자 폐기물은 소유자나 사용자가 버린 "전기 회로 또는 전기 부품이 달린 거의 모든 종류의 가정용 혹은 영업용 가전제품"을 포함한다(Bald 외 2017). 전자 폐기물은 제품이 쓰였던 장소(일반 가정 혹은 업소 등), 제품의 종류, 제품의 상태, 추출 가치 혹은 위험 요소 등을 뜻하는 제품의 구성 요건에 따라 매우 다양하게 분류된다.

전자 폐기물에는 휴대폰과 같은 개인용 전자 기기와 식기세척기에서부터 자동차에 이르는 대형 제품이 있으며, 다음과 같이 6개의 주요 범주로 구분된다(Bald 외 2017).

- 온도 변환 기기(냉장고, 에어컨, 냉동고)

- 스크린 및 모니터(TV, 노트북, 태블릿)
- 조명기기
- 대형 장비(세탁기, 가스레인지, 복사기, 태양 전지판, 서버 및 데이터 저장 장치)
- 소형 장비(진공청소기, 전자레인지, 토스터, 전자 공구, 장난감, 의료기기)
- 소형 IT, 통신 장비(휴대폰, GPS 장치, 라우터, 하드디스크 드라이브).

부피를 기준으로 하면 개인용 전자 기기는 전자 폐기물 스트림의 극히 일부를 차지한다(그림 4.1 참조). 크기 면에서 상당한 비중을 차지하고 있는 것은 구형 및 신형 가전제품이다. 구형 브라운관 TV나 재래식 냉장고와 같이 오래되고 크기도 큰 품목들이 새로이 전자 폐기물 스트림에 추가되는 경우는 적지만, 여전히 전자 폐기물 스트림의 상당 부분을 차지하고 있다. 반면 전자 혹은 비전자 제품으로의 구분이 모호한 프로세서, 회로판, 모니터 및 기타 장비 등이 신형 전자제품에 속한다.

전 세계적으로 전자 정보통신기술 분야의 규모와 다양성이 커짐에 따라 전자 폐기물의 발생도 늘어나고 있다. 2013년 3월 『타임』은 적절한 위생 시설 사용자 수보다 휴대폰 보유자 수가 더 많다고 보도했다. 2013년 미국가전협회*의 보고서에 따르면 충전기와 배터리 등

* Consumer Electronics Association. 미국 소비자기술협회(Consumer Technology Association CTA)의 전신이다.

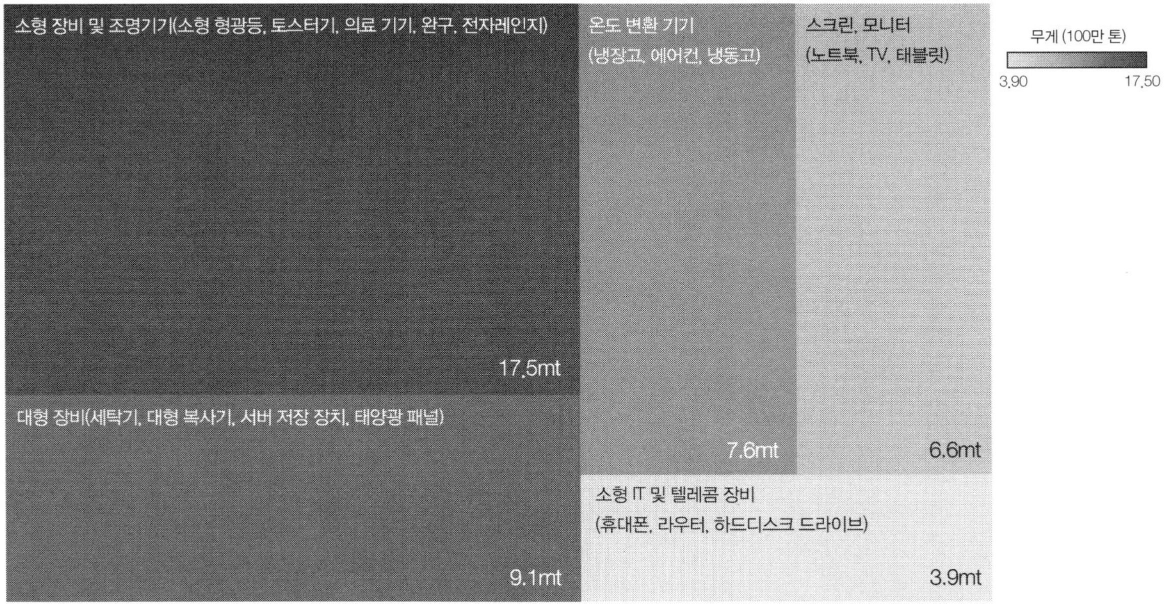

그림 4.1 유형과 발행량으로 본 전 세계 전자 폐기물

출처: 「글로벌 전자 폐기물 모니터」 (Baldé 외 2017)

여러 대의 기기를 소유하는 것은 이제 흔한 일이 되었으며 미국은 평균 가구당 28대의 전자기기를 보유하고 있다. 「글로벌 전자 폐기물 모니터」에 따르면 전 세계의 휴대폰 가입자 수는 77억 명에 달한다(Bald 외 2017).

컴퓨터화의 확산은 새로운 기기에 국한되지 않는다. 자동차와 농업 및 산업용 기계 장비가 컴퓨터 기술 통합을 목적으로 개조되고 재설계된다. 전 세계 인구의 절반이 온라인에 접속하는 등 컴퓨터화 수요의 확장은 하드웨어 기반시설의 성장도 끌어냈다. 구글만 해도 검색엔진 등의 여러 작업을 감당할 수 있는 서버를 100만 대 이상 보유하고 있다. 녹색성장의 필수 요소인 전기자동차와 태양전지판 리튬전지도 결국은 전자 폐기물이다(Winslow 외 2018).

브라운관 TV와 컴퓨터 모니터를 포함한 구형 장비 폐기물은 가장 최근의 소비자 전자제품보다 부피가 크기 때문에 여전히 전자 폐기물 스트림에서 큰 부분(중량 및 부피)을 차지하고 있다(그림 4.1 참조). 이들은 또한 플라스틱, 화학 물질, 납유리 등 위험하거나 독성이 있는 물질을 함유하고 있다. 더는 사용되지 않는 낡은 냉장고와 에어컨디셔닝 기기에도 오존층을 파괴하고, 대기 중으로 방출될 시 지구온난화 가능성을 매우 높이는 염화불화탄소화합물CFCs과 수소불화탄소HCFCs가 포함되어 있다. 전자 폐기물의 축적은 기업이 인위적으로 제품의 수명이 제한되도록 설계하는 계획적인 노후화 때문에 촉진된다. 계획적인 노후화는 최근에 등장한 신개념이 아니다. 1924년 당시 세계 조명 업계 대표들은 전구의 기준 수명을 1,000시간으로 제한할 것에 동의한다. 이는 조명 업계를 긴장시키고 판매를 위태롭게 했던 당시 기준치보다도 1단계 더 낮은 수준이었다.[1] 제너럴모터스는 고객이 차를 더 자주 바꾸도록 유도하기 위해 자동차 '모델 연도'를 비슷한 시기에 도입했다.

이런 현상이 오늘날에도 나타나고 있다. 기업과 광고주들은 소비자들이 더 나은 기기, 다음 버전, 기기 업그레이드 등에 대한 욕구를 갖도록 부추긴다. 요즘의 기기나 제품은 오랜 기대수명을 갖거나 쉽게 수리가 가능하도록 제작되지 않는다. 이 부분은 나중에 다시 설명하겠다. 지금 이 책을 쓰기 위해 사용하고 있는 나의 노트북도 특허 나사를 사용해서만 배터리와 하드디스크 드라이브를 꺼낼 수 있도록 제작되었다. 부품 교체는 사실상 불가능하단 뜻이다. 스마트폰의 평균 사용 기간은 미국이 21.6개월, 중국 19.5개월, 독일 18.8개월이다 (Bald 외 2017). 전자제품뿐만 아니라 우리가 사용하는 물건의 대부분이 애초에 정해진 뚜렷한 기대 수명을 갖도록 제작된 것도 오늘날의 버리는 문화가 생겨난 원인 중 하나이다.

박스 4.1 도시 광석
철금속: 철과 강철
비철금속: 알루미늄, 구리, 납, 주석, 티타늄, 아연 및 황동과 같은 합금
귀금속: 금, 은, 백금, 팔라듐
희소금속: 카드뮴, 코발트, 인듐, 리튬, 수은, 나이오븀, 탄탈룸, 텅스텐, 지르코늄
희토류 원소: 세륨, 유로퓸, 가돌리늄, 란타넘, 테르븀, 이터븀
건축 자재: 콘크리트, 시멘트, 벽돌, 목재
기타 사용 가능한 재료: 플라스틱, 유리, 고무

전자 폐기물의 약속: 추출 가치

2020년 도쿄 올림픽을 위해 일본 정부는 모든 금메달을 재활용 금을 사용해 만들겠다고 약속했다. 이는 세계 곳곳의 인간 거주지 주변의 '저수지'에 풍부한 양의 물질이 산재해 있음을 시사한다. 여기서 물질이란 철, 강철 파이프와 같은 건설 잔해일 수도 있고 현대의 전자제품에 들어가는 여러 종류의 금속일 수도 있다.

2017년 「글로벌 전자 폐기물 모니터」(Bald 외 2017)에 따르면 2016년 전자 폐기물에 존재하는 모든 원료의 총가치는 약 550억 유로(약 73조 원)로 추정된다. 여기에는 귀금속(금, 은, 구리, 백금 및 팔라듐), 철금속 및 비철금속(알루미늄) 및 재활용이 가능한 플라스틱(박스 4.1 참조) 등이 포함된다. 추가 통계자료는 다음과 같다.

- 2014년 전자 폐기물에서 추출된 약 300톤의 금 생산량은 전 세계 광산 금 생산량의 약 11%를 차지한다(Bald 외 2015).
- 미국 EPA의 전자제품 기부 및 재활용 관련 페이지에 따르면 재활용이 가능한 100만 대의 휴대폰에서 구리 3만 5,000파운드(약 1만 6,000kg), 은 772파운드(약 350kg), 금 75파운드(약 34kg), 팔라듐 33파운드(약 15kg)를 회수할 수 있다.[2]
- 전 세계의 폐기된 구리를 합산하면 약 3억 9,000만 톤에 달하는데 이는 현재 사용 중인 구리 비축분(3억 5,000만 톤)과 거의 비슷한 규모이다. 전 세계 철강 생산의 34%가 재활용 재료를 기반으로 한다(Arora 외 2017).

- 전자 폐기물은 리튬, 코발트 등의 희소금속과 하이브리드와 전기차 배터리 제조에 필요한 희토류를 함유하고 있다. 관련 수요는 증가하고 있지만 대체품이 없으며(Zhang 외 2017), 주로 여기저기 흩어져 있는 작은 크기의 폐기물 더미에서 발견되기 때문에 채굴 역시 쉽지 않다.

이처럼 추출 자원의 가치를 지닌 폐기물은 도시나 변두리의 하치장에 쌓여있기 때문에 집합적으로 '도시 광석'이라 불린다. 2차 광석 저수지는 스크랩 폐기장, 매립지, 쓰레기 하치장, 건설 또는 철거 현장, 심지어 다락방이나 지하실에 이르기까지 전 세계 어디에서나 찾아볼 수 있다. 따라서 도시 광업은 폐자재 저수지에서 귀중한 자원을 추출하거나 회수하는 과정을 뜻한다. 수명이 다한 자동차, 건설 및 철거 현장, '테크노스피어'* 가 낳은 여러 저장소에는 철강보, 구리 배관, 벽돌 및 콘크리트, 폐전자제품 등 가치 있는 자원이 가득하다(Krook과 Baas 2013).[3]

채굴이라 하면 지하 저장소에서 일차 광물, 석탄, 귀금속과 보석 등을 추출하는 활동이 가장 먼저 떠오른다. 숨은 광석을 찾기 위해 땅속 깊은 곳에 지뢰를 묻기도 한다. 자연 광석은 주로 인간의 대형 거주지에서 멀리 떨어진 산이나 숲에 있다. 이에 비해 도시 광석은 더 풍부한 보유량을 자랑하고, 예측 가능한 품질을 지니며, 접근성도 높다. 자연 광산 채굴 장비(드릴이나 굴착 장비)는 도시 광산 추출에 이용할

* technosphere. 인간의 문명을 통해 지구에 생겨난 물질을 의미한다.

수 없지만 자연 광석 제련 및 세공 장비는 활용이 가능하다.

도시 광산은 부족한 1차 자원 추출을 대체할 수 있으며, 전쟁 지역에서는 금속과 귀금속의 채굴 활동을 대체하고, 계속되는 분쟁 속에서 군과 준군사 조직의 자금 마련 수단으로서의 '피 같은' 금속과 보석이 되기도 한다. 도시 광산은 온실가스 배출 염려도 없고, 대규모 생태계 파괴와 토지 황폐화, 대규모 지역사회 이탈 등 전통적으로 광산 업체가 당면했던 환경적인 문제를 우려하지 않아도 된다. 전 세계적으로 지하 채굴은 모든 직종을 통틀어 최악의 사망률을 보인다. 국제노동기구에 따르면 광산은 전 세계 노동력의 1%를 차지하지만 작업장 사망률은 8%에 이른다.

프레이야 냅Freyja Knapp이 2016년에 처음 사용한 "유연한 광산flexible mine"이란 용어는 거래를 창출하고 기존 광산업계를 이 분야로 뛰어들도록 이끈 지상 혹은 도시 광산의 특징을 매우 잘 설명한다. 도시 광산은 자연 광산 채굴 시의 탐사, 현장 작업, 위험관리(허가 및 환경영향평가 포함) 과정에서 발생하는 시간과 자본의 침체를 방지한다. 도시 광산은 채굴 장소 이동이 쉬우며(장비를 설치하고 회수하는 과정 포함), 채굴된 도시 광석을 자연 광석 제련소로 보낼 수도 있다. 광산 업계의 관점에서 보면 작업의 일부를 이 분야로 옮김으로써 더욱 친환경적인 재활용과 재처리 관행에 동참하는 것이며, 인력 착취와 연관된 기존 업계 이미지를 개선할 기회로 연결되기도 한다.

아그보그블로시는 가나의 수도 아크라에 위치한 산업 지구이다. 과거 습지였던 이곳은 지난 수년간 자동차 스크랩의 창고 역할을 했으며, 현재는 가나를 포함한 전 세계 147개국에서 발생한 전자 폐기물의 주요 행선지 중 하나이다. 이곳은 도시 광산의 전형이다. 10.6헥타르에 달하는 면적으로 세계에서 가장 큰 전자 폐기물 매립지 중 하나가 되었으며, 약 4만 명에 가까운 사람들이 근방에 거주하며 이곳에서 일한다. 수리점과 폐기물 매립지가 함께 들어서 있어 수리점에서는 전자기기를 수리 및 판매하고, 매립지에서는 가치 있는 광석을 추출하여 수출하는 경우가 많다. 하지만 남은 것은 대부분 불에 태우기 때문에 주변 지역이 심각하게 오염되어 있으며, 노동자들의 건강에도 심각한 영향을 끼친다. 다음 부분에서 전자 폐기물의 거래 네트워크와 수입, 자원 추출, 수리, 수출은 누가 관장하는지를 살펴보도록 하겠다.

심각한 위험성

> 돈 때문에 사람들이 이 좋은 농촌을 엉망으로 만들었다. 그들은 컴퓨터를 분해한 후 쓸모없는 부품을 태운다. 마을 사람들은 매일 더러운 공기를 들이마신다. 사람들의 몸이 약해져 가며, 많은 사람이 호흡기 질환과 피부 질환을 앓고 있다. 오염된 물에 야채와 그릇을 씻는 사람들은 위장병에 시달린다.
>
> — 중국 화메이 마을(구이유시)에 60년간 거주한 리의 글
>
> (Puckett 외 2002, 15p)

전자 폐기물이 전 세계적으로 증가함에 따라 전자 폐기물 처리와 재활용에 따르는 위험도 커졌다. 반면 이에 대한 느슨한 규제와 안전 조

치의 부재는 전자 폐기물이 발생 지역에서부터 멀리 떨어진 곳에서 폐기되는 현상을 낳았다. 전자 폐기물 거래는 부유한 나라의 소비자와 기업은 위험으로부터 멀리 떨어져 있음을 시사한다. 그들에게 있어 혜택을 누리는 장소와 최악의 영향이 미치는 장소는 서로 먼 곳에 있다. 우연히도 대부분의 전자제품 생산과 폐기 역시 이와 같은 상황에 처해있다.

폐기된 전자제품을 처리하는 것은 해체 작업자, 지역사회 및 지역 환경에 심각한 보건 및 안전 위험을 초래한다(Grant 외 2013). 이러한 위험은 전자 폐기물량의 증가와 함께 상승하며, 개발도상국과 선진국에서부터 폐기물의 안전 처리 준비가 미흡한 곳으로 흘러갈 때 더욱 확대된다. 바젤행동네트워크와 실리콘밸리유독물질연합Silicon Valley Toxics Coalition(Puckett 외 2002, 2005; Basel Action Network 2016), 국제노동기구(Lundgren 2012), 세계보건기구의 전자 폐기물과 아동 건강 이니셔티브E-waste and Child Health Initiative에서 진행 중인 보고서는 전자 폐기물의 해체가 얼마나 위험할 수 있는지를 생생하게 보여준다. 이러한 보고 내용이 오랜 세월에 걸쳐 나타났다는 것은 현재 진행되고 있는 문제의 심각성을 증명한다.

전자 폐기물은 잘못된 조건에서 폐기물을 다룰 때 방출될 수 있는 수은, 납, 비소, 카드뮴 등의 위험 물질을 함유하고 있다. 이런 물질이 불에 타면 해로운 화학물질이 방출되고, 산성 물질을 사용하여 가치 물질을 추출할 때 연기가 발생한다. 독성은 땅속으로 흘러 들어간다. 소형 형광등, 평면 스크린, 노트북 등의 화면이 깨지면서 수은이 방출된다. 플라스틱 재질의 컴퓨터 케이스가 불에 타면 유기오염물질인 다이옥신이 지속해서 흘러나온다. 토너 카트리지는 공기 중으로 미세 먼지를 방출한다. 브라운관 유리에는 납이 포함되어 있으며 깨지는 즉시 위험요소가 된다. 브라운관 유리는 땅속에 묻혀 폐기되는 경우가 많은데 실제로 멕시코와 미국 국경 사이의 땅이 유리 파편으로 막혀버려 문제가 되고 있다.

전자 폐기물 분해는 비공식 부문 사업자와 노동자가 떠맡게 된다. 해체 현장은 전 세계의 도시 근린과 마을, 해안 지역 등에 존재한다. 작업 상황이 더 나은 곳이 있기도 하다. 구이유와 아그보그블로시는 국제적인 관심 속에서 이 문제에 대응해 왔으며, 특히 2010년대 중반 베이징은 구이유의 비공식 작업장을 단속하기 시작했다.

바젤행동네트워크의 2016년 글로벌 투명성 프로젝트는 미국의 중국, 홍콩, 태국, 도미니카 공화국, 파키스탄을 상대로 한 불법 전자 폐기물 수출 상태를 파악하여 법률 위반 사항 및 위험한 공중보건 및 안전 실태 등을 들춰냈다. 대부분의 전자 폐기물 분해가 수작업으로 이뤄지기 때문에 작업이 더욱 어렵고 위험할 수 있다. 노동자들이 산성물질을 사용하여 회로판에서 가치 있는 부품을 뜯어내고 있는 모습이 사진에 찍히곤 한다. 종이 마스크 외에 안전장비는 전혀 제공되지 않으며, 연기 제거용 환풍기도 설치되어 있지 않음을 알 수 있다. 아동노동 역시 만연한 상태이다(Lundgren 2012).

폐기물 분해 근로자는 종종 최저 생계비보다 높은 수준의 임금을 받는다. 기술력과 초기 비용 측면에서 보면 이 분야의 진입장벽은 낮은 편이다(3장 참조). 때때로 전자 폐기물 분해는 지역사회의 유일한 일자리라는 이유만으로 작업자 보건이나 환경비용 등의 문제가 가려진다(최소한 단기적으로). 구이유시의 특히 고위험군을 대상으로 한 전자 폐기물의 즉각적이고 장기적인 영향에 대한 연구 결과 어린이의 혈중 납 농도 증가, 높은 선천적 질병 발생률, 호흡기 장애, 작은 키와 몸무게, 높은 수준의 체내 화학물질 등이 발견되었다(Grant 외 2013).

노동자들은 또한 자원 개척지와 관련된 분쟁에 취약하다. 전자 폐기물 추출은 그 자체로 위험한 작업일 뿐만 아니라 대부분이 불안정한 일자리이기 때문에 폐기물이 쌓여 있는 곳에 대한 접근성을 놓고 노동자끼리 또는 노동자 집단끼리의 갈등과 충돌이 발생하기 쉬운 분야이다. 또한 상사에 의하거나 공식적인 감독 체제의 부족으로 발생하는 노동 착취에도 취약하다. 특히 세계 많은 지역의 불법 수출입 행태를 고려하면 조직범죄 집단이 전자 폐기물 운반과 처리 작업에도 관여되어 있음을 알 수 있다(Gibbs 외 2011).

전자 폐기물 추출과 관련한 또 다른 우려는 정부, 기업 또는 개인일 수도 있는 기기 원소유자의 데이터 보안 문제이다. 폐기된 컴퓨터나 기타 기기에서 민감하거나 독점적인 데이터가 수집될 수 있으며 실제로도 자주 수집된다.

도시 채굴 잠재력은 과연 달성 가능한 것인가

전자 폐기물 재활용의 잠재적 가치를 고려할 때 어느 정도까지의 가치가 실현될 수 있을까? 전자 폐기물의 회수율 자체가 전반적으로 낮기 때문에 수거와 처리 작업 자체가 매우 비효율적일 수 있다(Zhang 외 2017). 첫째, 재활용을 위한 전자 폐기물은 우선 수거부터가 어려운 일이다. 사람들이 오래된 기기를 쌓아 두거나 보관해 두기 때문이다(Saphores 외 2009). 동네 재활용 서비스 업체가 전자 폐기물을 가져가지 않는 경우가 많기 때문에 사용자들이 매립지를 선택하는 것 외에 다른 쉬운 방법을 찾기는 힘들다. 둘째, 최첨단 건식야금* 방식을 도입하든 수작업을 하든 폐기된 기기와 제품에서 도시 광석을 분리하는 방법이 반드시 효율적이지만은 않다. 첨단장비를 활용하면 작업자들이 더 안전하게 더 많은 가치를 창출할 수 있겠지만 구매 및 운용에 큰 비용이 든다. 셋째, 2차 자원 시장은 불안정하며 1차 자원 가격에 의존한다. 시간이 지남에 따라 다를 수는 있겠지만 스크랩 가격이 항상 더 낮은 편이다. 이러한 가격적 요인이 도시 광석 추출 및 재처리에 드는 노력의 정도를 결정한다(Jolly 2007). 또한 1차 자원 시장보다 스크랩 시장에는 위험성을 완화해줄 수 있는 메커니즘이 적다(Xiarchos와 Fletcher 2009).

재정비를 통해 새 제품으로 탄생한 중고 노트북이나 휴대폰의 가격이 기기 안에 들어 있는 금속의 가치보다 훨씬 높다. 발데 외 연구(Bald 외 2017)에서 인용된 한 연구에 따르면 휴대폰의 평균 금속 가치는 2유로(약 2,800원) 정도로 중고 휴대폰 가격보다 훨씬 낮다. 이에 대한 자세한 설명은 뒷부분으로 미루고자 한다.

* 연료의 연소나 전열에 의해 광석을 가열하고 환원반응에 의해 금속을 채취하는 방법이다.

글로벌 자원 프론티어: 전자 폐기물의 국제 거래

버려진 전기·전자제품은 전 세계에 어디서나 존재하며 재활용 또는 재처리된다. 이동성이 높고, 전 세계 곳곳에 퍼져있으며, 시장 가치가 높은 추출 가능 자원도 많이 포함하고 있다. 전자 폐기물이 새롭게 인정받는 글로벌 자원 개척지인 것만은 분명하다. 새로운 개척지로서 대규모 자본과 소규모 업체들을 끌어들이고는 있지만 생산자, 분해업자, 정부 기관 간의 갈등이 빚어지는 곳이며, 주로 비공식 노동자들이 독성물질에 노출되는 위험을 감수하는 곳이기도 하다.

전자 폐기물 자원 개척지는 기본적으로 전자 폐기물 거래에 의해 형성된다. 즉 폐기되거나 중고로 나온 전자 기기와 제품은 재사용, 수리 또는 재처리를 위해 한 국가에서 다른 국가로 운송된다. 이와 같은 거래는 폐기, 추출 및 처리 그리고 새로운 목적지로의 운반에 이르기까지 전자 폐기물이 지닌 자원 개척지로서의 이동성을 나타낸다. 전자 폐기물은 원점으로 되돌려지기도 한다. 주로 전자제품을 생산하는 대형 공장으로 보내져 새로운 제품의 모습으로 글로벌 유통 단계에 다시 등장한다(Iles 2004).

전자 폐기물 거래를 복잡하게 만드는 요인으로는 다음의 두 가지가 있다. 첫째, 거래 경로가 초기에 추정된 것보다 더욱 복잡해졌다. 모든 전자 폐기물이 유럽이나 미국에서 출발하여 아프리카나 아시아의 목적지에서 끝나는 선형 경로를 따라 이동하지 않는다. 둘째, 전부 또는 대부분의 전자 폐기물에서 가치 물질이 추출되는 것은 아니며 추출 가치가 없는 나머지는 폐기장에 도착하자마자 버려진다. 또한 사람들이 생각하는 것보다 훨씬 많은 양의 전자 폐기물이 고쳐서 사용된다. 이러한 사실은 지구 남쪽을 희생자로 간주하였던 기존 사례와는 반대되는 내용이며, 실제 재활용 사업 운영에 필요한 글로벌 네트워크에 더욱 많은 사람들이 관심을 두게 한다. 거버넌스 측면에서 보면 단순한 해법은 없다. 지구 북쪽에서 남쪽으로의 거래 규제는 현재로서 가장 선호되는 대안이나 곧 진부한 해법으로 전락할 것이다. 그렇다고 해서 북방국가의 생산자와 소비자의 책임이 부정되는 것도 아니며, 어떠한 규제조치 없이 위험성을 현저히 감소시킬 수 있음을 의미하지도 않는다. 오히려 북-남 거래 규제 중단은 고도로 복잡한 이 분야의 거버넌스 환경을 근본적으로 변화시킨다.

전자 폐기물 거래와 관련한 두 건의 선행 사례가 있는데 바로 세계 유해 폐기물 거래와 세계 폐기물 거래이다. 이 두 사례는 플라스틱 거래를 다룬 6장에서 다시 언급하겠다.

유해 폐기물 거래

세계 폐기물 거래는 새로운 것이 아니다. 이와 가장 유사한 사례로 1980년대의 유해 폐기물 국제 거래를 예로 들 수 있다. 당시 각국의 폐기물 처리 규정과 발생 비용을 피하고자 OECD 회원국들이 엄청난 양의 독성 폐기물을 아프리카, 카리브해, 동유럽으로 보내거나 바다에 버려버렸다. 당시에도 폐기물 거래는 그리 간단치 않았다. OECD 회원국 사이에서의 폐기물 운송은 대부분 합법적이었다(O'Neill 1997, 2000). 개발도상국과의 폐기물 거래 제안이 많이 이루어졌으나 개발도상국의 정부 당국이 이를 거절하였다. 덕분에 폐기물 거래 문제는 세계 무대에서 정치적 지지를 얻어 새로운 국제 환경 협정이 탄생하게 되었다.

1989년 UNEP가 후원한 유해 폐기물의 국가 간 이동 및 그 처리 통제에 관한 바젤협약의 초기 목표는 북-남 방향의 국제 폐기물 거래를 통제하는 것이었으나 이후 완전한 금지로 추진 방향을 바꾸었다. 그러나 완전 금지는 수입 폐기물을 재활용하거나 재처리할 수 있는 자국의 능력을 빼앗아 가는 것이라고 주장하는 많은 OECD 비회원국의 반대에 부딪히고 만다. 이들에게 안전하고 환경적으로 건전한 방식은 나중 문제였다.

지금의 전자 폐기물 거래는 1980년대에 큰 우려를 낳기도 했지만 국제 정치 활동을 활성화했던 유해 폐기물 거래와는 상당히 달라 보인다. 80년대의 폐기물은 주로 산업 폐기물로, 독성 재, 슬러지(폐지 찌꺼기), 오래된 배터리 등 재활용 가능성이 거의 없는 경우가 많았다. 좀 더 최근의 예로 2006년 유럽에서 선적된 유독성 슬러지가 코트디부아르의 전前 수도인 아비장의 개방형 매립지에 버려져 몇 명이 사망하였다. 이 경우를 기기 또는 장비의 전체 또는 일부가 파손된 채로 도착하는 전자 폐기물의 운송 사례와 비교해 볼 수 있겠다. (물체의 형태를 띤) 전자 폐기물은 유해 폐기물과는 생김새도 매우 다르며 처리 방식 역시 매우 다르다. 그러나 전자 폐기물 역시 유해 폐기물과 마찬가지로 작업자, 지역사회와 환경 보건에 해로운 영향을 끼친다.

스크랩 거래

종류를 막론한 스크랩 국제 거래의 상당량이 세계 환경 거버넌스의 테두리를 벗어나 있지만 세계 경제에서는 상당한 비중을 차지하고 있다. 이러한 거래에는 본 장에서 논의되고 있는 전자제품과 플라스틱(6장 참조)처럼 문제가 되는 스크랩 유형도 포함된다. 미국 폐기물재활용산업연구원에 따르면 전 세계적으로 연간 8억 톤의 스크랩이 소비되고 있는데, 이는 제조 공급망의 첫 번째 연결고리가 된다. 스크랩 산업은 미국에서만 연간 1,050억 달러가 넘는 규모를 자랑한다. 폐기물재활용산업연구원은 2017년 미국 스크랩 분야에서 155,632명이 일자리를 얻고 있으며 평균 임금과 수익은 7만 5,000달러가 넘는다고 보고했다. 스크랩 업체(대형 및 소형)는 생산 후 또는 소비 후의 금속, 종이, 플라스틱, 유리, 고무, 전자제품, 섬유 등을 수거, 가공, 중개, 판매 및 재활용한다.[4]

국가 간 스크랩 거래의 최초 사례로 기록된 19세기 초 런던에서 모스크바로 운송된 벽돌가루 거래(Wilson 2007) 이후 스크랩 거래는 거대한 글로벌 사업으로 성장했다. 스크랩 거래 범위는 무역량 증가, 수입 관세 인하 및 운송비 인하를 대동한 경제 세계화에 의해 확장되었다. 스크랩 거래 중 가장 눈에 띄는 품목은 전자 폐기물이나 플라스틱 같은 문제성 폐기물이지만 대형으로 거래되는 품목으로는 철강, 알루미늄, 구리 등과 같이 비교적 문제가 없는 유형이다.

스크랩 수출입은 UN 컴트레이드*의 데이터베이스를 통해 추적할 수 있다.[5] 2016년 폐기물재활용산업연구원의 스크랩 거래 데이터베이스에 따르면 철, 종이, 비철, 플라스틱, 고무 등의 전 세계 수출량

---

* UN Comtrade. 국제연합의 세관 통계 데이터베이스를 말한다.

은 1억 5,000만 톤에 육박하며 추정 가치는 85조 2,500억 달러에 이른다. 중국과 미국이 가장 큰 규모로 참여하고 있지만 이 분야를 주도하는 나라는 따로 있다. 2016년 고철 스크랩을 가장 많이 수입한 나라는 터키이다. 인도는 종이나 플라스틱 스크랩은 수입하지 않지만 알루미늄과 아연 같은 금속을 다량으로 수입하고 있다. 스크랩은 인건비와 폐기 비용이 가장 싼 나라가 아닌 제조업에서 재사용될 가능성이 높은 나라로 운반된다(Minter 2013).

애덤 민터는 세계 스크랩 산업에 관한 그의 저서, 『폐품처리 행성: 십억 달러짜리 스크랩 거래 여행Junkyard Planet: Travels in the Billion Dollar Scrap Trade』(Adam Minter 2013)에서 스크랩 산업의 생명줄인 스크랩 하치장, 중개인 네트워크, 시장 변동성이 어떻게 스크랩 산업 운영자들의 소득에 영향을 주는지 자세히 설명한다. 그는 2008년 글로벌 금융위기로 1차 금속의 가격이 폭락하자 스크랩 가격은 더욱 큰 폭으로 거의 80%가 폭락하여 미국과 중국의 스크랩 시장에 타격이 가해지는 것을 직접 목격했다. 중국 수입 업체들은 손해 보는 쪽을 택하기보단 보증금을 포기하고 컨테이너에 적재된 고철을 두고 그냥 떠나버렸다. 밀린 일을 청산하고, 손실을 만회하며, 판매자와 구매자 사이의 신뢰를 회복하는 데에만 몇 년이 걸렸다. 중국의 스크랩 수입 중단 조치로 2018년 재활용 업계가 얼마나 큰 타격을 입었는지는 몰라도 2010년대의 경기 대침체의 시발점이자 2008년 금융 재벌의 붕괴를 뜻하는 "리먼 브라더스 사태에 비할 정도는 못 된다."[6]

얼마나 많은 전자 폐기물이 국경을 넘나드는가

바젤행동네트워크의 보고서인 「아시아 하이테크 거래The High-Tech Trashing of Asia」(Puckett 외 2002)의 요약본에는 다음과 같은 내용이 담겨있다. "산업 정보통에 따르면 미국 내에서 재활용을 위해 수거된 전자 폐기물의 50~80%가 국내에서 재활용되지 않고 중국과 같은 목적지로 향하는 컨테이너선에 매우 빠른 속도로 적재되는 것으로 추정된다." 이 수치는 위 보고서의 단일 비공식 출처를 기반으로 함에도 불구하고 아직도 많은 연구나 뉴스 보도에서 인용되며, 연구자들은 규모가 확대될 때마다 수치를 검증하고 있다(Lepawsky 2018).

얼마나 많은 전자 폐기물이 국경을 넘어 운반되는지는 정확히는 알 수 없다. 출하된 전자제품, 공장과 작업장, 작업자들의 가시성에도 불구하고 전자 폐기물의 실제 거래는 거의 항상 불법으로 이뤄진다. 따라서 국제법이나 해당 수출입 국가의 법이 위반되고 있으며 이는 거래 경로, 수출 지점, 목적지 등의 추적을 더욱더 어렵게 한다. 가난한 지역이나 국가에서 전자 폐기물이 쌓이는 것을 목격하면서도 전자 폐기물이 어디서 발생했는지 정확히 파악할 수 있는 능력은 부족한 셈이다.

그러한 데이터를 추정하는 한 가지 방법은 메타분석을 통해서이다. 메타분석은 기존 연구 결과를 바탕으로 비교 가능한 범위 내의 데이터를 비교하여 결과를 도출한다. 메타분석 연구 중 하나에 따르면 2014년 OECD 비회원국으로 수출되는 연간 전자 폐기물은 5,023킬로톤(불확실성 범위: 3,642~7,331킬로톤)에 달하며 이는 전 세계 전자 폐기물 발생률의 14.4%(10.4~20.9%) 또는 OECD 회원국 전자 폐기물 발생률의 23%(16.7~33.5%)에 해당한다(Breivik 외 2014). 디지털 시대가 도래하여 인류는 혁신적인 방식으로 폐기물 발생량을 추정할 수 있게 되었다. 바젤행동네트워크는 2014년부터 2016년까지 205개의 폐기된 전자 장치에 GPS 추적기를 부착하여 이 중 69개가 수출된 것을 확인했다. 대부분은 홍콩, 중국 본토 또는 대만에서 발생했다. 지리학자 조시 레포스키Josh Lepawsky가 이끄는 폐기물 재조립 프로젝트Reassembling Rubbish project는 UN 컴트레이드 데이터베이스의 데이터(상품과 서비스의 세계 무역 관련 내용)를 사용했다. 본 프로젝트 연구자들은 1996년과 2012년 사이 전 세계 전자 폐기물 총량이 두 배 이상 증가했음을 발견했다.

전자 폐기물 문제 해결Solving the E-Waste Problem, StEP 이니셔티브는 유엔 대학교*가 구성한 다자간 이니셔티브이다. 나이지리아는 '퍼슨 인더포트Person in the Port' 프로젝트를 통해 검사관이 컨테이너에 적재된 내용물을 직접 검사하도록 했다. 본 프로젝트와 관련된 2018년 보고서에 따르면 컨테이너에는 밀반입된 전자 폐기물이 실려 있었으며 그중 상당량이 유럽연합에서 온 것이다. 또한 유럽과 아시아에서 아프리카로 향하는 중고차 거래도 성행하고 있는데, 본 프로젝트에서 적발된 중고 전자제품의 대다수가 이러한 중고차 안에 가득 실려 있었다.

* UN University. 인간 생존, 개발, 복지 등의 범세계적 문제에 대한 행동 지향적 연구를 목적으로 하는 연구원 중심의 대학위원회이다.

중요한 국제적 이슈를 독창적인 방식으로 계량화하는 데 성공했음에도 불구하고 위 사례들은 국경을 넘어 운송되는 전자 폐기물과 관련한 신뢰할 만한 수준의 데이터 확보가 얼마나 어려운 일인지를 잘 나타낸다. 좋은 정책을 만들기 위해서는 질이 낮은 데이터보다는 불완전한 데이터를 이용하는 것이 더 낫다. 근거가 확실하지 않은 형편없는 데이터를 사용하지 않도록 항상 조심해야 한다. 전자 폐기물 거래의 정확한 규모는 알려지지 않았다. 그러나 국경을 넘나드는 전자 폐기물의 흐름이 상당하다는 사실을 이제 확실히 파악했으니 그 이동 경로와 목적지를 추정하기가 더욱 수월해질 것이다.

거래 경로

역사적으로 보면 OECD 국가에서 발생한 많은 양의 폐전자 제품은 수출이 상대적으로 쉬웠고 적어도 1990년대 중반부터 시작하여 지금까지 이어져 오고 있다. 사용자들이 중고품 소매점이나 수거 업체를 통해 쓰다 만 물건을 내놓으면 중개업자가 선택하여 판매하거나 또는 구매하여 아프리카나 아시아로 보낸다. 목적지에 도착한 중고품들은 해체와 수리를 위해 각각의 작업장으로 운반된다. OECD 회원국의 경우 폐기물을 수출하는 것이 국내에서 처리하는 값보다 싸다. 수출 제약이 있더라도 선적 규모가 작아 레이더망에 걸리지 않으며, 특히 내용물이 분해되기 전까지 안정적이고 안전하게 목적지로 운반이 가능하다. 유럽연합은 전자 폐기물 거래를 가장 먼저 단속했기 때문에 이론상으로는 유럽의 전자 폐기물 수출이란 발생할 수 없다. 그러나 실제로는 유럽에서 전자 폐기물이 계속 수출되고 있다.

2018년 5월 태국 경찰은 태국의 기업들이 허가 없이 수입한 약 22톤의 폐전자제품이 실린 컨테이너 선적 7대를 전시해 놓았다(『로이터』 2018년 5월 30일 자 기사). 중국이 2015년 전자 폐기물 수입을 전면 중단하자 태국이 차기 전자 폐기물 투기장이 될 것이라는 우려 가운데 태국 정부도 폐전자제품의 수입 금지를 선언했다. 관계자들은 이러한 전자 폐기물은 일본, 홍콩, 싱가포르 등을 포함한 전 세계 모든 지역에서 발생하며 추적이 불가능하다고 지적한다. 홍콩은 많은 종류의 폐기물과 스크랩이 거쳐 가는 경유국이다.

전자 폐기물의 수입 수요를 알게 되면 전자 폐기물의 거래 판도를 다시 읽게 된다. 중고 전자제품을 들여오기 위해 전자 폐기물 수입업체가 돈을 지불한다. 폐기물 수거를 위해 중개인에게 돈을 지불하는 중고품 공급자에 의해서만 중고품 시장이 움직이는 것은 아니다. 최근 연구에 따르면 수입업자, 수출업자, 분해 작업자와 전자 폐기물 시장 등이 복잡한 흐름과 네트워크를 통해 형성되고 있음을 알 수 있다. 레포스키와 연구팀은 국가 간 개척지 이동의 복잡한 망net을 추적할 수 있도록 전자 폐기물 흐름과 관련된 데이터베이스와 시각화 자료를 구축하였다.* 이 자료에 따르면 1996년과 2012년 사이 북-남 방향의 전자 폐기물 총 거래 비율이 상당히 감소했고, 남쪽 지역 국가들이 종종 자국보다 국내총생산GDP이 훨씬 높은 나라에 전자 폐기물을 수출하고 있다는 증거가 점점 더 확보되었다.

---

* reassemblingrubbish.xyz 참조. (원주)

실제로 위의 자료 및 다른 분석 자료를 살펴보면 우리의 관심을 이끄는 흥미로운 상황이 펼쳐진다. 예를 들어 전자 폐기물은 중국에서 나이지리아로 혹은 중동에서 인도네시아와 한국으로 흘러간다(Lepawsky와 McNabb 2009). 인도는 아프리카 국가로부터 전자 폐기물을 수입해 왔다. 중국은 2010년대에 전자 폐기물 수입량을 줄이기 시작했고, 2015년 현재 구이유시로 들어오는 전자 폐기물 수입품은 거의 없다. 미국의 수출품은 다시 멕시코로 향한다. 그러나 중국 시장에 보내진 전자 폐기물은 종종 홍콩으로 향하는데, 홍콩은 특별 경제 지위 덕분에 무역상으로는 중국 본토의 국경 밖에 위치한 것으로 간주한다. 따라서 물품이 홍콩에 머물거나 그곳에서 중국 본토로의 은밀한 운반도 가능하다(Basel Action Network 2016). 아시아 최대의 전자 폐기물 수입국은 중간 이상의 고소득 국가인 한국과 일본이다. 개발도상국에서는 디지털 기술 습득이 빨라짐에 따라 전자 폐기물량도 빠르게 증가하고 있다. 중국은 이제 독자적인 폐기물 처리 기술을 충분히 갖췄다. 폐기된 전자제품이 종종 스크랩이나 재정비 제품의 형태로 다른 나라로 재수출된다는 사실을 이쯤에서 파악했을 것이다. 전자 폐기물이 중국, 가나, 나이지리아의 현지 시장만을 목적으로 거래되거나 그곳에 버려지고 끝나는 것이 아니다. 재처리 현장에 도달했을지라도 전자 폐기물의 여정이 끝나려면 갈 길이 아직 멀다고 할 수 있다. 가나의 전자 폐기물 수입, 처리, 재수출에 관한 그랜트와 오텐그-아바비오의 연구는 이러한 복잡성을 잘 포착하고 있다. 수입 폐기물은 유럽과 미국뿐 아니라 중국, 홍콩, 남아프리카 공화국, 걸프 지역에서 출발한다. 홍콩, 더반, 몸바사, 두바이는 전자 폐기물의 경유국으로 알려져 있으나 원산지는 불투명하다. 이들 국가는 중국, 인도, 유럽, 호주 및 기타 여러 국가에 스크랩을 수출한다(Grant와 Oteng-Ababio 2016). 중국은 수리 또는 재정비된 전자제품을 동남아 국가에 재수출한다(Lundgren 2012).

따라서 전자 폐기물 거래 형태는 노동력이 가장 저렴하고 환경 규제가 가장 느슨한 곳이라는 이유만으로 단순하게 결정되는 것이 아니다. 전자 폐기물은 주로 사용과 재활용이 가능한 곳, 중개인과 수입업자 간의 관계가 존재하는 곳에서 발생한다.

네트워크와 관계

누가 전자 폐기물의 선적, 수출, 수입을 결정하고 누가 폐기물 분해업을 운영하는지, 즉 전자 폐기물 거래의 혜택이 누구에게 돌아가는지를 파악하는 것은 어려운 일이다. 전자 폐기물 자원 개척지는 경쟁이 치열하고, 사람들이 예상하는 대로 분쟁이 발생하는 곳이며, 정확한(또는 신뢰할 수 있는) 정보가 부족한 분야이다. 개인과 기업 네트워크와 수입, 수출, 경유국의 간의 관계에 의해 형성되는 것이 특징이며, 세계적인 자선단체와 조직범죄 네트워크가 개입된 곳이기도 하다.

예를 들어 런던의 니제르 출신 이민자, 독일의 가나 출신 이민자들은 폐기된 전자제품을 수집하거나 구매하여 본국으로 운송한다(Grant와 Oteng-Ababio 2016). 이들은 자동차, 자전거 등의 중고물품 운송업체와 함께 소규모 기업인 네트워크를 구성하지만 검찰 기소에는 더욱 취약하다(Lepawsky 2018). 물건이 도착하는 끝 지점에는(중국의 경우처럼) 치열한 경쟁을 벌이면서 가격을 끌어올릴 수 있는 중개인과 기업이 있다. 가나에서도 이 분야는 조직화하였다. 인도나 사우디아라비아에도 사업체를 등록한 여러 자국 업체와 다른 외국계 업체가 가나에서 활동하고 있다.

전자 폐기물 재활용 사업은 세계적인 광산업체들을 아프리카 현장으로 끌어들였다. 벨기에의 우미코레Umicore는 광석 제련 및 정제 기술을 갖춘 광산업체로, 광산을 추출하여 유럽이나 북아메리카의 자사 제련소로 보낸다. 우미코레는 폭력적인 식민지 시대 이미지와 더욱 최근의 환경 오염 기업이라는 오명에서 탈피하여 세계 최대의 귀금속 재활용업자이자 청정기술력을 갖춘 기업으로 재탄생했다. 현재 전자 폐기물을 처리하는 업체로는 캐나다의 글렌코어Glencore, 독일의 오루비스Aurubis, 스웨덴의 볼리덴Boliden과 일본 기업 도와Dowa가 있다(Knapp 2016). 델Dell과 HP 같은 컴퓨터 하드웨어 업체와 국제 NGO들도 이 분야에 진입했다.

버려진 전자제품의 국제적 생산, 처리, 흐름 관리

생산, 수거, 처리, 재활용 및 거래 등 전자 폐기물은 많은 거버넌스 과제를 안고 있다. 세계화된 폐기물경제는 이러한 도전을 확대한다. 잠재적으로 높은 이윤을 얻기 위해 다양한 행위자들이 경쟁에 뛰어드는 동안 실제 위험은 전자 폐기물의 발생 장소에서부터 멀리 떨어진 곳에 있는 지역사회에서 발생한다. 아이러니하게도 이것은 전자 폐기물의 위험이 전자제품의 원생산지에서부터 먼 거리로 이동되는 경우가 많음을 의미한다. 재활용품은 전 세계로 흩어지고 재활용 작업장은 이동성이 높기 때문에 통제도 어렵다. 전자제품 생산자들은 소비자의 제품 수요를 지속해서 끌어내기 위해 제품의 수명을 일부러 짧게 설계한다. 효과적인 전자 폐기물 거버넌스를 통해 전자제품 생산자들이 매우 높은 수익성을 노리며 계획적인 노후화 사업 모델을 통해 수요를 끌어내는 방식을 포기하도록 해야 한다. 그런데 어떻게 하면 이것을 가능하게 할 수 있을까?

2017년까지 전 세계 인구의 3분의 2를 대표하는 67개국이 전자 폐기물 관련 법률을 제정했다. 2014년의 61개국과 비교해 참여국이 늘었지만 가장 부유한 국가들 사이에서조차 법률 범위와 실행에 있어 격차가 나타난다(Bald 외 2017). 현재의 거버넌스는 공식 규제, 이니셔티브, 자발적 계획 등이 여기저기 짜깁기된 형상이며 이마저도 국제적, 국내적, 지역적 차원의 집행 또는 이행 능력에 따라 제한적으로 적용된다. 전자 폐기물을 정의하고, 생산과 거래를 감시하거나 규제할 수 있는 포괄적인 국제적 틀이 없기 때문에 응집력 있는 지배구조를 구축하려는 노력이 많은 방해에 부딪히고 있다.

폐기된 전자제품의 생산과 운명에 대한 효과적인 거버넌스는 가파른 도전에 직면했다. 전자 폐기물 스트림은 무한한 수의 원천에서 던져진 장비와 기기들로 꽉 막혀 있다. 신기술에 대한 수요, 오래된 가전제품의 재고, 계획된 짧은 설계 수명과 같은 근본 원인은 심지어 원천에서조차 다루기 어려운 문제이다. 인도와 중국을 필두로 한 아시아의 전자 폐기물 총생산량(2016년 1,820만 톤)이 미국과 유럽을 따라잡고 있다. 2016년 아프리카에서는 이집트와 남아프리카 공화국을 중심으로 220만 톤이 생산된 것으로 추정된다. 중남미의 2016년 1인당 평균 생산량은 7kg으로 미국과 유럽의 각각 11.6kg, 16.6kg보다는 낮지만 4.2kg인 아시아에 비해서는 높다. 중남미의 경우 휴대폰 보급률이 가장 높은 브라질과 멕시코가 이를 주도하고 있다.

생산자책임확대

지금까지의 미국의 전자 폐기물 관리 접근방식은 주로 전자제품의 생산자와 소매업자에게 책임과 책무를 부여했다. 이제 생산자책임확대EPR 개념은 전자제품 거버넌스의 주류가 됐다. 스웨덴의 경제학자 토마스 린퀴비스트Thomas Lindhqvist는 특히 제품의 수거, 재활용, 최종 폐기를 아우르는 제품의 전체 수명 주기에 대한 책임을 제조사가 지도록 함으로써 제품이 전체 환경에 끼치는 영향을 감소시키는 전략으로 이를 정의한다. 생산자책임확대는 유럽연합, 중국, 캘리포니아에서 전자 폐기물 규제를 주도하고 있으며 케냐, 나이지리아 및 기타 개발도상국에서도 채택되었다.

유럽연합은 전자제품 제작에서 폐기까지의 전 과정을 포함하는 규제 개발에 가장 큰 진전을 이루었다. 그중 대표적인 결실인 폐전기·전자제품 처리지침과 유해물질 제한지침Restriction of Hazardous Substances Directive, RoHS이 2003년에 발효되었다. 폐전기·전자제품 처리지침은 중고 전자제품 반환에 대한 엄격한 목표를 설정하고, 유해물질 제한지침은 전자제품 제조 시의 유해물질 사용을 제한한다. 2019년부터 유럽연합 회원국들은 폐기된 전자제품의 85%를 의무적으로 수거해야 한다. 일반 가정이 아닌 생산자가 폐기물의 수거와 처분 비용을 감당하며, 회원국에 의해 부과된 벌금은 지침에서 명시한 대로 "효율적이고, 비례적이며, 제지하는" 효과가 있을 것으로 예상된다. 전자 폐기물 문제 해결의 퍼슨인더포트 프로젝트(앞장 참조)는 나이지리아로 밀반입된 전자 폐기물의 상당량이 유럽에서 온 것이라는 사실을 발견했다. 또한 자선단체는 적용에서 제외된다는 점은 생산자책임확대 개념에 꽤 허점이 많다는 것을 뜻한다. 전자 폐기물에 날개라도 달린 듯하다.

중국은 2015년 720만 톤을 배출한 세계 최대 전자 폐기물 생산국이다(Bald 외 2017년). UN 규제보다 강도는 훨씬 약하지만(Reagan 2015), 중국의 자체 생산자책임확대 시스템이 범국가적으로 법제화되고 있다. 인도는 2011년에 생산자책임확대 법안을 제정했으며, 나이지리아, 케냐, 가나 등은 2016년에 법안을 도입했다.

미국의 전자 폐기물에 관한 연방법은 납유리 성분 때문에 브라운관이 유해 폐기물로 지정된 건이 유일하다. 그 외 특히 재활용 라벨이 붙어 있는 경우 전자 폐기물에 대한 법적 제한은 거의 없다. 미국은 또한 바젤협약을 비준하지 않고 있다. 그러나 많은 주 정부 당국이 자체적으로 전자 폐기물 및 전자제품 규제를 세우고 있다. 캘리포니아의 전자 폐기물 재활용법(2003년)은 물건 판매 시 소매업자들에게 전자제품의 재활용 회수 비용을 징수하도록 허용하고 있다. 미국 전국주의회협회의National Conference of State Legislatures에 따르면 2018년 기준 25개 주와 컬럼비아 특별구에서 전자 폐기물 관련 법안이 통과되었다. 2000년대 들어 미국에서는 다량의 전자 폐기물 재활용 작업이 교도소 노동자에 의해 행해졌다는 사실이 드러나면서 강한 비판을 받았다

(Sheppard 2006).

원칙적으로 생산자책임확대는 더 나은 제품 설계를 장려하여 과도한 폐기물 생산을 줄이는 것을 목표로 한다. 책임을 위반한 제조업체는 수거 비용과 벌금을 내야 한다. 그러나 실질적으로 미국, 캐나다, 유럽연합의 경우 설계 내구성이 떨어지고 책임 비용이 고객에게 고스란히 전가된다(Lepawsky 2018).

생산자책임확대 프로그램은 다른 자발적인 거버넌스 이니셔티브와 마찬가지로 강력한 규제 및 모니터링 역량이 뒷받침될 때 가장 잘 작동한다. 때때로 이 프로그램은 정부가 운영하기도 하지만 정부와 제삼자 기관이 책임을 분담하여 제조사의 이행 여부를 감시하거나 인증하기도 한다. 물론 이 경우에도 이니셔티브를 강화하고 집행하는 데 어려움을 겪는 것은 마찬가지다. 규제를 준수하는 생산자에게는 인센티브를 제공하고, 생산, 판매 또는 폐기의 운영 체계를 교묘히 조정하여 규제를 피해 나가는 생산자에게는 인센티브를 거둬들여야 한다.

효과적인 생산자책임확대는 투명성을 요구한다. 따라서 NGO들은 델, 삼성, 애플과 같은 유명 생산업체를 거론하여 '기업 수치심'이 들게 할 수도 있다. 이는 물론 상품명이 붙어있지 않은 제품이 자주 생산되는 개도국에서는 통하지 않는 방법이다. 의류와 신발 생산의 경우도 마찬가지인데 대형 브랜드 업체는 아시아, 중남미 등 타국의 제조사에 제품 생산을 아웃소싱한다. 중국 업체인 폭스콘FoxConn은 애플뿐만 아니라 아마존을 비롯한 경쟁사 브랜드의 전자제품까지 제작한다. 이런 회사들은 폭스콘뿐만이 아니다. 이처럼 복잡하고 빠르게 변화하는 글로벌 공급망 속에서 제품 재설계와 책임성이 부여될 공간은 거의 없다. 신속한 혁신 사이클을 규제 기관이 따라잡기도 어려우며 공급망의 복잡성은 투명성을 저해한다(Gardner 외 2018).

집행과 정책

전자 폐기물 규제의 두 번째 요소는 범죄 활동 단속(밀매, 노동 착취, 자재 절도), 국경 통제(가능한 선에서 최대한으로), 역량 강화 등을 포함한 집행이다. 야생동물, 마약, 무기를 밀수하는 집단이 전자 폐기물도 밀매할 가능성이 있다(Elliott 2014; Gibbs 외 2011). UN과 인터폴의 자금 지원을 받는 그린 커스텀즈 이니셔티브*는 환경 범죄를 적발하고 막기 위해 항구 내 조사 인력을 훈련하고 자금을 지원한다. 인터폴의 환경범죄 전담팀은 폐기물 밀매 근절을 위한 작전을 수행한다. 인터폴의 2017년 8월 발표에 의하면 30일 동안의 작전 중 전 세계에서 150만 톤 이상의 불법 폐기물(전자제품과 금속, 대부분 자동차 산업과 연관된 것 포함)이 압수되었다(Boteler 2017).

거래 규제

바젤협약은 전자 폐기물 국제 거래를 통제하기 위한 유일한 법적 장치이지만 다음과 같은 심각한 결함이 있다. 유해 폐기물 거래를 제외한 나머지 대부분의 전자 폐기물은 바젤협약의 규제 대상에서 벗어난다. 남-남 혹은 남-북 방향의 거래를 규제할 수 있는 조항도 없다.

---

* Green Customs Initiative. 세관의 환경범죄 단속역량 강화를 위한 국제 협의체이다.

1995년 바젤행동네트워크 개정안이 수립되었으나 OECD 회원국에서 비회원국이나 바젤협약 비가입국가로의 수출만 금지하고 있으며 아직 발효조차 되지 않았다. 따라서 바젤협약은 관련 업계에 가이드라인과 파트너십은 제공했을지라도 전자 폐기물의 효과적인 거버넌스를 의무적 규제 사항으로 확립하지는 못했다. 폐기물 밀매를 단속하려는 여러 노력 역시 금지 활동에만 초점을 맞추고 있다. 유럽연합의 폐전기·전자제품 처리지침은 유럽연합 국경 너머로의 폐기물 수출을 제한한다. 중국은 비록 이행 여부는 별개이지만 2002년에 전자 폐기물 수입을 금지했다. 유럽연합과 UN의 연구에 따르면 매년 최소 800만 톤이 중국으로 밀반입된다(Geeraerts 외 2015; UNODC 2013).

중고 전자제품 거래는 멈출 기미를 보이지 않고 있다. 전자제품이 대량으로 효율적으로 재활용되어 초기 폐기 시점 이상으로 사용된다면 모를까, 아마 중단되는 일은 없을지도 모른다. 그렇다고 노동조건이나 환경위험, 실제 폐기물이 선적되는 과정에서의 범죄조직 개입 등이 중고 전자제품 거래에 끼치는 영향이 경시되는 것은 아니다. 이러한 거버넌스 도전은 정비와 수리를 통한 새로운 글로벌 녹색 경제 구축에 성큼 다가갈 수 있도록 다음 이어지는 내용의 주제인 혁신적인 대응을 만들어냈다.

수리, 재사용 혹은 처리? '비공식 녹색 경제 구축'

중국에서 활동 중인 언론인 애덤 민터는 2016년 재정비된 회로판, 컴퓨터, 휴대폰 등 사람들이 많이 찾는 물품을 갖춘 방대한 규모의 중고 전자제품 쇼핑몰 지구인 중국 남동부 선전 화창베이구를 방문했다고 보고한다(Minter 2016). 이 쇼핑몰은 세계에서 가장 큰 나라의 주류 시장 중 하나로 떠오른 재활용 산업계의 모습을 대표한다. 이는 민터가 표현한 대로 "세계에서 가장 강력한 비공식 녹색 경제 분야 중 하나"일 가능성이 있다. 민터와 레포스키 등의 연구는 세계 전자 폐기물경제의 중요 부분을 구성하고 있는 재활용경제를 파헤치기 시작했다.

개발도상국에서 중고 전자제품이 다뤄지는 현실은 생각보다 더 복잡하다. 지금까지 남쪽 국가에 운송된 중고 전자제품 중 얼마나 많은 양이 수리 가능한 상태인지 또한 그저 단순한 폐기의 목적으로만 버려진 것이 아니라는 것이 과소평가되어 왔다. 중고품은 공무원과 소상공인을 비롯한 현지인들이 구매한다. 가나에서 컴퓨터는 학교로, 텔레비전은 일반 가정으로 향한다. "지금까지 수리해서 사용해 온 텔레비전이 없었다면 아무도 TV 타워를 짓지 못했을 것이다. 인터넷 접속도 마찬가지이다." (로빈 인젠트론*의 공정거래재활용Fair Trade Recycling 내용 중에서. Ottoviani 2015 인용). 이러한 관행은 선진국보다 개발도상국에서 보고된 재활용률이 훨씬 높은 것과도 관련 있다(Minter 2013). 더는 수리할 수 없을 정도로 최후까지 사용된 기기를 제외하면 전자 폐기물은 이제 인류가 피할 수 없는 문제가 되었다. 다만 올바른 조건에서 처리한다면 최종 폐기를 발생을 줄이거나 그 시기를 미룰 수 있을 뿐이다.

관련 글이나 기사를 보면 아그보그블로시는 '지상의 지옥'처럼 불타는 쓰레기 매립장으로 묘사되고 있지는 않지만, 현지의 작업 환

* Robin Ingenthron. 미국의 재활용업체 운영자이다.

경이 위험한 수준임은 충분히 파악할 수 있다. 가나의 소규모 재활용 업계에서도 재사용이나 수리를 할 수 없는 전자 폐기물이라면 최종 종착점에 다다른 것이다. 2015년 알자지라 방송국 웹사이트에 실린 자코포 오토비아니Jacopo Ottoviani의 다큐멘터리 기사 「쓰레기 공화국 E-Waste Republic」에는 가나에 도착한 전자 폐기물이 분해, 추출, 최종 폐기장으로 향하는 길목인 항구와 하치장 사이에 복잡하게 늘어서 있는 전자제품 수리점과 중고품 시장이 나타난 지도가 실려 있다.

중국 정부는 비공식 재활용 센터를 단속하는 데 주력해 왔다. 2015년 12월까지 구이유시는 도시 안팎의 토양에 독소를 포함한 독성 유산이 여전하지만 산업 단지를 건설하는 등 새 단장을 하였다. 2017년 9월 자 『사우스 차이나 모닝 포스트』에 보도된 바와 같이("이제 더 깨끗해지고 더 가난해진 중국의 가장 악명 높은 전자 폐기물 투척지"), 이 과정에서 수천 명의 노동자가 갈 곳이 없어졌다.

전자 폐기물 및 전자 폐기물 거래(및 이 책의 다른 사례)와 관련한 현재까지의 경험에서 얻을 수 있는 교훈이 있다면 효과적인 거버넌스 접근방식이란 이러한 폐기물의 위험성 뿐만 아니라 내재적인 가치까지 모두 끌어안을 수 있어야 한다. 최근 몇 년 동안 대체 정책이 급증했다. 전자 폐기물 문제 해결 이니셔티브(2010)에 의해 추진되고 있는 Bo2W 접근법이 그중 하나이다. 이 이니셔티브는 국제 기관, 기업(델, HP, 마이크로소프트, 우미코레 등), 정부 기관, 대학교 등이 참여하고 있는 유엔 대학교 주도의 복수 이해당사자 이니셔티브다. Bo2W는 저비용 노동력을 이용하여 개발도상국에서 전자제품을 해체하고, 선진국의 고품질 기술을 활용하여 최소한의 환경 비용으로 추출된 광석을 재처리하는 방식을 제안한다.

그러나 이 접근방식의 문제는 과거 1차 자원 거래 정책이 겪어 왔던 길, 즉 정작 먼 곳의 부유한 지역이 혜택을 보게 되는 현상이 재현될 위험성이 있다. 동남아시아의 목재나 남태평양 참치의 경우와 마찬가지로 폐기물 추출 작업장이 속한 지역사회는 전자 폐기물 공급망을 따라 형성되는 가치에 접근조차 하지 못하고 있다. 그렇다면 어떻게 해야 이런 일이 일어나는 것을 막고 개발도상국의 지역사회도 혜택을 누릴 수 있을까?

이에 대한 직접적인 대안으로 레포스키 외 연구진은 공정한 임금과 근로조건이 포함된 공인된 폐기물 공정 무역의 포문을 열 수 있는 '전자제품의 윤리적 폐기, 재사용, 용도변경, 재활용Ethical Electronics Repair, Reuse, Repurposing and Recycling, EER4'을 제안한다(2017). 윤리적 거래는 대부분의 전자 폐기물 거래 해결책처럼 급진적인 아이디어이지만 플라스틱 스크랩 관련 산업 협회가 개발하고 있는 것이기도 하다(6장 참조). 윤리적 거래는 전자 폐기물 거래 통제에 있어 필수적인 요소이지만 다른 유형의 인증 계획으로부터 얻은 교훈이 적용되어야 하는 부분이다.

원자재가 지속가능성, 노동권 등의 이미 정해진 기준을 충족하였음을 증명하는 방법은 전혀 새로운 발상이 아니다. 목재, 커피, 코코아, 어획 부분에서는 널리 인정받고 있으며 특정 조건으로 제대로 기능하는 협동 인증제가 시행되고 있다. 그러나 전반적으로 평가하자면 제대로 수행된다고 볼 수는 없다(Cashore 외 2004). 일반적으로 이러한 기준은 거래의 한쪽 끝에 위치한 수출업자와 생산자에게만 적용된다. 관련 행위자들이 개발도상국에서 활동할 경우 이러한 기준을 검증하고 감시하기가 더욱 어려워진다. 전자 폐기물의 경우는 이와 다르다. 중고 전자제품 수출업자는 출하 대상 기기의 안전성 또는 사용성을 증명해야 한다. 수입업자는 전자제품이 안전한 조건에서 재활용되거나 분해되고 있음을 증명해야 한다. 후자는 전자보다 검증이 훨씬 어려울 것이다. 또한 이러한 모든 조치는 거의 자발적으로 이루어지기 때문에, 인증 시스템 밖에 머물기를 선택한 최악의 행위자들을 처벌하거나 처리한 방도가 없다. 이는 위에서 설명한 복잡한 전자 폐기물망에도 적용될 수 있는 사항이다.

전자 폐기물의 가치를 유지하면서도 위험은 줄여나가는 것은 효과적인 거버넌스의 중요한 목표 중 하나이다. 제품 디자인도 이에 속한다. 사실 이 둘은 연관되어 있다. 제품의 수명이 길고, 수리가 가능하며, 수명이 다한 제품 해체 시 위험을 감소시킬 수 있는 제품이 디자인 단계에서부터 적용된다면 보다 균등한 세계 폐기물과 재활용경제에 보탬이 될 것이다. 그러나 초박형의 수리가 불가능한 전자제품이 생산 단계에서부터 사용 기간까지 매우 짧은 수명으로 설계되는 까닭에 북쪽과 남쪽 가릴 것 없이 전자 폐기물 수리 업계와 재활용 업계가 위협받고 있다. 이러한 계획적인 노후화 관행은 재활용 노동자들의 일자리를 강탈할 뿐만 아니라 개발도상국들이 싼값에 재정비된 전자제품을 구매할 수 있는 기회를 빼앗는다.

생산자책임확대 프로그램에 대한 기대와 달리 기업들은 전자제품을 이전 세대보다 고치기 어렵게 설계했고, 제조업체들은 수리 정보나 인가 부속품을 더는 제공하지 않는다(Matchar 2016). 저작권법에 따라 장치의 무단 수리 및 잠금 해제는 기업의 지적 재산권 침해로 규정된다. 미국, 유럽 등지에서 증가하고 있는 '수리권' 운동이 이러한 기업 관행에 이의를 제기하기 시작했다. 일찍부터 이 분야에 앞장선 농부들이 공로를 인정받고 있다. 농기구가 전산화되면서 고장 난 기기를 고치기가 더욱 어려워졌고 이는 즉시 농업 생산 비용에 영향을 끼쳤다.

수리권 운동은 다양한 전술과 계획을 포괄한다. 하나는 생산자에게 전자제품 수리와 잠금 해제가 가능하도록 요구할 수 있는 법안 추진이다. 미국의 '공정한 수리' 법안과 주 단위의 투표 법안이 수리 협회의 주도로 추진되고 있다. 프랑스에서는 계획적인 노후화는 벌금 부과 대상이다. 이러한 운동의 또 다른 형태로는 작은 규모의 수리점이나 수리 업체에서 스마트폰에서 신발에 이르는 모든 제품을 수리해 주거나 사람들에게 수리하는 방법을 가르치는 것이다. 스웨덴 정부는 제품 수리 업종에 세금 감면 혜택을 준다. 스톡홀름에서 브루클린까지 전파되고 있는 수리권 운동은 전자제품 제조업체와 일회성(단발성) 소비문화에 대한 저항이자 반대의 몸짓이다.

결국, 재활용에 생계를 의존하는 사람들에게 어떤 종류의 폐기물이 흘러가는지, 어떤 종류의 폐기물이 예방 또는 '설계 시 통제' 되어야 할 위험과 피해를 초래하는지 파악하는 것이 중요하다. 예를 들어 애초에 쉽게 분해가 가능하도록 설계되고, 독성물질은 큰 폭으로 줄어있고, 그러면서도 비공식적인 재활용 작업자들에게는 여전히(완전하게 더 건강한) 생계의 수단이 될 수 있는 전자제품을 상상해 보자. '수리권' 운동은 정치색을 뛰어넘어 모든 소비자의 심금을 울렸고 그 목표에 부응하기 위해 다양한 전술과 계획이 활용되고 있다(Economist 2017; Mitchell 2018). 그러나 전자제품 제조에 관한 조치를 두고 업계에서는 반대의 움직임이 일어나고 있다. 이는 디지털 자원(전자기기에 다운받은 음원이나 전자책 등) 소유권을 둘러싼 광범위한 투쟁의 일환이기도 하다. 이러한 분쟁들은 앞으로 몇 년 동안 더욱 고도로 정치적인 문제가 될 것이다.

결론

버려진 전자제품은 세계 폐기물경제의 초석이다. 또한, 세계적인 자원 개척지와 그 특징으로 드러난 확대된 위험의 실증적 존재로 부상했다. 특히 전자 폐기물 거래를 통해 이 분야의 경제가 돌아가는 모습의 변화는 지구 북쪽은 가해자, 남쪽은 피해자라는 전통적인 관념을 뒤집어 놓았다. 이러한 사실은 중고 전자제품 수요와 전자 폐기물 거래 경로를 보면 명확하게 알 수 있다. 그러나 지금껏 생각해 왔던 것보다 많은 양의 전자제품을 수리하거나 재정비한다 해도 중고품 분해작업 노동자들이 직면한 심각한 위험이 사라지는 것은 아니다. 즉 현재의 전자 폐기물을 둘러싼 문제는 그대로 남아있다. 도시 광석 추출 산업은 주로 다국적 기업이 주도하고 있기 때문에 노동력 착취 역시 여전한 문젯거리로 남는다.

전자 공급망과 관련한 거버넌스 과제는 무수히 많고 다층적이다. 본 장에서는 2차 자원 추출, 거래 그리고 공급망의 끝단에 위치한 최종 폐기에 초점을 두었다. 그러나 결국 폐기물 거버넌스에서도 중요한 부분은 역시 공급망의 시작점인 제품 설계 단계이다. '수리권' 획득을 향한 다양한 노력은 독점적인 하드웨어를 겨냥한 전 세계 모든 관련자의 강력한 외침이다.

약간은 다른 방식의 접근이지만 다음 장에서도 이러한 주제는 계속된다. 음식물쓰레기(5장)는 전 세계적인 네트워크가 구축된 원자재는 아니지만, 행동주의와 거버넌스 체계 덕분에 다른 폐기물 문제보다 다루기 쉬운 폐기물이 되었다. 플라스틱 스크랩(6장)은 전자 폐기물 거래와 관련하여 핵심적인 사항인 국제적 차원에서 '폐기물'과 '스크랩'을 어떻게 구별할 것인지에 대한 문제를 정면으로 바라볼 수 있게 한다. 또한 이러한 결정을 내릴 수 있는 특정 글로벌 거버넌스는 어느 곳에서 논의되어야 하는지 글로벌 거버넌스의 차원에서도 살펴보겠다.

CHAPTER 5

음식물쓰레기

2017년 5월 『가디언』지에 실린 한 기사는 잎채소를 "음식물쓰레기 중 빙산의 일각"이라 표현하였다(Carlin 2017). 영국 슈퍼마켓 체인점 테스코는 2017년 한 연구를 통해 소비자들이 매년 구매하는 개별 포장된 상추의 40%인 1억 7,800만 개의 봉지 상추가 버려진다고 밝혔다(Smithers 2017). 음식물쓰레기는 소비자에게만 국한된 문제가 아니다. 슈퍼마켓 역시 포장 겉면에 찍힌 유효기간이 채 되기도 전에 소비자보다 더 많은 양의 봉지 상추를 폐기한다. 미국 비영리 국제 환경보호 시민단체인 천연자원방어위원회의 2012년 연구에 따르면 미국 슈퍼마켓에서 폐기 처분되는 봉지 상추는 전체 재고량의 10%에 달한다(Gunders 2012; Gunders 외 2017 개정). 대장균과 같은 식인성 질병이 발생하면 수확된 농산물은 슈퍼마켓에 배송되기 전에 전량 폐기된다. 유엔식량농업기구는 전 세계 식량 손실과 음식물쓰레기 발생량이 세계 식량 생산량의 3분의 1에 달하는 것으로 추정한다. 위의 잎채소는 이러한 식량 손실과 음식물쓰레기의 원인 중 하나로 지적되는 식품 공급망의 전반적인 문제점을 잘 드러내고 있다.[1]

2000년대 후반부터 음식물쓰레기와 식량 손실은 산업화한 세계의 중요한 정치적 이슈로 부상했다. 음식물쓰레기와 식량 손실은 전 지구적인 문제이다. 음식물쓰레기 발생과 그로 인한 영향은 일반 가정은 물론 대규모 농업지역에 이르기까지 광범위하게 나타난다. 그 때문에 많은 사람들이 음식물 소비와 폐기 관행을 우려하기 시작했으며, 현재의 음식물 소비 양상과 음식물쓰레기 문제는 국제 식품 거래와 식량 원조 정책에 의해 형성되었다. 공급망을 따라 식품을 추적해 가다 보면 음식물쓰레기가 식품 생산과 식량 정치와도 관련이 있으며 더 나아가서는 식량 안보, 식품 안전, 식량 주권과 같은 현안과도 관련되어 있음을 알 수 있다.

관련 단체의 캠페인 활동, 방송 활동 등 음식물쓰레기를 둘러싸고 여러 진풍경이 펼쳐지는 모습을 볼 수 있다. 연예인급의 유명 요리사, 주류 NGO, UN 기관들은 여러 행위자 중 겉으로 드러나는 극히 일부일 뿐이다. 지역 자선단체, 푸드뱅크, 도시농부 역시 마찬가지다. 2015년 UN은 전 세계적으로 합의된 지속가능발전목표를 이행하기 시작했다. 지속가능발전목표 12번(책임 있는 생산과 소비)은 '2030년까지 생산과 공급망을 따라 식품 판매점과 일반 가정에서의 1인당 음식물쓰레기를 절반으로 낮추고 식량 손실을 줄이는 것'을 목표로 하고 있다.

음식물쓰레기와 식량 손실은 전 세계 식품 공급망을 따라 재사용 가능한 식자원을 낭비해 왔다. 선진국의 음식물쓰레기 발생량과 이로 인한 전 세계적 파급효과는 세계적 위험을 확대했다. 선진국과 개도국의 식량 안보에 영향을 미쳤고 글로벌 온실가스 배출량을 증대시켰다. 실행 가능한 해결책이라 하더라도 문제는 있기 마련이다. 플라스틱 스크랩과 달리 음식물쓰레기는 생산적 용도(비료, 기부, 재배포)로 쉽게 재사용이 가능하며, 애당초 이를 막을 수 있는 다양한 방법이 존재한다. 따라서 음식물쓰레기 문제를 해결하려면 보편적인 지지층이 최대한 먼저 확보되어야 한다.

광범위하게 정의하자면 음식물쓰레기는 생산 투입물이다(박스 1.1 참조). 음식물쓰레기 문제는 대부분의 제로 웨이스트와 순환경제 프로그램에서도 다뤄지고 있다. 에너지 발생을 위한 바이오매스 프로젝트든, 노숙자나 가난한 사람들에게 상하지 않는 식품을 분배하는 사회기업적 계획이든 음식물쓰레기는 전자 폐기물이나 플라스틱 스크랩과는 달리 국지적이고 안전하게 처리할 수 있다. 그런데도 정책적 선택, 근본적 가치, 효과성에 관한 질문들은 여전히 남아있다. 예를 들어 퇴비화는 버려진 식품을 처리하는 효과적이면서도 쉬운 방법이지만 음식물쓰레기가 발생하지 않도록 초기에 방지하는 것만큼 좋은 방법은 아니다.

5장에서는 음식물쓰레기와 식량 손실이 무엇인지를 정의하며 음식물쓰레기가 어떻게 21세기의 문젯거리로 떠올랐는지 살펴보고자 한다. 음식물쓰레기의 역사, 지역적 편차, 식량 문제의 원인, 폐기 시 발생하는 문제점의 원인도 함께 알아보도록 하겠다. 음식물쓰레기 처리 문제는 민간과 공공 부문 모두에서 거버넌스 혁신과 이니셔티브

창출을 끌어냈다. 대형 NGO에서부터 도시 빈곤층에 이르기까지 음식물쓰레기와 관련된 운동이 일어나고 있으며, 이는 플라스틱 스크랩 생산을 줄이기 위한 노력으로 이어지고 있다. 본 장에서는 소셜 슈퍼마켓*에서 유효기간 표시에 이르기까지 음식물쓰레기 관련 활동과 지배구조 차원의 노력이 개인에서부터 전 세계적으로 어떻게 펼쳐지고 있는지 살펴보겠다.

마지막으로 음식물쓰레기의 국제적 정치경제에 대한 내용을 다룬다. 첫째로, 많은 사람이 생각하는 것과 달리 지구촌의 가난한 지역에서도 음식물쓰레기가 만연하고 있다는 사실이 다양한 연구 결과를 통해 밝혀졌다. 둘째, 지구 남쪽에서 북쪽으로 식료품이 수출되는 과정에서 발생한 음식물쓰레기가 미묘하지만 중대한 방식으로 남쪽 수출국의 식량 주권을 형성한다. 셋째, 이와 반대 방향인 북쪽에서 남쪽으로 흐르는 잉여 농산물에 의해 발생한 음식물쓰레기가 저개발국가의 식량 주권과 안보를 형성하고 있다. 이 문제는 식량, 농업, 개발 원조 분야에서 다루어지고 있지만, 선진국과 개도국 모두에 음식물쓰레기가 미치는 영향을 간과할 수 없게 한다.

음식물쓰레기와 식량 손실

음식물쓰레기는 식품의 생산, 취급 및 보관, 가공, 유통 및 판매, 소비

---

* social supermarkets. 음식물쓰레기 감소와 저소득층에 새로운 기회 제공을 목표로 하는 슈퍼마켓이다. 무료 음식 배급소와 식료품점의 중간 형태를 취한다.

과정에서 발생한다. 수확물 손실은 날씨의 영향이나 가격 붕괴 시 발생하며, 소비자와 소매업자는 농산물이 상하거나, 맛이나 외관 등이 기준에 미치지 못할 경우 혹은 양이 너무 많을 경우 전량을 폐기한다. 공식적인 보건 안전 기준을 충족하지 못한 농산물 역시 폐기된다. 가정과 음식점에서 버리는 많은 음식물쓰레기는 생산적 재사용에 활용되지 않는 한 모두 매립지로 향한다.

유엔식량농업기구의 식량 손실 및 음식물쓰레기 전용 웹 포털•에서는 식량 손실과 음식물쓰레기를 다음과 같이 구분하고 있다.

> 최종 제품이나 소매 단계에 도달하기 전 상하게 되거나 상한 식품을 식량 손실이라 한다. 예를 들어 트럭에서 떨어진 바나나도 식량 손실이다. 인간의 소비에 적합한 상태로 출하됐지만 상했거나 상하게끔 방치된, 또는 소매상이나 소비자에 의해 버려져 소비되지 않는 식품을 음식물쓰레기라 한다.

폐기물자원행동프로그램은 음식물쓰레기를 "사람의 섭취를 위해 생산된 모든 식품(또는 음료) 중 식품 공급망에서 제거된 불가피한 부분도 함께 가진 먹을 만한 합리적 잠재력이 있거나 그럴 만한 것"으로 정의한다.[2]

그러나 이러한 정의는 특히 음식물쓰레기의 맥락적 차원을 고려하면 적용이 어려워진다. '먹을 수 있는 음식'이란 문화권마다 다르게

• fao.org 참조. (원주)

정의된다. 고래 지방이나 생선 머리는 누군가에게는 먹을 수 있는 음식이 되지만 다른 누군가에게는 먹을 수 없는 것이 되어 버린다. 런던의 한 시장에 버려진 생선의 머리는 현지 이민자의 눈에는 안타까운 귀중한 자원 낭비로 여겨질 수 있다(Soma 2017). 마찬가지로 '식량 공급에서 제거' 되었다 하더라도 수확 전에 썩어서 밭으로 떨어진 농작물은 그대로 폐기될 수도 있지만, 다음에 재배되는 농작물의 영양분으로도 사용이 가능하다. 비록 식량(농작물)이 최적의 용도로 사용되지는 않았지만 이런 경우를 과연 식량 낭비라 할 수 있을까? 혹은 식량 손실로 간주해야 하는가?

박스 5.1은 유엔식량농업기구를 비롯한 여러 기관이 제공한 음식물쓰레기와 관련된 주요 통계 자료이다. 리 슈Li Xue와 동료들은 식량 손실과 음식물쓰레기에 대한 기존 연구와 데이터를 통해 이 문제의 대부분이 2차 공급원에서 기인한다는 사실을 발견한다(Xue 외 2017). 이들은 정책적으로 훌륭한 해결 방법을 도출하기 위해서는 음식물쓰레기 데이터의 완전한 감사가 필요함을 강조했다.

정치적 의제로서의 음식물쓰레기

2000년대 말과 2010년대 후반 음식물쓰레기 문제가 지구 북반구의 정치적 의제로 떠오르면서 빠른 속도로 주목받고 알려지기 시작했다. 음식물쓰레기는 식량 안보, 기후변화에 미치는 영향, 식량 정치, 더 나아가 사회 규범과도 연관되어 있어서 사람들이 관심을 둔다. 또한 식량 공급망과도 관련 있으며 모든 대륙에서 나타나는 문제이기도

박스 5.1 식량 손실과 음식물쓰레기 관련 통계

- 매년 전 세계에서 인간 소비용으로 생산되는 식품의 약 3분의 1(약 13억 톤)이 손실되거나 낭비된다.
- 식량 손실과 음식물쓰레기를 값으로 환산하면 산업화한 국가에서는 약 6,800억 달러(약 770조 원), 개발도상국에서는 3,100억(약 350조 원) 달러에 달한다.
- 종류로 따지면 과일과 야채 음식물쓰레기가 가장 많은 양을 차지한다. 천연자원방어위원회(NRDC)의 추산에 따르면 미국, 캐나다, 호주, 뉴질랜드 등에서 생산 또는 구매된 과일과 채소의 52%가 폐기된다.
- 전 세계 양적 식량 손실과 연간 폐기물량은 육류와 유제품의 경우 약 20%, 어류의 경우 약 35%에 달한다.
- 소비자 1인당 음식물쓰레기 연간 발생량은 유럽과 북미의 경우 95~115kg 사이, 사하라 이남, 남아시아, 동남아시아에서는 6~11kg 정도로 파악된다.
- 개발도상국에서는 40% 이상의 식량 손실이 수확 후 및 처리 단계에서 발생하는 반면 산업화한 국가에서는 40% 이상의 식량 손실이 소매 및 소비 단계에서 발생한다.
- 버려진 식품의 탄소 배출량은 이산화탄소 3.3기가톤과 맞먹는 수준인 것으로 추정된다.
- 버려진 식품의 생산 면적은 약 14억 헥타르(1,400만 km^2)이며, 이는 전 세계 농업 면적의 28%에 해당한다.
- 음식물쓰레기는 또한 약 250km^3의 지표수 또는 지하수(해양수)를 낭비하는데, 이는 미국 가정 물 소비량의 38배 이상에 달하는 양이다.

출처: UNFAO's Save Food Global Initiative on Food Loss and Waste Prevention.

하여 세계 정치경제의 쟁점이 된다. 음식물쓰레기는 인간 거주지에 영향을 미치고, 일상의 음식물 구매, 섭취, 폐기의 문제이자, 오랫동안 지켜온 절약이라는 사회적 규범을 불안하게 만들기 때문에 관심의 대상이 되기도 한다.

오늘날의 경제 세계화, 상품화, 소비 시대는 1990년대 초에 시작되었다. 소비자 폐기물(음식물, 플라스틱, 전자제품, 의류 등)이 여러 유형의 도시 고형 폐기물과 함께 쌓여가기 시작했다. 이러한 종류의 폐기물은 눈에 띄는 존재들이기 때문에 개인의 책임과 지구적 차원의 지속가능성에 대한 논쟁을 불러일으켰다. 음식물쓰레기는 이미 2000년대 초부터 지구촌 식량 정치의 주요 논쟁거리였다(Clapp 2016; Nestle 2002). 농약과 유전자 변형 유기체GMO를 이용한 식품 생산이 지역 토산물과 유기농 식품의 이동을 촉진했다. 몇 안되는 다국적 기업이 농업 부문의 거의 대부분을 차지하고 있는 것도 이에 한몫했다. 선진국의 음식물쓰레기와 관련한 오늘날의 염려는 비만에 대한 염려와 그 맥을 같이 한다. 도시 식량 사막화와 식량 불안도 활동주의 혹은 정치적 의제의 주요 소재이다.

이러한 발전은 식량 정치에 음식물쓰레기가 포함될 수 있도록 비옥한 토대를 제공했다. 2008년의 세계 금융 위기도 이에 경종을 울리는 계기가 되었다(Evans 외 2013). 생물 연료에 대한 갑작스러운 수요는 식품 가격을 올리는 여러 요인 중 하나로 작용하였고 이는 식량 공급이 여러 부분에서 위태로워지는 결과로 이어졌다. 곡물과 사탕수수 같은 작물로 만들어진 생물연료는 화석연료를 대체할 수 있지만 생물연료를 적정량으로 재배한다는 것은 식량작물을 대체한다는 것을 의미한다. 유엔식량농업기구 등에 따르면 식량 안보는 모든 사람이 건강하고 활동적인 삶을 영위하기 위해 안전하고 영양가 있는 식품을 개인 선호도에 따라 충분히 섭취할 수 있도록 식품에 대한 물리적, 경제적 접근성이 확보될 때 보장된다. 음식물쓰레기를 푸드 뱅크나 '소셜 슈퍼마켓'으로 보낸다면 적어도 단기적으로는 식량 안보를 높일 수 있기는 하겠다.

본 장의 마지막 부분에서 논의하겠지만 다른 형태의 음식물쓰레기는 또한 식량 주권에 영향을 미칠 수 있다. 식량 주권은 "생태학적으로 건전하고 지속가능한 방식으로 생산되는 건강하고 문화적으로도 적합한 식량에 대한 민중의 권리이며, 또한 민중이 민중 고유의 식량과 농업 체계를 규정할 권리"이다(닐레니 선언, Declaration of Nyéléni, 2007년 말리에서 열린 세계 최초의 식량 주권 포럼). 지구 남쪽에서 북쪽 국가로의 농산물과 식료품 수출은 식량 주권과 연계된 흔히 생각지 못한 의외의 사례이다.

매립지에 버려진 음식물쓰레기가 썩으면서 방출된 메테인 가스는 기후변화에 직접적인 영향을 끼친다. 음식물쓰레기 운반, 생산, 처리 과정에서 발생한 메테인 가스도 기후변화에 간접적인 영향을 끼친다. 유엔식량농업기구의 2013년 보고서에 따르면 음식물쓰레기라는 국가가 있다면 미국, 중국에 이어 "세계 3위의 온실가스 배출국"이 될 것이다. 온실가스 배출량을 줄이기 위한 목적으로 세계 기후 정치에서 음식물쓰레기를 다루는 사례가 점점 늘어나고 있다(O'Neill 2019).

이러한 상황에서 운동가들과 정책 기업가들이 지구 북쪽의 음식물쓰레기에 대한 우려를 제기하고, 해결책을 고안하고, 특히 정치적 행동을 추진하도록 자극했다. 음식물쓰레기의 역사와 원인, 음식물쓰레기 활동주의의 출현과 역할에 대해 차례로 살펴보도록 하겠다.

오랜 역사

음식물쓰레기와 식량 손실은 역사적 뿌리가 깊다.[3] 음식물쓰레기의 사회적 역사는 18세기와 19세기 유럽의 귀족들이 가난한 사람은 상한 음식을 먹어도 괜찮을 것이란 생각에서 먹다 남은 빵을 남겨두던 관행과 관련이 있다(Schneider 2013). 도시화가 심화하여 신선한 음식을 쉽게 접할 수 없게 되자 음식이 부패하는 것이 문제였다. 이에 19세기 초에 통조림 기술이 처음 개발되었지만, 초기에는 여러 문제를 겪기도 했다(Geoghegan 2013). 제대로 열리지 않는 캔, 썩어가는 내용물 그리고 그것을 먹은 사람들의 죽음(특히 장기간의 항해 중에) 등으로 19세기 중반은 캔 쓰레기의 역사라 해도 과언이 아니다. 어찌 됐건 1800년대 후반의 생산 기계화에 힘입어 인류 최초의 대규모 식량 보존 형태로 탄생한 캔 식품은 아직도 생산되고 있다. 캔 식품은 제1차 세계대전부터 군대의 주요 공급 식량으로 자리 잡았고, 캔에 든 연유와 구운 콩은 가정용 주식이 되었다. 현재 대체 에너지 기술이 있음에도 불구하고 유럽과 미국의 가정에서 연간 400억 개의 캔 음식이 소비된다.

제2차 세계대전 이후 지속한 농업 산업화와 장기간의 식료품 운송이 대규모의 식량 손실과 음식물쓰레기를 발생시켰다. 특히 미국과 유럽의 자국민을 위한 값싼 식량과 대량 생산 정책이 곡물과 식료품의 대량 잉여 현상으로 이어졌다.

유럽의 공통농업정책Common Agricultural Policy, CAP은 1980년대 대규모 음식물쓰레기의 초창기 사례로 헤드라인을 장식했다. 1962년에 처음 시행된 공통농업정책은 유럽경제공동체(현 유럽연합)의 농민들을 보호하고 무역권 내에서 낮은 가격을 유지하기 위해 고안되었다. 그러나 음식 과잉이라는 의도치 않은 효과가 유발되었다. 1980년대 자유 시장의 '효율성'을 부여받지 못한 관료적 시스템이 양산한 낭비를 상징적으로 보여주는(안타깝게도 실제 호수나 산이 아닌) '와인 호수'와 '버터 산'은 유럽 회의론자들의 조롱거리가 되었다. 포도주는 파기되거나 식초로 활용되었다. 남아도는 버터와 곡물은 폐기되거나, 식량 원조로 보내졌으며, 개발도상국에 저가로 버려지기도 했다. 이후 유럽연합은 음식물쓰레기와의 싸움에 적극적으로 나서기 시작했다. 1999년 마련된 유럽연합 폐기물 매립지침EU Landfill Directive은 회원국에 음식물쓰레기를 포함하여 쓰레기 매립지로 보내지는 생분해성 도시 고형 폐기물을 2016년까지 1995년 양의 35%로 줄일 것을 요구했다.

그러나 음식물 절약 정신의 영향력이 최근 몇 년 새 점차 힘을 잃고 있다. 옥스퍼드 영어사전에 따르면 절약은 돈과 자원을 조심스럽게 사용하고 낭비하지 않는 자세를 뜻한다. 음식물 절약은 수백 년간 이어진 강력한 식품 관련 규범으로 경기 호황이나 불황에도 가정이 돌아갈 수 있도록 하는 견인차 구실을 했다. 19세기의 요리책이나 가정학 강좌에서는 검소한 생활 습관이 강조되었다(Evans 외 2013). 대공황의 영향은 한 세대를 희소한 자원 속에서 자라나게 했다. 당시 새로이 발족한 미국 식품부US Food Administration(현 미국식품의약국)의 책임자인 허버트 후버Herbert Hoover는 1917년 '클린 플레이트 클럽'* 을 설립했다. 제2차 세계대전으로 식량난과 식량 배급 사태가 일어나자 음식물쓰레기는 연합국의 국가 안보 문제로 대두되었다.

이후 절약 정신은 약해졌지만 완전히 소멸하지는 않았다. 식량은

* Clean Plate Club. 음식 절약을 취지로 하여 '자기의 접시는 모두 비운다'는 뜻이다.

풍부해졌고, 값도 싸졌으며, 이제 일반인이 식량 생산과 처분에 신경 쓰는 일은 거의 없다. 그런데도 사람들은 불안을 느낀다. "대부분의 시민은 본질적으로 생명의 본질인 음식이 잘못 처리되고 있다고 인식한다."(Aschemann-Witzel 외 2016) 운동가들은 이 불안함을 이용하여 소비자와 소매업자의 음식 낭비를 막으려 한다. 하지만 일반인에게 이러한 '프로테스탄트 윤리'*를 수용하라고 요구한다면 결과는 실패로 끝날 수 있다. 특히 소비자 통제 밖의 구조적인 요인이 작용하는 경우 소비자에게 비난을 가하거나 죄책감을 부과하는 것은 무의미할 수 있다(Gjerris와 Gaiani 2013).

원인과 지역적 편차

식량 손실과 음식물쓰레기 문제는 지리적인 편차를 나타낸다. 유럽, 북미, 동아시아와 동남아시아 지역에서는 주로 음식물 소비 단계에서 음식물쓰레기가 발생한다. 반면 사하라 이남 지역의 아프리카, 라틴 아메리카, 남아시아에서는 주로 생산 및 유통 단계에서 가장 빈번하게 발생한다.

선진국의 음식물쓰레기와 식량 손실의 원인에 관해 많은 연구가 진행되었다(Evans 외 2013; Gunders 외 2012, 2017). 미국과 같은 부유한 나라의 소비자와 일반 가정에 있어 식량 구매비는 평균 수입에 비례하며 저렴한 선에 있다. 음식점에서는 많은 양의 음식이 제공되며, 손님들

* 근면 검약 노동의 성과를 강조하는 정신이다.

은 남은 음식을 싸서 집으로 가져간 뒤 이미 먹을 것으로 꽉 찬 냉장고에 집어넣는다. 소매업자에게 판매 가능 날짜는 식품이 실제 상하기도 전에(박스 5.2 참조) 많은 양이 폐기된다는 것을 의미한다. 농식품 산업과 유통 부문의 입장은 양면적일 수 있다. 한편으로 음식물쓰레기 관련 조치를 눈에 띄게 수용하고 있으면서도 다른 한편으로는 일부 소매 업체들까지 나서 관련 캠페인과 법안 때문에 자신들의 이익이 감소할까봐 염려하고 있다. 음식물쓰레기를 증가시키는 원인 중 하나인 대량 할인이 일종의 보편적 관행처럼 계속 실행된다.[4]

먹을 만한 식료품이라 할지라도 외관상 결함이 발생하면 대량으로 폐기된다. 한 연구에 따르면 호주 퀸즐랜드의 한 상업 농장에서 거의 90%의 토마토가 외관상 결함 때문에 폐기됐는데, 이는 매우 높은 수치이지만 일반적으로 일어나고 있는 현실이다(McKenzie 외 2017). 해충, 가뭄, 폭우 등으로 피해를 본 농작물은 수확할 사람이 없으면 밭에서 썩는다. 농업 노동력이 문제가 되기도 한다. 농작물이 수확되지 않는 원인 중 하나가 농업 노동력의 부족이다. 미국의 이민 단속은 농업 노동력 부족을 초래하여 농작물의 수확이 감소하였으며 수확되지 않은 농산물이 밭에서 나뒹굴게 되었다.

이쯤에서 본 장 앞부분에서 언급한 잎채소 이야기와 연관 지어 생각해 보자. 많은 사람이 음식물 폐기 처분을 지속가능성(쓰레기 감소)과 안전(공중보건 포함) 문제 사이의 선택쯤으로 생각한다. 건강과 법적 책임에 대한 우려 때문에 생산자와 소매업자는 더욱더 쉽게 음식물을 폐기하게 된다. 플라스틱 산업계는 플라스틱 포장용기가 오히려 음식물쓰레기를 방지한다고 강조한다. 소비자들이 먹을 만한 음식을 버리지 않으려 노력해도 맛, 편리함 또는 건강에 대한 우려가 우선순위가 되는 순간 음식은 버려진다(Aschemann-Witzel 2016).

개발도상국의 연구는 식품 공급망의 생산 끝단에서 발생하는 식량 손실에 초점을 맞추고 있다. 식량 손실은 소매업자나 일반가정에 의해 발생한 음식물쓰레기의 양을 압도한다. 예를 들어 사하라 이남의 아프리카와 남아시아에서는 식품의 처리와 보관 과정에서 식품의 약 3분의 1이 손실되며, 식품 처리 과정에서도 다른 지역에 비해 많은 양의 식품이 손실된다. 유엔식량농업기구에 따르면 개도국의 식량 손실은 저장이나 냉각 시설 또는 수확 기술력의 재정적, 관리적, 기술적 한계 때문에 발생할 수도 있다. 지구 남쪽 대부분의 국가에서는 식품 처리나 운반 시설은 물론 농작물이 가장 많이 팔리는 곳인 도매 시장에서조차 지속적인 냉각 시설이 갖춰져 있지 않다. 이와 관련하여 쌀의 경우를 대표적인 예로 들 수 있다. 나이지리아와 방글라데시는 세계 최대의 쌀 생산국 중 하나이지만 수확 후의 손실이 커 식량 불안과 식량 수입 의존(각각 25%, 12%)으로 이어진다(Kumar와 Kalita 2017). 다음 부분에서 이러한 음식물쓰레기와 관련한 보편적 관점에 의문을 제기하는 연구를 살펴본 후, 음식물쓰레기를 새로운 관점에서 살펴보도록 하겠다.

음식물쓰레기 처리

현재의 쓰레기 처리 시설과 정책으로는 음식물쓰레기 문제의 규모와 범위를 감당할 수가 없다. 이는 다른 유형의 쓰레기 처리보다 가정, 시 혹은 산업계 단위로 퇴비화를 실시하는 것이 상대적으로 용이하고 효과적임에도 불구하고 발생한다. 미국 EPA에 따르면 음식물쓰레기는 2012년 매립지에 버려진 전체 쓰레기 양의 20%를 차지했다. 이는 도시 고형 폐기물 스트림에서 나타나는 가장 큰 비율이다. 또한 농장의 각 단계에서 유실되는 모든 식품 중 3%만이 퇴비 처리되며, 10% 정도만이 회수된다(Gunders 2012). 이는 돼지(사육장)에서부터 혐기성 소화 기술력을 갖추었음에도 불구하고 나타나는 현상이다. 그러나 거주지나 공장에 해당 장비, 퇴기물 수거 및 운송 기반시설을 설치하는 비용이 만만치 않다.

지역사회 차원에서 개인과 가정은 음식물쓰레기 퇴비화라는 도전과제에 직면해 있다. 예를 들어 미국의 경우 몇몇 자치 단체들만이 음식물쓰레기를 포함한 퇴비화용 수거 시설을 도로변에 설치해 놓았으며, 소수의 자치 단체에서만이 퇴비화가 의무화되어있다. 다른 사람이 어디서 어떻게 살고 있는지에 관해 관심 갖는 사람이 별로 없듯 어떤 음식물쓰레기가 어떻게 퇴비화되는지에 대한 정보 제공 교육 역시 부족한 실정이다.

또한 내용물의 오염은 퇴비용 수거의 효용성마저 지속해서 위협하고 있다. 내가 속한 대학교 캠퍼스의 퇴비통 역시 항상 모든 종류의 비퇴비성 물품(플라스틱 등)으로 가득 차 있다. 정작 퇴비통에 버려져야 할 것들이 일반 쓰레기통에 버려진다. 옥외 접근이 불가능한 아파트 거주자에게 퇴비화는 특히 어렵게 느껴질 것이고, 건물주가 별도의 친환경 쓰레기통을 공급하지 않을 수도 있다. 유럽연합에서는 식품 및 기타 생분해성 음식물쓰레기의 퇴비화 프로그램이 의무적으로 실시되는 사례를 꽤 많이 찾아볼 수 있다(아래 참조). 유통 부문에서는 퇴비 시설을 사용하기보다는 주로 덤스터 다이버에게 음식물쓰레기를 넘긴다. 반면 일부 식품 소매상들은 덤스터 다이버들의 접근을 막고 리콜 대상 식품을 파기하기 위해서 버려졌지만 먹을 수 있는 식품에 표백제를 뿌리기도 한다.

식품 폐기 관행과 식품 안전 규정은 음식물쓰레기의 회수 및 재판매 또는 기부를 어렵게 하며 음식물쓰레기 문제를 악화시킨다. 지역적, 국가적, 국제적 단위의 기존 식품 거버넌스는 주로 대규모 식중독이나 부패로 인한 질병 발생과 사망을 피하는 것이 목적이었기 때문에 식품 안전과 공중 보건이 중요할 수밖에 없었다. 식량과 관련한 세계의 주요 사건들을 생각해보면 이는 합리적인 선택이었다. 스코틀랜드에서는 1980년대 시작된 영국의 광우병 사태 이후 동물 사체를 유해 음식물쓰레기로 분류 및 처리하고 있다. 버려진 음식, 특히 부패하기 쉬운 음식을 유럽을 비롯한 세계 곳곳의 자선단체에 기부하는 것이 법으로 금지된 경우가 많다. 그러나 식량 기부를 명시적으로 언급하는 '선한 사마리아인 법'* 은 거의 찾아볼 수가 없다. 기부 식품이 수혜자에게 해를 끼칠 경우 선의의 식품 기부자를 책임으로부터 보호하는 1996년 미국 에머슨 식품 기부법Emerson Food Donation Act이 유일하게 찾아볼 수 있는 관련법이다.

---

* 자신이 위험에 빠지지 않는 상황인데도 불구하고 구조 불이행을 저지른 사람을 처벌하는 법규. 구조거부죄 또는 불구조죄라고 한다.

#노푸드웨이스트*: 행동주의와 정책 기업가

음식물쓰레기 활동가들은 이 문제를 정치적 의제로 부각하고 더 많은 사람이 이 문제의 심각성을 인식하고 염려하도록 하는 데 있어 중요한 역할을 해왔다.[5] 제이미 올리버Jamie Oliver와 같은 유명 요리사들도 여기에 동참해 목소리를 내었다. 전자 폐기물이나 플라스틱 스크랩보다 음식물쓰레기는 공급망을 따라 활동적인 단체와 조직들을 다양하게 만들어냈고, 가장 창의적인 캠페인도 만들어냈다. 쓰레기 더미에서 건진 음식으로 만든 예술 시설과 팝업 디너** 등이 이에 속한다. 또한 음식물쓰레기 운동의 성공적인 사례는 해양 플라스틱 활동가들이 전략과 활동 계획을 구축하는 데에도 도움이 되었다(6장 참조).

지역사회 단체, 학생 단체, 농부 단체 등 여러 단체는 음식물쓰레기 방지를 장려하고 버려진 식료품이나 외관상의 결함이 있는 농산물을 재배포한다. 이들은 당국과 협력하여 음식물쓰레기를 둘러싼 지역법과 조례를 만들거나 개정하고 지역 기업과 협력한다. 가장 오래된 단체 중 하나인 뉴욕시의 시티하비스트City Harvest는 1982년에 설립되었다. 음식물쓰레기 NGO들은 연구 활동에 집중하여 사람들의 음식물쓰레기에 대한 관심을 높였고, 정책 변화를 위해 정치 관계자

---

* #Nofoodwaste. SNS 등에서 건강하고 환경 윤리적인 식생활을 고민하는 사람들이 레시피나 삶의 방식 등을 공유하는 해시태그이다.

** 단순한 외식이 아닌 좀 더 특별한 장소에서 새로운 사람들과 공유하는 현대식 외식을 말한다.

와 기업 관계자들을 상대로 적극적인 로비 활동도 벌이고 있다. 2007년 영국 정부의 환경 자원 자문기구인 폐기물자원행동프로그램은 '음식 사랑, 쓰레기 반대Love Food, Hate Waste' 캠페인을 발족시켰다. 세이브푸드Save Food는 UNEP, 유엔식량농업기구 등과의 제휴를 통해 추진되고 있는 글로벌 이니셔티브다. ReFED는 캘리포니아에 거점을 둔 싱크탱크로, 기업, 비영리 단체 및 기타 기관과 협력하여 음식물쓰레기 문제에 대한 잠재적 해결책을 개발하고 평가한다. ReFED는 활동가, 기술개발자, 기업가 등으로 구성된 음식물쓰레기 '혁신가' 지도를 구축하기도 했다.[6]

식품 관련 NGO인 푸드퍼스트Food First와 같이 천연자원방어위원회, 세계자원연구소, 옥스팜 등과 같은 대형 국제 NGO들도 각 기관의 활동 목록에 음식물쓰레기 캠페인을 추가했다. 천연자원방어위원회와 세계자원연구소는 음식물쓰레기에 대한 영향력 있는 연구를 진행 중이다.[7]

프리간 운동이 양산한 '음식물쓰레기를 뒤지는 사람'을 뜻하는 덤스터 다이버의 존재는 식료품 소매상들이 매일 버려대는 먹을 만한 음식물쓰레기의 양에 사람들의 관심을 모았다(Barnard 2011; Wittmer와 Parizeau 2016). 이는 도시 식량 안보와 음식물쓰레기의 문제점이 적나라하게 드러나는 사례이기도 하다. 식당과 슈퍼마켓에서 버려지는 음식을 대상으로 한 덤스터 다이빙은 특히 잠긴 쓰레기통과 화학적으로 오염된 음식에 대한 저항 행위가 되었다. 1960년대 후반의 샌프란시스코 디거스 운동Diggers movement을 포함한 프리가니즘Freeganism의 역사적 선행자들은 음식을 나눠주고 무료 상점을 설립함으로써 그들의 무정부주의적인 공연 레퍼토리를 이어갔다. 이러한 선행 사례는 음식 주권 수호 기관의 더욱 광범위한 정치 개혁의 요구를 반영한다.

음식물쓰레기 행동주의는 정책적 돌파구를 끌어냈고 이는 더 많은 행동주의를 양산했다. 1999년 수립된 유럽연합 매립지침은 영국 정부의 자금 지원을 통해 2000년에 폐기물자원행동프로그램이 NGO로 발족할 수 있었던 원동력 중 하나였다. 2030년까지 미국 전역의 음식물쓰레기를 반감시키겠다는 2015년 미국농무부 이니셔티브는 이해관계자들이 음식물 공급망에 동원되도록 하여 음식물쓰레기 스트림으로 유입되는 음식의 양 자체를 감소시켰다(Musulin 2016). 사회 운동으로서 음식물쓰레기 활동주의는 정책을 바꾸고, 동맹을 형성하고, 기존의 단절되어 있던 선을 넘어 광범위한 지원이 이루어지도록 했다. 다행히 음식물쓰레기는 사람들의 지지를 끌어내기 어려운 분야는 아니다. 사람들은 음식물쓰레기가 심각한 문제이며, 어떤 조치가 취해져야 하는 문제임에는 동의한다. 다만 복잡하게 확산적으로 나타나기 때문에 고삐를 잡기 힘든 문제일 뿐이다(Morath 2018). 활동가들은 연구 활동, 인식 재고, 지지 세력을 하나로 통합하여 활용하며, 정부, 소매업, 식품 및 폐기물 업계에 걸쳐 협력관계를 구축하고, 소셜미디어를 통해 그들의 메시지를 전달한다.

음식물쓰레기 거버넌스

음식물쓰레기 문제는 다양한 규모의 거버넌스 실험과 혁신의 폭발적인 증가로 이어졌다. 음식물쓰레기 문제가 그러하듯 이러한 이니셔티브 역시 해당 관할권 내의 공급망에 따라 다양한 지점에 존재하며 퇴비화, 음식 기부, 교육, 유통기한, 포장 등을 통한 음식물쓰레기의 방지와 재활용에 초점을 맞추고 있다. 대규모 음식물쓰레기 처리에는 메테인 포집 또는 혐기성 소화를 통한 에너지 발생이 포함된다.

전통적인 형태의 식량 공급망은 토양의 영양분을 파괴할 수 있는 기존의 농사 관행*과 먹을 만한 음식물이 대규모로 폐기되는 기존 선형 경제를 대표적으로 나타낸다. 음식물쓰레기와 관련한 여러 정책과 이니셔티브는 순환경제 정책과 관행을 실천할 수 있는 효과적인 방안이다. 식량 공급망의 끝단에 위치한 관행을 통해 식량 생산을 지배하는 복잡한 산업 농업 시스템에 교훈을 제공할 수 있을 것이다. 쓰레기 매립지로 향하는 음식물쓰레기를 다른 곳으로 돌리기 위해 고안된 정책들은 여러 도시의 제로 웨이스트 정책 확립에 중요한 틀이 된다. 런던의 제로 웨이스트 계획은 무엇보다 생분해성 음식물쓰레기를 우선 목표로 하고 있다.

이러한 이니셔티브는 세계적 혹은 국가적으로 실시되지 않더라도 보다 심각한 문제 해결에 영향력을 끼친다. 또한 대규모로 음식물쓰레기 문제를 다루기 위해 지역 단위의 이니셔티브를 추가할 수도 있다. 가정 및 지역 또는 중앙집중식 퇴비화 시설은 음식물쓰레기를 재사용할 수 있는 자원으로 전환한다. 지역 자선 단체는 먹을 수 있는 음식을 확보하여 되팔거나 때로는 기부한다. 식량 손실은 지역적으로 해결하기엔 더욱 어려운 문제이다.

---

* 화석 연료에 의존하거나, 화학 비료를 사용하는 방식을 말한다.

지역사회 기반 이니셔티브

지역 단체와 지역사회 단체들은 식당과 슈퍼마켓과 제휴하여 여전히 먹을 수 있는 상태의 남은 음식물이나, 폐기일에 가까이 도달한 식료품과 농산물을 수거하여 노숙자들과 식품 은행에 재배포했다. 또한 소비자 교육 캠페인을 전개해 왔다. 대학과 기관의 카페테리아에선 쟁반 없는 음식 서비스 제공, 퇴비용 쓰레기통 구축, 포스터 전시 등의 전시회를 열었다.

'소셜 슈퍼마켓'은 약간 손상되었거나 유통기한에 가까워진 식료품을 낮은 가격에 판매하며 음식물쓰레기와 식품 불안에 대항하고 있다. 1980년대 후반 프랑스에서 처음 소셜 슈퍼마켓이 문을 연 이후로, 2016년 현재 유럽 전역에 걸쳐 1,000개가 넘는 소셜 슈퍼마켓이 있다. '미운 채식주의자' 또는 '울퉁불퉁', '불명예', '고귀한 내면'으로도 알려진 '불완전한 상품'에 대한 캠페인이 힘을 받고 있다(Bhatia 2016). 상점, 농민 시장, 온라인 업체가 불완전한 상품을 판매 및 배달한다.

시와 주 정부 차원의 이니셔티브

음식물쓰레기를 둘러싼 시·주 정부 차원의 이니셔티브는 생물(음식물쓰레기나 정원 폐기물 같은 녹색 폐기물) 폐기물의 생산, 수거, 퇴비화에 관한 문제를 다룬다. 샌프란시스코, 뉴욕, 밴쿠버, 포틀랜드, 시애틀에는 가정 퇴비화가 의무화되어 있으며, 150개 이상의 미국 지역사회와 주로 작은 도시, 마을 단위에서도 퇴비화와 관련한 계획이 세워지고 있다(Levitan 2013). 텍사스의 샌안토니오시가 퇴비화를 목적으로 음식물쓰레기를 수거한 대표적인 대도시 단위의 사례이며, 워싱턴 D.C.도 2017년 자체 퇴비화 인프라 계획을 발표했다.

유럽연합의 경우 14개 회원국의 19개 주요 도시에서 생물 음식물 쓰레기(음식물 및 정원 쓰레기) 방문 수거를 하고 있다. 파리는 2017년에 이러한 시스템을 구축했고, 5개 회원국은 바이오 음식물쓰레기를 위한 시민 편의 공간을 구축하였다. 이러한 사례가 많지는 않으며 수거는 주 단위가 아닌 월 단위로 이뤄진다(BIPRO/CRI 2015).

국가 및 글로벌 이니셔티브 및 규제 프레임워크

프랑스는 이러한 움직임에 앞장서서 2016년 초 슈퍼마켓의 음식물 폐기 금지법을 통과시킴으로써 음식물이 버려지는 대신 식품 은행에 기부되도록 했다. 이를 통해 상점들이 자선단체에 음식물을 더욱 쉽게 기부할 수 있도록 법적 장벽이 낮춰졌다. 프랑스 외의 다른 나라나 주, 도시 단위에서도 이와 유사한 법이나 자발적인 형태의 프로그램이 고려되고 있다. 2014년 싱가포르 국립환경청은 소비자, 학생, 소매업체를 대상으로 한 교육 캠페인인 '러브 유어 푸드Love Your Food'를 시작했다. 유럽연합의 순환경제 전략은 음식물쓰레기와 식량 손실을 우선시한다.

이러한 이니셔티브의 상당수가 UN의 지속가능발전목표에 따라 추진된다. UN과 회원국들이 2015년에 채택한 17개의 지속가능발전목표는 세계 빈곤, 교육, 양성평등, 물, 음식, 기후변화 등을 다루고 있으며, 2030년까지 전 지구적 차원의 지속가능성을 달성한다는 세계적 목표를 반영한다. UN의 지속가능발전목표는 법적 구속력은 없으나 지역 및 국가 행위자들이 목표를 설정하고 충족시킬 수 있는 규범적인 틀과 아이디어를 제공한다.* 미국 농무부와 호주 정부도 이에 동참하고 있다.

미국 음식물쓰레기 관리업계는 음식물쓰레기의 퇴비화 및 재활용 용량을 늘릴 계획이다. 2015년에 도입된 블루멘탈-핑그리 식품회수법Blumenthal Pingree Food Recovery Act은 전반적으로 음식물쓰레기를 줄이는 것을 목표로 하며, 음식물쓰레기를 다루기 위한 종합적인 틀을 제공했다. 학생들의 급식용으로 불완전 상품을 구매한 학교에게는 인센티브를 제공하고, 에너지 생산을 위한 대규모 퇴비화와 혐기성 소화 시설 건설 시에는 자금을 제공하는 등의 혜택을 제공한다. 식료품 포장지의 유통기한 라벨 표준화 조치도 이에 포함된다(박스 5.2 참조). 비록 이와 유사한 조치들이 법으로 제정되는 데는 실패했지만, 법안이 상정되었다는 사실 자체는 많은 사람이 음식물쓰레기를 줄이기 위해 무엇인가 조처를 해야 한다는 생각에 동의하고 있음을 뜻한다(Gunders 외 2017).

개발도상국, 특히 최빈국에서는 이러한 이니셔티브가 거의 존재하지 않는다. 비록 ReFED가 말레이시아와 나이지리아에서 식품 은행 이니셔티브를 이끌어가고 있지만, 음식물쓰레기 이니셔티브는 대부분 성장하는 중산층을 목표로 하고 있다. 유엔식량농업기구의 식량 손실 및 음식물쓰레기 감축 이니셔티브는 메세뒤셀도르프**와 파트너십을 맺고 있다. 이에 가장 필요한 것은 음식 수송을 위한 냉각 기

* www.un.org/sustainabledevelopment 참조. (원주)
** Messe Düsseldorf. 세계 최강의 무역 박람회 기업 중 하나이다. (원주)

박스 5.2 '소비 기한', '최상품질 기한' 혹은 '~까지 섭취 시 가장 좋음'?

'소비 기한', '최상품질 기한', '냉동 기한', '섭취 기한' 등의 날짜를 나타내는 라벨은 소비자와 소매업자들이 먹지 않은 음식을 버리게 되는 가장 주요한 이유 중 하나이다. 라벨은 제조업자들이 식품 포장에 부착한다. 라벨 표준이 없어 라벨의 내용을 두고 혼란이 야기되기도 하고, 라벨 정보가 무엇을 뜻하는지 의미를 알기도 어렵다. 최상의 신선도를 뜻하는가? 혹은 최상의 맛이나 외관 상태를 의미하는가? 혹은 음식이 먹기에 안전하지 않다는 뜻인가? 폐기물자원행동프로그램은 영국 내 생활 음식물쓰레기의 최대 20%가 날짜 표시에 대한 혼동 때문으로 추정하고 있다. 2018년 유럽연합 연구에 따르면 유럽연합 전체 음식물쓰레기의 10%가 부적절한 날짜 표시와 관련이 있다. 식품 생산업체와 슈퍼마켓은 식품 보관 안내를 목적으로 라벨을 사용하며, 종종 라벨에 적힌 기한보다 2~3일 전에 해당 식품을 회수한다. 많은 사람이 날짜 라벨이 당국의 규제를 받고 있다고 생각하지만 몇 가지 예외의 경우(아기 분유 등)를 제외하고는 사실 그렇지 않다. 날짜 라벨은 자발적이고 최상의 식품 맛 상태나 맛의 변질 정도를 알리는 지표 정도이다. '판매 기간'은 소매상들에게만 중요한 것으로, 소비자에게 보여서는 안 되는 것이다.

2016년『푸드 다이브』에서 보고된 바와 같이 날짜 라벨을 표준화하면 미국에서만 연간 18억 2,000만 달러(약 2조 7,000억 원)의 혜택을 얻을 수 있다(Heneghan 2016). 시간이 지나면 색이 변하는 음식이나 상할 경우 매우 위험할 수 있는 식품에는 '~까지 섭취 시 가장 좋음', '개봉 후 X일 이내 섭취', '개봉 후 냉동', '냉동 기간' 등의 라벨로 대체한다면 식품 유통기한을 더 명확히 알리면서도 식품을 그냥 버리게 되는 기존의 행동을 변화시킬 수 있다.

국가 간 표준화의 결여는 입법 또는 최소한 입법지침이 필요함을 시사한다. 미국은 블루멘탈-핑그리 법을 통해 연방 라벨 지침을 도입하려 한다. 유엔 집행위원회는 2018년 식량 손실 및 음식물쓰레기 전담 그룹을 출범시켰다. 그러나 느린 입법 조치 속도는 민간 부문에서도 변화할 필요가 있음을 시사한다. 예로 월마트가 자사 브랜드의 상하지 않는 음식에 붙인 '~까지 섭취 시 가장 좋음' 라벨이 미국의 산업 표준이 될 수도 있다.

출처: NRDC/Harvard Food Law and Policy Clinic (2013), Gunders 외 (2017), https://ec.europa.eu/food/safety/food_waste/eu_actions/date_marking_en

술이다. 그러나 이러한 기술은 식량 재배업체나 인도와 같은 국가에서 식량을 수입하는 업체가 아닌 농부들의 주도로 아래에서부터 추진되고 있다.

음식물쓰레기 전환 시 가장 큰 차이를 만들 수 있는 기술은 중앙집중식 퇴비화와 혐기성 소화 시설이다. 혐기성 소화과정은 생분해성 음식물쓰레기를 생물가스와 용해체로 분해한다. 후자는 비료로 사용할 수 있고, 전자는 열이나 에너지로 사용할 수 있다. 예를 들어 미국에는 2,000개의 혐기성 소화 시설이 있지만 그중 음식물쓰레기를 처리하는 것은 40~50개 뿐이라고 ReFED는 밝혔다. 중앙집중식 퇴비화 시설은 비싸지만 규모의 경제를 보여주는 것으로, 규모가 클수록 식품이나 생물학적 음식물쓰레기를 처리하는 톤당 비용이 낮아진다. 이는 기반시설에 대한 정부 투자가 필요함을 암시한다.

비정부적 이니셔티브

비정부적 이니셔티브는 슈퍼마켓, 식품 생산자, NGO와 같은 민간 행위자에 의해 만들어지고 실행된다. 이케아와 같은 소매점이나 테스코 같은 영국 슈퍼마켓 체인점들은 음식물쓰레기를 줄이기 위한 자사만의 기준을 확립했다. 영국의 경우 슈퍼마켓 체인점들이 식품 생산업체들에 대해 상당한 시장 지배력을 행사하고 있기 때문에 이는 매우 중요한 사항이 된다(Khalamayzer 2017). 또한 영국의 코톨드협약 Courtauld Commitment은 효율성 향상과 식당 등의 상점에서 나오는 음식물쓰레기를 줄이기 위한 식료품 업계 내의 자발적인 협약이다. 본 협약은 영국 정부의 자금 지원으로 폐기물자원행동프로그램이 관리한다.

음식물쓰레기 거버넌스의 효과성

이 모든 조치들이 얼마나 효과적일까? 폐기물자원행동프로그램은 2017년 큰 노력에도 불구하고 영국의 생활 음식물쓰레기가 2012

년부터 2015년 사이 오히려 증가했다고 보고했다. 그러나 이는 인구 증가와 대공황 이후 경기 회복과 같은 외생적인 요인에 기인한다. 문제의 범위는 식품 생산의 현장부터 슈퍼마켓, 가정, 중앙집중식 퇴비화 시설까지 공급망 전반에 걸쳐 소통과 조정이 필요하다는 것을 의미한다.

어떤 정책 조치의 실효성을 결정하는 것은 여러 가지 방법이 있기 때문에 쉽지 않다. ReFED는 웹페이지를 통해 27개의 음식물쓰레기 이니셔티브를 온실가스의 배출 감소와 물 사용 절감 등을 비롯한 다른 조치와 비교하여 볼 수 있도록 대화형 시각화 자료로 제공한다. ReFED 데이터에 따르면 소비자 교육이 가장 비용 대비 효율적이라 할지라도 직접적인 음식물쓰레기 전용으로 이어지지는 않는다. 반면 중앙집중식 퇴비화 및 바이오가스 시설은 직접적인 음식물쓰레기 전용으로 이어지며 더 많은 일자리를 창출한다. 그러나 적절한 퇴비화 기반시설은 건설 비용이 많이 들며, 효과적인 퇴비화(특히 퇴비성 플라스틱 재질 및 유사 물질이 음식물쓰레기 스트림에 속할 때)에만 6주가 넘게 걸린다. 이러한 사항은 지방 정부가 높은 예산을 편성해야 함은 물론 음식물쓰레기 양을 처리하기 위해 더 많은 역량을 발휘해야 함을 뜻한다.

음식물쓰레기와 관련한 개별적 정치를 주제로도 문제가 끊임없이 제기된다. 다른 소비자 폐기물 문제와 마찬가지로 훈계조의 설명은 잠재적 지지자들을 외면하고 개인이 삶에서 차지하는 선호도와 우선순위를 무시한다. 식품사학자인 레이첼 로덴Rachel Laudan은 2017년 3월 개인 블로그에 "내가 왜 행복하게 음식을 '버리는가'Why I Happily

'Waste' Food"라는 제목으로 이 주제에 관한 글을 올렸다.[8] 이미 많은 환경 운동가들도 알고 있듯 개인의 죄책감을 내면화시키면 사람들의 삶과 일만 고단하게 할 뿐이다.

식량 손실은 훨씬 더 해결하기 어려운 문제이다. 음식물쓰레기를 해결 방법에는 여러 가지가 있을 수 있겠지만 식량 손실 해결은 또 다른 도전과제이다. 농경지에서 발생하는 식량 손실, 이동 및 처리 중 발생하는 손실도 복합 농업 시스템의 기능상 발생하는 손실이다. 식량 손실을 줄이는 것은 영양소 순환 촉진, 수송 거리 단축, 부산물의 활용을 의미한다. 동시에 이러한 개선 활동은 산업화한 농업의 시스템과 관행에 더 깊은 수준으로의 개입이 필요함을 의미한다(Jeffries 2018).

지구 남쪽의 시선

지구 남쪽 국가들의 경험과 행동은 지구의 북반구에서 가장 널리 퍼져 있는 음식물쓰레기를 다루는 노력에 거의 기여하지 못하고 있다. 공동의 노력을 위해 정책 입안자와 주요 NGO를 한데 모으고자 마련된 고위급 회담에서는 개발도상국으로부터 음식물쓰레기 처리에 대해 배울 수 있는 점들을 간과하고 있다. 음식물쓰레기와 음식물쓰레기 정치가 전 세계적인 문제라는 것이 완전히 이해되지 않고 있으며 따라서 그에 따른 조치도 취해지지 않고 있다. 지금부터는 음식물쓰레기와 식량 손실의 세계 정치경제를 형성하며, 개발도상국의 식량 안보와 식량 주권을 주도하는 두 가지 주제를 살펴보겠다.

첫째로, 음식물쓰레기는 부유하고 발전된 국가의 소비자주의가 낳은 부산물 정도가 아니다. 연구 결과에 따르면 음식물쓰레기는 일반적으로 생각하는 바와 같이 가난한 지구 남쪽 지역의 특히 도시를 중심으로 지구 남쪽의 가난한 지역에서도 발생한다. 이러한 연구 결과는 음식물쓰레기의 전반적인 원인과 영향을 이해하는 데 큰 도움이 된다(Soma와 Lee 2016; Porpino 외 2015). 둘째, 식품은 이동 자원이다. 농산물의 세계 무역은 지구 전체를 오가는 거대하고 복잡한 네트워크를 형성한다(Clapp 2016). 많은 사람들이 눈치채지 못하는 사이에 남은 음식물이 국제 '무역'을 통해 지구 북쪽에서 남쪽으로 흘러 들어가면서 수혜국의 식량 안보를 약화한다. 이는 국제 구호단체 사이에선 잘 알려진 사실이지만 정작 음식물쓰레기 처리나 남은 음식물 거래 분야에 종사하는 사람들은 잘 모르는 이야기이다.

일반 가정과 소매업계의 음식물쓰레기

드물지만 몇몇 연구는 브라질과 인도네시아 및 그 밖의 다른 곳의 도시와 마을의 상류층, 중산층, 하층 및 노동자 계층 등 구분할 것 없이 모든 계층의 가정에서 음식물쓰레기가 발생한다는 것을 보여준다. 인도네시아 가정집을 연구하는 탐마라 소마Tammara Soma는 음식물 '선물하기'와 '떠넘기기' 관행이 어떻게 다른 사람에게 과잉과 위험을 전가하는 복잡한 패턴을 만들어내는지 보여준다(Soma 2017). 가사도우미에게 남은 음식을 '떠넘기는' 사례는 반드시 서구 연구에서만 나타나는 현상이 아니다(이 부분은 식량 음식물쓰레기의 초기 역사에 대한 연구와 연결되기는 한다. 윗부분 내용 참조). 상류층에서 받은 '음식 선물'을 수혜자가 전시하는 관행은 상류층이 수혜자가 감당할 수 없을 정도로 많은 양의 음식 선물을 제공하게끔 유도한다. 브라질에서는 중 저소득층의 잉여 식품 처리와 함께 옥외 재래시장과 슈퍼마켓의 음식물쓰레기가 문제가 되고 있다(Henz와 Porpino 2017). 어느 문화권에서나 풍족하고 풍요로운 것을 추구하는 것은 똑같은 현상이다. 브라질에서는 시민 사회 네트워크와 단체들이 성장하고 있는 덕분에 미국과 유럽에서 볼 수 있는 많은 조치가 채택되고 있다.

식량 수출, 원조, 음식물쓰레기

선진국이 남은 음식을 식량 원조의 형태로 아프리카를 비롯한 세계 여러 지역으로 보내게 되면서 식료품이 개발도상국의 식량 안보와 주권을 형성하는 요인으로 작용하고 있다(Gille 2012). 유럽공동농업정책European Common Agricultural Policy을 통해 생성된 잉여 식품도 이에 한몫을 한다. 제니퍼 클랩Jennifer Clapp의 식자원에 대한 통찰력 있는 분석 연구에서 나타나듯 이러한 문제는 식량 원조를 국내 곡물 및 기타 식량 생산과 연계하는 관행에서 비롯되었다(Clapp 2012). 1950년대부터 미국, 캐나다, 호주 등에서는 각국의 농업인과 농업 회사가 생산한 농산물과 기부의 형태로 제공되는 식량 원조가 '연계'되도록 하는 법률을 제정했다(Clapp 2012). 유럽경제공동체(EEC, 현 유럽연합) 역시 1970년대 농산물 잉여량이 발생하자 이를 식량 원조와 연계하기 시작했다. 선진국의 입장에서는 농산물 잉여량을 소진하고 새로운 시장 건설이라는 타당한 이유에서 나온 행동이었다. 그러나 이러한 조치는 개발도상국의 국내 식량 생산에 부정적인 영향을 끼쳐 그들의 식량 안보와 식량 주권을 오히려 약화했다는 심한 비난에 직면하게 된다. 이렇게 연계된 형태의 식량 원조는 선적 발송 비용도 높았을뿐더러 운반 중 식량이 상하기도 하였다. 너무 많은 양의 식량 원조나 재난 발생 시 보내진 현지 문화에 맞지 않는 식품은 창고나 선박의 보관소에 저장될 뿐이다.

선진국들은 미국의 남아도는 농산물이 덤핑(싼 물건이 넘쳐나는 시장이 국내외 생산자를 몰아내는 현상)처리 되는 것이 두려워 국제적인 행동을 추진했다. 유엔식량농업기구의 상품문제위원회 Committee on Commodity Problems는 1954년 세계 음식물쓰레기 거버넌스의 첫 사례라 할 수 있는 잉여농산물처분규칙Principles of Surplus Disposal을 채택했다.

선진국의 농산물 잉여분이 감소하고 비난이 거세지자 그러한 연계는 더 유지되지 않았다. 그 대책으로 보조금 허용, 수혜 지역이나 현지 특산물 구매와 유통의 형태가 등장하였다. 유럽연합은 1990년대에 식량 원조 연계를 해제했고, 호주와 캐나다는 2004년과 2005년에 식량 원조 연계의 절반 또는 대부분을 해제했다. 주요 선진국 중 유일하게 미국만이 농산물 생산과 식량 지원 연계 정책을 아직 유지하고 있다. 2018년 미국의 농업과 해운 이익단체는 새로운 미국 농업법을 둘러싼 협상에서 국내 공급원과 식량 원조의 연계 중단 제안에 강하게 반대했다. 제니퍼 클랩은 2012년에 국제 무역 규정에 따라 연간 일정량의 쌀을 수입해야 하는 일본 역시 자국민들이 국내산 쌀을 선호하기 때문에 수입쌀을 비축해 두거나 식량 원조와 연계하고 있음을 주목했다.

최근의 개혁에도 불구하고 농산물-식량 지원 연계 관행은 개발도상국의 국내 식량 생산과 시장에 어두운 그림자를 드리우고 있다. 연계된 형태의 원조가 사라진 이유 중 하나는 수출 시장 형성이었다. 농산물-식량 원조 연계 형태의 식량 지원은 수혜국의 음식 취향과 선호도를 바꾸어 놓았고 현지의 오랜 농경제도를 교란했다. 선진국의 농업 보조금이 자국의 농산물 수출을 장려하여 개도국의 수출 경쟁력으로는 가히 따라갈 수 없을 정도이다.[9]

식품의 출하 전 생산, 수확, 분류 행태는 지역의 식량 안보, 주권, 영양 그리고 비용에 영향을 미친다. 하비스와 리드Havice and Reed의 2012년 연구에 따르면 파푸아 뉴기니의 참치 수출업자는 참치의 머리, 꼬리 등의 부위는 지구 북쪽 소비자에게 판매하고, 북쪽 소비자들이 찾지 않는 나머지 부위를 국내 시장에 내다 판다. 이러한 관행은 미묘한 방법으로 식량 주권을 약화한다. 지역 소비와 지역 판매용으로 지역 어민들이 수확할 어자원을 외국인의 소비를 위해 대형 외국 선박이 싣고 가면서 결국 의존적인 관계가 형성된다. 기타 부위를 국내 판매용으로 돌려서 처리하는 것도 이러한 의존 관계를 여실히 증명한다. 또 다른 예로 부유한 국가에 수출해야 할 풋강낭콩이 약 13cm보다 짧거나 긴 경우 불완전 상품으로 분류되어 결국 지구 남쪽의 수출업자들이 처리해야 할 몫으로 돌아간다(Gille 2012). 바로 케냐의 콩 수출업자들이 이러한 문제를 겪고 있다. 이렇게 남은 식품은 해당 식문화에 적합하지 않아(혹은 영양가도 없어) 지역 시장에 넘쳐나게 된다.

이러한 관점은 음식물쓰레기와 식량 손실에 대한 일반적 정의에 의문을 품게 한다. 본 장 앞부분에서 언급된 유엔식량농업기구의 식량 손실에 대한 정의 중 예시 부분으로 돌아가 보자. 바나나가 생산되는 지역이라면 배송 중인 트럭에서 바나나 무더기가 떨어졌다 해도 식량이 손실되었다고 볼 수 없다. 떨어진 바나나가 도로에 그대로 있을 확률보다 누군가 주워서 먹었을 가능성이 훨씬 크기 때문이다.

식품과 식량 지원 형태의 국제적 '거래'에서 드러난 모순, 부정적 요인 또는 의도하지 않은 결과는 음식물쓰레기와 식량 손실이 세계정치경제에 있어 중요한 문제이지만 연구가 부족한 부분임을 시사한다. 또한 음식물쓰레기는 식량 소비 및 식량 생산 과정과 연관해서 다루어져야 할 문제이지만 더 넓게는 지구 북쪽과 남쪽 차원에서도 다루어져야 할 문제임을 뜻한다. 잉여 농산물로 둔갑한 음식물쓰레기가 국경을 넘나드는 현상은 세계 식량정치는 물론 전 세계적으로 대규모의 산업화를 이룬 농경 체제에 대한 광범위한 논쟁과도 연결된다.

결론

음식물쓰레기와 식량 손실은 전자 폐기물과 전혀 다른 이야기로 펼쳐진다. 전자 폐기물의 경우처럼 세계 시장과 자원 추출이라는 명백한 스토리도 없고, 절충 혹은 상반된 의견이 표출되는 격렬한 논쟁의 장이 펼쳐지지도 않는다. 그러나 음식물쓰레기 문제를 통해 활동주의의 힘과 역량, 지역에서부터 국제적 수준에 이르는 모든 단위의 혁신적 거버넌스 메커니즘이 가능함을 파악할 수 있었다. 음식물쓰레기는 재분배와 재처리를 통해 다시 사용 가능한 자원으로 전환될 가능성이 크다. 유통기한 라벨 변경 등의 정책과 관행은 애당초 음식물쓰레기가 발생하지 않도록 하는 데에 도움이 된다.

많은 재활용 노력을 수반하는 좌절과 장벽과 비교해 볼 때 남은 음식과 음식물쓰레기의 효과적인 퇴비화는 시 당국이 성취할 수 있는 보다 가능한 목표가 될 수 있다. 한 회담의 자리에서 나는 뉴욕시 위생국 직원과 함께 중국의 플라스틱 및 종이 스크랩 수입 단속과 지역 재활용에 끼친 파괴적인 영향에 대해 대화를 나눈 적이 있었다. 그녀는 아마도 이 모든 문제를 두고 시 당국이 할 수 있는 유일한 일은 생분해성 음식물쓰레기 퇴비화에 중점을 두고 그것을 온전히 실행하는 것이라 제안했다.

폐기된 전자제품의 경우와 마찬가지로 음식물쓰레기 역시 음식물쓰레기 스트림으로 들어가기 이전인 생산, 소비, 상품 공급망의 모든 단계에서 관리되어야 할 필요가 있다. 5장에서는 개발도상국의 식량 안보와 주권에 있어 음식물쓰레기가 시사하는 바를 전 세계적인 관점에서 살펴보았다. 국경을 넘어 운반되거나 식품을 수출할 때 버려지는 음식물쓰레기는 세계 식량경제에서 오랫동안 지속된 불평등한 무역 구조와도 관련이 있다. 이러한 세계적인 관점으로 음식물쓰레기를 연구한 경우는 거의 찾아볼 수가 없다.

6장에서는 플라스틱 폐기물을 둘러싼 세계 정치경제와 주로 바다로 흘러 들어가는 플라스틱 스크랩을 살펴보도록 하겠다. 음식물쓰레기와 플라스틱 폐기물은 포장용기 문제로 연관되어 있다. 플라스틱 포장용기는 음식을 신선하게 유지하고 오염의 위험을 낮추는 데 도움을 준다. 개별적으로 포장된 음식물은 버려질 가능성이 적다. 대체 소재가 나오고 있지만, 가격은 더 비싸고 편리성은 떨어진다. 이러한 사실을 잘 알고 있는 플라스틱 업계는 음식물쓰레기를 예방하는 자신들의 역할을 강조한다. 하지만 결론적으로 재활용이 가장 어려운 플라스틱 폐기물은 부드러운 소재의 필름과 비닐봉지와 같은 포장재이다.

CHAPTER 6

플라스틱 스크랩

2017년과 2018년 전 세계적 플라스틱 위기에 대한 대중의 인식이 급증했다. 플라스틱 생산과 사용 영향에 관한 연구 결과는 얼마나 많은 플라스틱이 생산되고 버려졌는지, 또한 얼마나 오랫동안 환경 속에 존재하는지를 보여준다. 플라스틱은 바다, 먹이 사슬을 지나 인간의 피와 신체 조직에까지 침투한다. 플라스틱 문제를 해결하기 위한 전 세계적인 노력이 지난 몇 년 동안 확대되었으며 요즘처럼 많은 사람들이 플라스틱 스크랩 문제에 관심을 보인 적도 없다. 2017년 『사이언스 어드밴시스』지에 실린 한 기사는 "지금껏 생산된 모든 플라스틱의 운명"을 추적했다(Geyer 외 2017). 2017년 12월 UN은 바다의 플라스틱을 "지구적 위기"로 선포했다. 2018년 6월 『내셔널 지오그래픽』은 「지구인가 플라스틱인가?Planet or Plastic?」라는 특별호를 발행했다. 이 틈을 타 빨대나 비닐봉지 같은 일회용 플라스틱 소비자용품을 금지하거나 제한하라는 요구가 거세졌다. 결국 2018년 5월 유럽연합은 빨대나 식기 등의 일부 일회용 플라스틱의 사용 금지를 제안했다. 2018년 7월 스타벅스 같은 대형 음식 소매업자들이 플라스틱 빨대 사용 중단을 선언했다. 2018년 UNEP는 일회용 플라스틱 억제책 마련을 촉구하는 「일회용 플라스틱: 지속가능성을 위한 로드맵 보고서Single-Use Plastics: A Roadmap for Sustainability」를 내놓았다.

이러한 상황에서 폐기된 플라스틱을 글로벌 자원으로 논의한다는 것 자체가 이례적인 선택으로 보일 수 있다. 그러나 플라스틱은 제조 및 에너지 생성을 목적으로 회수, 재활용 및 재처리가 가능하다. 플라스틱이 전 세계적으로 운송되는 것은 플라스틱 제조업자들이 폐기 장소를 찾기 때문이 아니라 별도의 수요가 발생하기 때문이다. 플라스틱은 특정 상황에서 가치를 지닌다. 그러나 동시에 매우 변동성 있는 자원이기도 하다. 재활용이 가능한 플라스틱일수록 쉽게 분해되나 재활용 과정은 노동자와 지역사회에 건강상의 위험을 초래한다.

지금까지는 플라스틱 스크랩이나 폐기물이 던진 도전과제를 해결할 즉각적인 방도가 없었다. 플라스틱의 사용과 생산 역시 당장에 큰 폭으로 줄어들 것 같지 않다. 따라서 플라스틱 재활용과 재처리를 위한 시장과 기반시설을 먼저 갖추어야 한다. 이 분야의 강력한 행위자인 중국이 어떠한 결정을 내리느냐에 따라 플라스틱 관련 제도가 완전히 붕괴할 수도 있기 때문에 재활용경제가 정치적으로 얼마나 취약한지 다시 한번 느낄 수 있다.

이번 장에서는 폐기물의 세계 정치경제를 이해하는 데 있어 중요하면서도 논쟁을 불러일으키는 존재인 버려진 플라스틱을 다루려 한다. 버려진 플라스틱은 전통적인 의미로의(가치 없는) 폐기물과(가치 있는) 스크랩 사이의 경계 선상에 놓여있다. 어떤 이들은 플라스틱에서 가치를 추출할 수 있도록 재활용 역량 확대와 기술 발전에 더 큰 노력을 쏟을 것을 촉구한다. 다른 쪽에서는 이미 생산된 것을 재활용하거나 재처리하기보다는 인류의 플라스틱 의존성 자체를 줄이거나 아예 제거하는 것이 궁극적인 목표가 되어야 한다고 주장한다. 국가 및 지역 차원의 순환경제 이니셔티브는 플라스틱의 설계와 제조, 폐기 후의 여정을 모두 고려하며 플라스틱 사용 최소화 혹은 애초의 발생 방지 등을 강조한다. 많은 사람이 위의 두 가지 주장에 따른 방식을 모두 추구할 필요가 있다는 것에 동의하지만 각각 재활용·재처리 대 플라스틱 제거를 각각 외치는 두 진영 사이의 긴장은 팽팽하다. 이는 순환경제 하에서 나타나는 경쟁적 관점의 차이가 빚은 실질적인 갈등 중 하나이기도 하다.

이 장은 플라스틱이 열렬히 주목받던 순간에서부터 지금의 환멸적 존재가 되기까지의 인류와 플라스틱의 장황한 관계에 대한 짧은 설명으로 시작하고자 한다. 이후 플라스틱 폐기와 재활용이 어떻게 해양 오염과 국제 폐기물 거래를 통해 세계적인 정치 이슈가 되었는지, 어떻게 UN에서부터 시 당국을 아우르는 정치적 논쟁의 대상이 되었는지를 논의해 보도록 하겠다. 이를 위해 중국의 '작전명 국가 검' 사례를 중점적으로 살펴보고, 그것이 플라스틱 폐기물과 재활용, 해양 오염, 국제적 차원에서 아직 정의가 확립되지 않은 플라스틱 스크랩과 폐기물의 구분에 어떻게 영향을 줄 수 있는지를 살펴보고자 한다. 플라스틱 스크랩에서 가치를 추출하는 것이 가능하기는 한가? 혹은 애초에 플라스틱 발생을 회피해야 하는가? 그리고 다른 형태의 스크랩 거래에는 어떠한 영향을 끼치는가?

플라스틱 스크랩과 폐기물이 글로벌 거버넌스 차원의 많은 도전과제를 던지고 있는 상황에서 우리는 다음과 같은 네 가지 선택지를 탐구할 수 있다. 첫째, 전 세계적으로 일회용 플라스틱 사용을 금지하거나 제한하는 사례가 늘고 있다. 둘째, 다양한 응용 분야에서 플라스틱 대체품을 찾고자 한다. 셋째, 국제법으로 눈을 돌려 이미 협상 대상으로 떠오른 해양 거버넌스와 연결된 국제 플라스틱 조약을 들 수 있다. 넷째는 기존의 국제법률과 민간부문 이니셔티브를 통해 플라스틱 무역 자체를 규제하는 것이다. 1989년 WTO는 1989년 유해 폐기물의 국가 간 이동 및 그 처리 통제에 관한 바젤협약Basel Convention on Control of Transboundary Movements and Their Disposal을 체결했다. 흔히들 한쪽이 무역을 제한하면 다른 한쪽이 오히려 촉진할 것으로 생각한다. 그러나 지금까지의 경험으로 보자면, 결과는 이와 반대로 나타날 수 있다.

전 세계에 넘쳐나는 플라스틱과 플라스틱 폐기물

제프리 메이클의 『아메리칸 플라스틱: 문화 역사American Plastic: A Cultural History』(Jeffrey Meikle 1995), 수전 프링클의 『플라스틱: 독성과의 사랑 이야기Plastics: A Toxic Love Story』(Susan Freinkel 2011), 레베카 알트만의 논문 「미국인의 석유사랑American Petro-Topia」(Rebecca Altman 2015)에서 나타나듯 현대 사회는 플라스틱과 길고 복잡한 사랑을 해왔다.[1] 산업

계와 제조업계에서부터 타파웨어와 장난감에 이르기까지 플라스틱은 경제와 일상생활에 널리 침투했다. 지난 오랜 세월 동안 인류는 플라스틱 덕분에 더욱 편리하고 간편한 삶을 즐길 수 있었다. 플라스틱 제품은 가볍고, 저렴하며, 제조가 쉽고, 다양한 색을 띠며, 일회성으로 몇 번 쓰다 버리는 것도 가능하다.

1950년 200만 톤으로 집계된 전 세계 합성수지 플라스틱 생산량이 2015년에는 3억 8,000만 톤에 육박한 것으로 나타났다(Geyer 외 2015). 플라스틱은 다우듀폰Dow and DuPont(2017년 합병), 미국과 영국에 거점을 두고 네덜란드에 본사를 세운 세계에서 두 번째로 큰 제조업체인 라이온델바젤LyondellBassell 및 바스프BASF와 같은 화학 기업과 엑손모빌Exxon Mobil 같은 석유 회사들이 제조한다. 미국화학위원회American Chemistry Council에 따르면 지금까지 미국의 플라스틱 제품을 용도별로 살펴보면 포장용기(2017년 34%)가 가장 많이 사용되며 소비자용품과 업체용품(20%) 그리고 건설용(17%)이 그 뒤를 잇는다.

시간이 흐르면서 인류가 너무 많은 플라스틱을 생산하고 소비하고 있다는 것, 기존의 처리 방법만으로는 지금의 플라스틱을 처리할 수 없다는 것이 매우 분명해졌다. 게다가 플라스틱은 제조에서 폐기까지 공급망을 따라 환경 훼손과 건강상의 위험을 초래한다. 석유를 추출하고 플라스틱을 만드는 과정에서 발생하는 환경 오염원 때문에 주요 환경 오염원으로 지목되는 석유화학 산업은 환경 정의 행동주의의 초점이 되고 있다. 석유화학으로 제조된 플라스틱은 또한 미용 제품과 비료를 비롯한 여러 제품의 기초가 되기도 한다. 국제에너지기구International Energy Agency의 2018년 보고서에 따르면 2030년까지 석유화학제품이 전 세계 석유 수요의 거의 3분의 1을 차지할 것으로 추산되며, 2050년에는 절반에 달할 것으로 예상된다.

플라스틱의 사용이 인체에 직접적으로 끼치는 건강 문제는 1990년대부터 표면화되기 시작했다. 연구에 따르면 플라스틱 제조에 사용되는 화학물질이 인간의 건강에 광범위한 영향을 미치고 있다(Knoblauch 2009). 프탈레이트(플라스틱 유연제), 물병에 사용되는 BPA 등은 인간과 동물의 번식 체계와 뇌 발달에 장기적인 영향을 미칠 수 있다. 대부분의 사람들이 몸속에 측정 가능한 수준의 프탈레이트와 BPA가 축적되어 있다.

인간의 무분별한 플라스틱 사용에 경종을 울린 또 다른 계기는 플라스틱 폐기물과 관련이 있다. 인류는 일회용품 사용 문화와 일회용품이 환경에 끼치는 영구적인 영향을 우려하기 시작했다. 공업용과 산업용 플라스틱의 사용 수명은 최대 35년이다. 나머지 플라스틱은 분 단위 혹은 초 단위로 측정되는 사용 수명을 지닌다. 플라스틱 제품은 수명이 다하더라도 분해되기까지 5년에서 1,000년 정도 걸릴 수 있으며, 그 후에도 미세플라스틱은 영원히 사라지지 않을 수 있다. J.R.R 톨킨의 3부작 판타지 소설 『반지의 제왕』에 등장하는 절대반지처럼 플라스틱도 극도로 높은 온도에서 소각 될 경우에만 영구적인 파기가 가능하다(이 과정에서도 적절한 처리가 없으면 유독성 물질이 대기로 방출된다).

게이어 외 연구(Geyer 외 2017)에 따르면 2015년 한 해에만 전 세계적으로 3억 200만 톤의 플라스틱 폐기물이 발생했고, 1950년부터 2015년까지 누적 63억 톤이 발생한 것으로 추산했다. 그중 소각 처리된 폐플라스틱은 8억 톤, 재활용으로 처리된 플라스틱은 6억 톤 정도밖에 되지 않았다(이 중 10%만이 한 번 이상 재활용되었다). 나머지는 육지(개방된 땅과 매립지)에 쌓이고, 주로 수로를 통해 바다로 흘러 들어간다.

2000년대와 2010년대에 일어난 두 가지 사건이 플라스틱 폐기물을 세계적인 이슈로 만들었다. 첫 번째는 2000년대부터 사람들이 주목하기 시작한 것으로, 바다에서 발견된 플라스틱 폐기물과 파편의 양이 놀라울 정도로 많다는 것과 그것들이 해양 생물에 끼치는 영향이다. 두 번째는 보다 최근의 사건으로, 플라스틱을 비롯한 다른 스크랩 수입을 효과적으로 중단하기로 한 중국의 2018년 결정(작전명 국가 검)이 전 세계 재활용 시스템에 충격파를 던진 사실이다.

해양 플라스틱

거의 모든 사람이 해양 생물(거북이, 바닷새, 고래 등)이 플라스틱에 엉켜 있거나 바다에 버려진 빨대, 병뚜껑, 플라스틱 폐기물 조각을 먹고 죽은 슬프고도 소름 끼치는 이미지를 본 적이 있을 것이다. 2018년 태평양의 '거대한 폐기물 더미'는 텍사스 면적의 두 배 또는 프랑스의 세 배 크기로 추정된다(Lebreton 외 2018). 북대서양과 남태평양의 거대한 쓰레기 더미는 전 세계 초대형급 쓰레기 더미 중 가장 큰 규모를 자랑한다. 이는 지구 곳곳과 공유지에 많은 플라스틱이 흘러 들어가 해양과 해양생물의 건강(이미 기후변화, 해양산성화, 남획 등으로 위협받고 있다)을 위협하고 궁극적으로는 인간의 건강에까지 영향을 끼치는 심각한 상황을 잘 대변한다.

제나 잼벡 외 연구진(Jambeck 외 2015)은 비닐봉투, 플라스틱 병, 플라스틱 병뚜껑, 미용 제품에서 나오는 미세플라스틱*, 나일론, 플라스틱 어망 등 480만~1,270만 톤에 달하는 플라스틱이 바다로 유입된 것으로 추정한다. 버려진 어망의 무게는 해양 플라스틱의 46%를 차지하는 것으로 추정된다. 수십억 개의 버려진 빨대는 전체의 0.3%를 차지한다(Minter 2018; Dauvergne 2018 참조). 빨대는 다른 해양 플라스틱에 비해 가볍지만, 해양 생물에 해로운 이유는 바로 그 개수 때문이다. 해양 정화 사업도 많은 성과를 낼 수 있지만 해양보존센터Ocean Conservancy와 같은 해양 NGO 네트워크들이 이 문제를 연구하고, 해양 기반 해결책을 찾아내고 실행하는 데 앞장서고 있다. 투자 관리 회사인 써큘레이트 캐피털Circulate Capital과 여러 기관은 육지 기반 솔루션에 주력하고 있는데, 특히 북반구의 기부 자금과 기업의 지원으로 아시아의 태평양 연안 국가를 대상으로 플라스틱 폐기물 관리 개선 작업을 펼치고 있다.

바다의 폐플라스틱은 거시(매크로)플라스틱과 미세(마이크로)플라스틱으로 분류된다. 거시플라스틱은 해변에서 파도를 타고 바다로 흘러가 영해와 외해를 떠다니는 세제 통이나 비닐봉지와 같이 식별이 가능한 큰 조각들이다.

미세플라스틱은 해양 생태계와 먹이 사슬에 훨씬 더 위협적이다

* 마이크로비즈(microbeads). 치약, 각질 제거용 세안제 등 주로 물로 씻어내는 제품에 세정기능을 높이기 위해 첨가된다.

(Sundt 외 2014). 미세플라스틱은 화장품이나 상업용 연마재용으로 의도적으로 제작되기도 하고, 플라스틱 제조 과정의 부산물 등으로 의도치 않게 생성되기도 한다. 태평양 쓰레기 더미의 대부분은 플라스틱이 해양에서 분해되거나 작게 조각조각 나면서 생성된 작은 알갱이로 이루어져 있다. 해양에서 특히 심각한 미세플라스틱은 타이어 먼지다. 육상에서 인공 직물을 세탁할 때 나오는 미세섬유는 또 다른 해양 플라스틱의 발생 원인이다. 인공 섬유는 세탁 차원을 넘어 제조 단계에서부터 미세플라스틱이 원료로 사용되기 때문에 점점 더 미세플라스틱의 주요 원천으로 여겨지고 있다. 엘렌맥아더재단은 2016년에 영향력 있는 보고서인 「신플라스틱경제보고서The New Plastics Economy Report」(세계경제포럼 및 매킨지 앤드 컴퍼니와 함께)를 제작했다. 본 보고서에 따르면 인류가 지금과 같은 행동에 변화를 주지 않는 한(물고기 남획, 기후변화, 해양 산성화의 영향 때문에라도) 2050년까지 바다에 물고기보다 플라스틱이 더 많으리라 예측된다.

대부분의 거시플라스틱은 폐기 및 재활용 인프라가 갖춰져 있지 않은 상태에서 플라스틱을 포함한 비생분해성 고형 폐기물을 예전보다 더 많은 양으로 생산해 내는 남아시아, 동아시아, 동남아시아의 고속 성장 국가의 해안에서 바다로 흘러 들어간다(Jambeck 외 2015). 미세플라스틱은 주로 산업화한 국가에서 배출되는 플라스틱의 상당량을 차지한다. 연구 결과에 따르면 플라스틱 나노입자가 연체동물과 같은 먹이 사슬의 최하단에서 해양 생물들에 의해 흡수되면 먹이 사슬을 타고 올라가 결국에는 인간의 식량 안보와 건강에까지 위협을 끼칠 수 있다(Barboza 외 2018). 한 예비 연구에 따르면 8개국에 거주하는 연구 대상자의 인분에서 미세플라스틱이 검출되었다(Schwabl 외 2018).

해양 플라스틱은 '지구 공유지' 차원의 문제이다. 대기와 마찬가지로 공해公海 역시 어느 나라가 독점적으로 소유하지 않기 때문에 쓰레기를 버리는 행위를 비롯해 모든 사람이 이용하는 공간이다. 해양 오염은 빠른 속도로 산업화를 이뤄가는 국가들이 당면한 국내 차원의 정치적인 문제이기도 하다. 이들은 이미 발생한 폐기물을 처리할 수 있는 용량을 구축함과 동시에 애초에 대량 폐기물이 발생하지 않도록 조처를 해야 한다. 이와 관련한 두 가지 측면의 도전 과제는 특히 개발원조 또는 민간 투자 형태로의 글로벌 거버넌스와 개입의 필요성을 야기한다.

중국과 세계의 플라스틱 스크랩

플라스틱은 최근 급증하는 국제 스크랩 거래와 관련이 있다(4장 참조). 1990년대 후반 경제가 호황을 이루면서 중국은 이 분야의 세계 시장을 선도하였다. 중국은 제조 분야의 늘어나는 수요를 맞추기 위해 플라스틱에서 철강에 이르기까지 많은 범위의 스크랩을 수입하기 시작했다. 플라스틱 스크랩은 적어도 한동안은 가치가 있었다. 그러나 중국은 2018년 3월부터 플라스틱, 종이 및 저급 고철류의 수입을 전면 중단했다. 이후 전 세계 항구와 재활용 시설에 폐플라스틱 더미가 빠르게 쌓여갔다. 덕분에 미국을 비롯한 선진국의 시영 재활용 프로그램이 단기적으로 황폐해졌고, 중장기적으로는 힘들면서도 값비싼 전환기를 겪어야 했다.

중국의 수입 중단 조치 덕분에 재활용이 어떻게 세계적인 문제가 되었는지, 서구의 소비자들이 버린 폐기물이 재활용을 위해 얼마나 먼 거리로 이동되는지가 여실히 드러났다. 또한 폐기물과 재활용이 어떻게 광범위한 지정학적 문제로 대두되며 무역전쟁에 휘말릴 수 있는지를 보여주었다. 특히 이 사건은 흥미로울 정도로 그 여파가 매우 넓다. 국제 정치에서 자신들의 역할을 인식한 중국의 고위급 정치인들이 내린 결정이 전 세계 일반가정이 매주 재활용 통에 쓰레기를 넣는 행위에까지 직접적으로 영향을 끼쳤다.

한편 이 사건은 국제 스크랩 거래의 잿빛 영역에 밝은 빛을 비췄다. 'WTO나 바젤협약의 주도하에 폐기된 플라스틱이 규제되어야 하는가?'라는 국제 거버넌스 차원의 주요 도전 과제를 던진 셈이다. WTO가 국제 자유무역협정을 실현하고 있고, 바젤협약은 환경오염 방지를 목표로 한다는 점을 고려하면 버려진 플라스틱은 전자에 의해 거래 가능한 스크랩으로 간주하고, 후자에 의해 위험 폐기물로 간주되어 거래 제한이 가능하리라 생각할 수 있다. 그러나 지금까지의 위 협약(혹은 협정)의 경험상 그 반대의 상황도 얼마든지 일어날 수 있다. 이와 관련한 역설적인 가능성을 차차 살펴보도록 하겠다.

어찌 됐건 양측의 입장은 조율하기란 결코 쉬운 문제가 아니다. 플라스틱 스크랩 거래와 재활용은 플라스틱 위기를 벗어나는 데 도움을 줄 수 있다. 반면 이러한 거래를 막는 것은 환경에 해를 끼치는 제품을 도려내는 데에 도움이 될 것이다. 그러나 4장에부터 설명했듯 이러한 거래를 중단하는 것 자체가 불가능할 수도 있고, 바람직하지 않을 수 있다. 인류가 플라스틱을 생산하고 사용하는 한 폐기물의 전 지구적 순환은 세계 순환경제를 형성하고 유지하는 차원에서도 중요한 문제이기 때문이다.

플라스틱 재활용이 당면한 도전과제

1980년대 초 선진국이 재활용 프로그램을 도입하면서 시 당국이 플라스틱 재활용을 운영하게 되었다. 2000년대 초반부터 재활용 비율이 서서히 상승하기 시작했지만(Geyer 외 2017) 제조되는 플라스틱 생산량이 비하면 여전히 부족한 상황이다. 미국 EPA 자료에 따르면 미국에서 폐기물 스트림으로 유입되는 전체 플라스틱 중 9.5%만이 재활용된다.[2] 재활용 전용 플라스틱 중에서도 얼마나 많은 오염된 플라스틱이 선별 과정에서 제외되는지는 알 수 없다. 재활용으로 선별된 플라스틱의 절반 가까이는 중국으로 가고, 나머지의 15%는 소각, 75%는 매립지로 향한다. 유럽의 플라스틱 재활용률은 40% 미만이다. 2012년 중국의 재활용 비율은 29%로 집계됐다(O'Neill 2018).[3]

왜 플라스틱은 미국과 다른 산업화한 국가에서 재활용하기가 그토록 어려울까? 그 해답은 플라스틱의 유형이 다양하다는 것과, 이러한 국가에서 플라스틱을 재활용할 수 있는 시설이 얼마 없다는 것, 그리고 재처리된 플라스틱 제품의 시장 수요에서 찾아볼 수 있다.[4] 첫째, 재활용성은 플라스틱의 종류에 따라 다양하다. 7가지 범주의 플라스틱고유코드*가 플라스틱 용기 밑면에 찍혀 있다(표 6.1 참조). RIC 1

* Resin Identification Code, RIC. 플라스틱 제품에 표시된 재활용 분류법으로, 1~7

번과 2번은 재활용이 가능하며, 꾸준하고 널리 사용되는 제품을 뜻한다. 나머지 번호의 플라스틱은 효율적 혹은 경제적인 재활용이 어렵고, 반복되는 재활용 과정에서 제품의 가치 등급이 떨어짐을 나타낸다.

둘째, 재활용으로 보내진 많은 플라스틱이 오염되어 있다. 플라스틱 테이크아웃 용기에는 음식물찌꺼기, 세척되지 않은 우유나 주스 등이 묻어 있다. 미국의 자원회수시설에 보내지는 재활용 플라스틱 물량의 절반 가까이가 오염되어 있어 그냥 폐기된다. RIC 1번과 2번에 속하는 폐플라스틱 더미는 다른 플라스틱과 다른 재활용품에 의해 오염되기도 한다. 샌프란시스코에 본사를 둔 리콜로지*와 같은 폐기물 및 재활용 수거업체는 재활용품의 상태가 더러운 원인을 주로 소비자의 인식 교육이 부족한 탓으로 돌리지만, 업체나 대기업들도 플라스틱 혼용에 대한 책임이 있음을 강조한다.

셋째, 미국을 비롯한 여러 선진국에서 재활용된 플라스틱 알갱이나 기타 재활용으로 탄생한 물건이 사용되는 경우(혹은 구매자 역시)를 거의 찾아볼 수 없다. 첨단 플라스틱 재활용은 얻는 것보다 비용이 더 많이 든다. 또한 대부분의 선진국에는 특히 RIC 3번~7번에 속하는 플라스틱을 재활용할 수 있는 시설이 충분치 않다. 미국은 2000년대 초반, 경제가 급성장하는 저임금 국가로의 폐기물 수출이 본격화되자 재활용 시설을 거의 짓지 않았다.

까지의 숫자가 삼각형 안에 적혀 있다.

* Recology. 전 종류의 폐기물을 처리하는 민간 폐기물 회사이다.

표 6.1 플라스틱 유형, 사용, 재활용성

RIC*	명칭과 약어	사용례	재활용성
1	폴리에틸렌 테레프탈레이트(mylar) (PET)	음식 포장, 일회용 음료수병, 기상 관측용 날씨 풍선	쉽게 재활용 가능. 양털, 직물, 토트백, 용기 등으로 재활용됨.
2	고밀도 폴리에틸렌(HDPE)	우유병, 쓰레기통, 기계 부품	다른 단단한 플라스틱으로 쉽게 재활용됨. 세제통, 펜, 배수관, 울타리, 개집, 바닥 타일.
3	폴리 염화 바이닐(PVC)	건축 자재 (파이프 및 사이드), 방수 직물	재활용이 매우 어려움. 염소(chlorine) 성분 함유. 재목으로 재활용 가능.
4	저밀도 폴리에틸렌(LDPE)	비닐봉지, 식품 용기 및 6팩 묶음 링, 비닐 랩	쉽게 재활용되지 않음.
5	폴리프로필렌(PP)	플라스틱 병, 요구르트 용기, 로프, 플립탑 뚜껑, 빨대	쉽게 재활용되지 않음.
6	폴리스타이렌(PS)	땅콩 포장재, 커피 컵	재활용 불가. CFC 함유.
7	폴리카보네이트, 아크릴 섬유, 폴리비닐 아세테이트, 합성고무, 케블라	CD, 깔개, 담요, 에멀전 페인트, 타이어, 방탄조끼, 브레이크 패드	보통 재활용되지 않음.

* 플라스틱고유코드.

출처: Steven Lower, 『States of Matter』, http://www.chem1.com/acad/webtext/states/index.html
Brian Howard, 『Good Housekeeping』, 2008.
『National Geographic』, 「Plastics Issue」, 2018. 06.

이러한 요인들은 재활용과 폐기 비용이 덜 드는 나라에 수출용 플라스틱 스크랩을 대량으로 공급함으로써 더 많은 수익이 창출되는 구조의 근거가 된다. 그러나 이는 수입국 입장에서의 플라스틱 스크랩 수요를 설명하지는 못한다. 이를 이해하려면 스크랩 수입국으로서의 중국의 역할을 살펴볼 필요가 있다.

중국과 폐기물 거래

2000년대 초 중국은 고급 산업용 구리와 알루미늄에서부터 소비 후 버려진 플라스틱 병, 비닐봉지, 플라스틱 용기에 이르기까지 모든 종류의 스크랩을 수입하는 세계 최대의 스크랩 수입국이 되었다. 2016년 중국은 세계 구리 폐기물 수입의 55%, 알루미늄 24%, 종이 스크랩 55% 및 플라스틱 스크랩의 51% 등을 수입하였다.[5] 이는 전 세계 폐기물과 스크랩 수입의 27%를 차지하는 분량이다. 그해 미국에서는 각종 폐기물이 담긴 1,500여 개의 선적 컨테이너가 매일 중국으로 향했다(Flower 2016).

폐기물 거래는 모든 면에서 경제적인 타당성이 있었다. 당시 중국은 성장 가도를 달리던 동부 해안에 위치한 제조업 중심지의 신규 플라스틱 수요를 자체적으로 감당할 수가 없었다. 중국 국내총생산 성장률은 2007년 14.23%로 최고치를 기록했고, 1990년대와 2000년대에는 평균 10%를 기록했다.

중국의 경제 성장률이 둔화했을 때도 플라스틱 수요는 고공행진을 했다. 중국의 경제 규모를 고려할 때 2017년 기준으로 6.8%는 낮

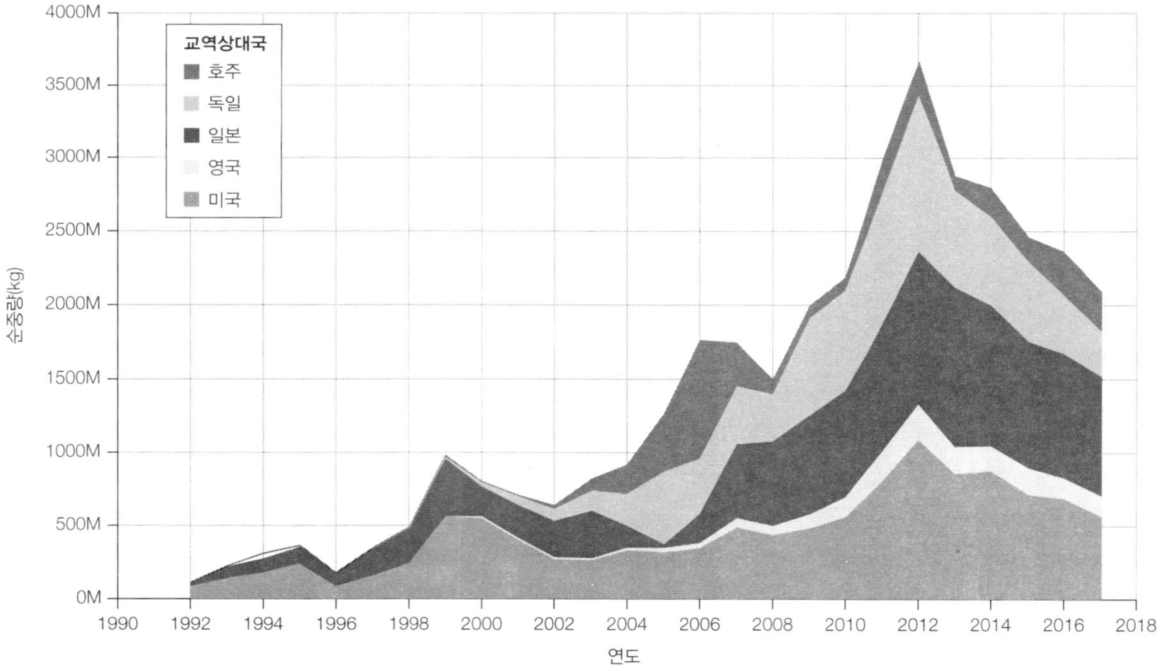

그림 6.1 2007~2016 중국의 국가별 폐기물 수입 현황

출처: UN 컴트레이드

은 성장률이라 할 수 있지만, 절대적으로는 여전히 높은 수치이다.

중국 내 기업 간의 경쟁이 스크랩 가격을 올렸으며 스크랩 생산자들에게 이익을 가져다주었다. 배송비마저 저렴했다. 캘리포니아에서 미국으로 물건을 가져온 컨테이너선이 비워지면 스크랩을 가득 채워 출발하는 역운송의 형태로 운반되었다. 미국에 본사를 둔 폐기물 수거업체(특히 태평양 연안 쪽)엔 폐기물을 미국 내 재활용 시설로 운송하거나 매립지 수수료를 지불하는 것보다 중국으로 운송하는 편이 더 싸게 먹혔다.

중국으로 수입된 플라스틱의 사용처는 정확히 파악되지 않지만, 업계 보고서에 따르면 실제로 상당 부분이 재활용 및 재사용되었다(Velis 2014; 주 3 참조). 어떠한 작업 환경이나 노동 조건에서 일하는지 알 수 없으며, 소각장을 비롯한 기준 이하의 처리 시설로 얼마나 많은 폐기물이 보내졌을지도 불분명하다. 그러나 전자 폐기물 처리 프로세서를 갖춘 중국은 플라스틱 스크랩 분야에서도 자국보다 조금 더 선진화된 국가의 표준과 비교 가능한 수준의 표준을 설립하였다(Minter 2013).

그렇다면 중국은 왜 이 수익성 있는 수입 사업을 끝냈을까?

"더 이상의 외국 쓰레기 금지"

2017년 7월 27일 중국 정부는 WTO에 주로 플라스틱, 종이, 섬유를 포함한 24종의 폐기물 수입을 단속하겠다고 통보했다.[6] 중국은 오염 허용치를 거의 충족시킬 수 없는 수준으로 설정하여 폐기물 수입 단속에 효과를 거두었다(O'Neill 2017a). 이는 국제 폐기물 산업에 즉각적인 충격을 주었다. 폐기물재활용산업연구원은 중국의 이러한 조치로 미국 내에서만 수천 명의 실직자가 발생하고, 많은 재활용 시설이 폐쇄되며, 쓰레기 매립지로 보내지는 쓰레기의 양이 급격히 증가할 것이라고 경고했다.

중국은 2018년 이전까지 여러 차례 폐기물 수입을 단속했다. 2013년 중국 정부는 녹색담장정책Green Fence Operation을 실행하여 수입 폐기물 더미의 검사를 대폭 강화하였고, 기준 미달 품목은 수출업체 부담으로 반송시켜버려 폐기물의 품질 기준이 준수되도록 유도했다. 곧바로 스크랩은 오염 부분의 세척과 처리를 목적으로 중국이 아닌 다른 항구로 운반되기 시작했다. 2008년 말레이시아는 2천만 킬로그램 미만의 플라스틱 폐기물을 수입했다. 2016년에는 이보다 5배가 넘는 수입량을 기록했다. 2016년에는 미국의 플라스틱 스크랩은 무인도를 포함한 78개의 관할 구역으로 운반되었다.[7]

작전명 국가 검은 2017년 초 중국 항만 당국이 중국에 도착한 폐기물 물량의 70% 정도를 검사하면서 시작됐다. 2017년 초부터 중국이 훨씬 더 실질적인 단속을 계획하고 있다는 소문이 나돌았지만, 단속 대상 범위, 엄격한 새 기준, 신속한 이행 시간표 등 실제 발표된 단속 내용은 전 세계 폐기물 업계를 깜짝 놀라게 할 만한 수준이었다. 새로운 기준에 따르면 수입 종이와 플라스틱 더미의 허용 가능한 오염률이 3%에서 0.5%로 하향 조정되었다. 스크랩 업계와 정치가들의 잇따른 반대에도 불구하고 2018년 3월 1일 작전명 국가 검이 실행되었다.

이러한 결정은 중국 정부의 최고위층에게서 나왔다. 중국은 플라스틱(및 종이) 스크랩 수입을 단속할 충분한 이유가 있었다. 수입된 스크랩이 자국의 항구와 시설에 넘쳐나기 시작했으며, 특히 종이와 플라스틱 더미 대부분은 당시 오염 기준치를 넘어서는 경우가 많았다. 이렇게 오염된 스크랩은 다루기도 어려울 뿐만 아니라 더 낮은 가격에 팔아야 하며, 항만과 지방 당국의 세금을 비롯한 기타 수입마저 축소한다. 스크랩 더미를 이용해 마약, 전자제품 및 기타 금수품목의 밀수 거래가 행해지기도 한다.

중국 환경보호부는 WTO에 제소 당시 "더 이상의 외국 쓰레기 금지"라는 표현을 썼다. 이 표현은 그 자체로 더욱 복잡한 중국의 동기를 드러낸다. 중국은 세계무대에서 새로운 역할을 맡고 있다. 이미 경제 초강대국으로 성장한 중국은 온실가스 감축에 대해서도 적극적으로 행동을 취하는 등 강력한 입장을 보이고, 자체 개발은행을 설립하는 등 모범적인 행동을 통해 세계의 리더가 되려 한다. 따라서 이런 방식을 통해 세계의 쓰레기장이라는 오명에서 벗어나고자 하는 것이다. 중국은 자국의 비공식 재활용 분야를 더 깨끗하고 첨단 시설을 갖춘 '에코 산업단지'로 변모시키기 위해 노력하고 있다. 앞서 4장에서 설명한 구이유시의 전자 폐기물 재활용 처리 시설이 그 좋은 예이다. 이러한 광범위한 환경 위기를 해결하려는 중국 정부의 노력은 자국 내 날로 늘어나는 중산층의 잇따른 환경 관련 항의와 소송으로 촉발된 불안정한 국내 정서와도 맞물려있다(Stern 2013).

중국의 저명한 영화제작자 왕 지우리앙Wang Jiuliang은 2016년 수상작인 다큐멘터리 영화「플라스틱 차이나Plastic China」에서 플라스틱 스크랩 거래를 조명했다. 이 다큐멘터리는 플라스틱 재활용품 가게에서 가족과 함께 살고 일하는 11세 소녀의 이야기를 다룬다. 쌓여 있는 플라스틱 더미에서 유럽과 북아메리카에서 온 것임을 알 수 있는 라벨이 많이 눈에 띈다. 영화는 소녀의 가족, 재활용품 가게 주인과 (역시 작업장에서 사는) 그의 가족을 인터뷰하고, 그들의 일상적인 작업을 카메라에 담아 비공식 분야의 플라스틱 재활용 업계 현실과 건강과 경제적 기회를 대가로 한 그들의 희생을 상세하게 보여준다. 이 영화는 개봉 후 중국에서 온라인으로 화제가 되었지만 중국의 웹상에서 빠르게 삭제되었다. 정치국 고위 인사들이 이 다큐멘터리를 본 것이 중국의 작전명 국가 검을 수행하는 데에 한몫했다는 추측이 돌기도 했다.

하지만 여기에는 역설적인 사실이 존재한다. 중국은 수입 스크랩이 자국에서 생산된 플라스틱 스크랩으로 대체되길 원한다. 하지만 중국 내 플라스틱은 수입 플라스틱보다 품질이 낮은 것으로 알려지면서 환경 개선은커녕 오히려 악화만 시킬 가능성이 있다(Minter 2017). 중국 내 플라스틱 수요는 여전히 높으나 이를 충족시킬 만한 충분한 양의 플라스틱 스크랩을 제공하지 못해 오히려 새로운 플라스틱 제조 수요만 높아지고 있다. 지방 당국도 중앙정부의 외국산 스크랩 제한 조치에 반대하고 있다. 새로운 스크랩이 유입되지 않아 오염된 스크랩 더미를 취급하던 때보다 지방 당국의 수익이 줄어들고 있기 때문이다. 또한 이러한 틈을 타 홍콩이나 중국의 육상 국경을 통한 불법 스크랩 거래가 조장될 수 있다.

펜 스트로크는 스크랩인가 폐기물인가

중국의 스크랩 수출업자에 대한 규제 조치는 수입 제한 조치가 발효되기 전부터 명백한 결과를 드러냈다. 2017년 12월 경 갈 곳이 없어진 스크랩이 계속 쌓이게 되면서 특히 미국 서부의 태평양 연안에 위치한 대부분의 도시가 심각한 타격을 입기 시작했다. 2018년 8월경에는 미국의 거의 모든 주에서 이로 인한 영향이 나타났다.[8] 가장 주목할 만한 것은 영국, 호주, 일본의 재활용 능력이 한계에 달했다는 점이다(Laville 2017). 중국의 정책이 호주 포장 관련 시장에 미치는 영향을 분석한 2018년 호주포장협회Australian Packaging Covenant Organisation의 결과에 따르면 한때 플라스틱과 종이 폐기물은 톤당 125~325호주달러(약 10만~27만 원)였지만 2018년 7월 기준으로 사실상 가치 없는 존재로 전락했다. 이에 영향을 받은 호주 자치단체들이 플라스틱과 종이의 재활용 수거 가능 품목을 제한하기 시작했다. 이 틈을 타 재활용 수거업체는 가격 인상에 나섰으며 이 피해는 고스란히 소비자에게 전가되었다. 미국의 경우 태평양 연안에 있는 주가 가장 먼저 타격을 입었지만 2018년 여름쯤에는 반대편 동부 주에서도 영향이 나타났다.

작전명 국가 검은 전 세계 재활용 시장을 지탱하고 있는 국제 스크랩 거래 양상을 매우 빠른 속도로 바꾸어 놓았다. 녹색담장정책의 여파로 플라스틱 스크랩이 중국으로 향하기 전 오염물질 세척을 목적으로 이미 동남아시아의 항구로 먼저 운송되고 있었다. 중국으로 도착했을 스크랩을 베트남, 태국, 인도네시아와 말레이시아가 받아들이기 시작했다. 미국을 비롯한 여러 나라의 스크랩 중개인과 거래자들은 플라스틱과 종이를 받아줄 다른 시장을 찾을 수밖에 없었다.

얼마 지나지 않아 새로운 시장인 베트남, 태국, 말레이시아는 자신들이 늪에 빠져 있음을 깨달았다. 태국은 2018년 6월 플라스틱 스크랩의 수입을 잠정 중단하였고, 8월에는 영구 금지령(전자 폐기물 포함)을 내렸다. 같은 시기 베트남과 말레이시아는 수입허가 발급을 중단하거나 취소했다. 스크랩을 가득 실은 컨테이너 선적이 항구에 즐비하게 늘어서 있는 모습은 두통을 일으킬 정도였고, 이미 수천 톤의 쓰레기가 투척된 바닷속으로 스크랩이 불법 투척될 가능성마저 남겨두었다.

마침내 이는 2018년 미국과 중국의 무역전쟁의 시발점이 되었다. 트럼프 대통령이 중국산 수입품에 징벌적 관세를 부과하자 중국 정부는 2018년 8월 160억 달러(약 18조 원) 규모의 미국산 수입품에 25%의 관세를 부과하는 등 보복에 나섰다. 여기에는 2017년에 명명된 24개의 제한 조치 대상 품목인 철스크랩, 니켈, 구리, 아연, 주석, 알루미늄 등 소위 말해 가장 가치 있는 범주의 스크랩이 포함되었다(Rosengren 2018b).

중국의 이러한 조치는 고소비국가들이 자국의 폐기물 처리 문제를 고성장국가에 심각하게 의존하고 있는 상황을 드러내었다. 이를 계기로 산업화한 국가와 지방정부, 주 정부, 도시 그리고 시민들은 재활용 폐기물 처리를 해외에 의존하고 있는 자신들의 상황을 돌아보게 되었다. 대부분의 선진국은 특히 저품질 플라스틱과 종이 처리 목적의 신규 시설을 갖추기보다는 재활용 아웃소싱을 택하고 있었다. 중국의 수입 제한 조치가 영구적이든 일시적이든 미국을 비롯한 여러 나라는 새로운 재활용 기반시설 구축을 계획해야만 했다.

미국의 주 정부와 시 당국은 플라스틱과 종이를 위한 자원회수시설을 정비했다. 이러한 정비 계획에는 오랫동안 닫혀 있던 펄프와 제지 공장의 재운영 계획 등이 포함된다. 2018년 초 호주의 뉴사우스웨일스 주정부는 작전명 국가 검의 여파가 몰아닥치자 지역 재활용 당국에 4,700만 호주달러(약 3,800억 원)에 달하는 단기 지원책을 발표했다. 2018년 폐쇄루프재단 산하의 써큘러 캐피털Circular Capital은 동남아 국가에서 유래한 플라스틱이 해양에 넘쳐나자 동남아시아 지역의 폐기물 처리 시설 설립을 위하여 발족하였지만 작전명 국가 검의 영향력에 대항하기 위한 목적도 있었다. 급기야는 미국의 재활용 시설 건설 계획을 위해 중국의 기업들이 미국을 방문하는 상황마저 발생하였다.

한 연구는 작전명 국가 검의 여파로 2030년까지 약 1억 1,100만 톤의 폐플라스틱이 갈 곳을 잃었을 것으로 추정되며, 따라서 재활용 역량 증진, 플라스틱 의존도 감소, 제품 재설계를 목표로 한 "전 세계적 차원의 확고한 아이디어와 행동"이 절실히 필요함을 강조한다(Brooks 외 2018). 다음 섹션에서는 이와 관련된 도전과제에 세계적 그리고 지역적 거버넌스 이니셔티브가 어떻게 대응하고 있는지를 살펴보도록 하겠다.

글로벌 플라스틱 거버넌스의 새로운 방향

플라스틱 폐기물의 위기는 글로벌 거버넌스에 도전과제를 던지기도 하나, 생산에서 최종 처리를 아우르는 플라스틱 공급망 전반에 걸쳐 혁신의 기회를 제공하기도 한다. 플라스틱은 전 세계 어디에나 존재하고 무한한 공급원이 있기 때문에 국제적 차원에서 플라스틱의 생산과 사용을 통제하기는 매우 어렵다. 특히 플라스틱 제조업체가 지구상에서 가장 강력한 기업 중 하나일 경우 국가와 기업의 결정에 국제적 행위자가 개입하기가 어려워진다. 국제적 행위자의 입장에서는 폐기물과 스크랩이 국경을 넘나들거나 바다로 흘러 들어가는 경우에 개입하는 것이 훨씬 수월하다.

작전명 국가 검의 영향은 해양 플라스틱 위기로 촉발된 인류의 플라스틱 의존도를 낮추려는 노력에 더욱 박차를 가했다. 제로웨이스트유럽, 글로벌소각대안연맹과 같은 제로 웨이스트 단체는 해양 플라스틱 위기가 인류의 플라스틱 의존과 관련되어 있음을 강조하는 캠페인을 벌이기 시작했다. #Breakfreefromplastics는 플라스틱 오염 통제와 플라스틱 소비 종식을 위한 전 세계 단체와 개인의 노력을 조율하는 초국가적 행동주의 동맹이다. 이러한 캠페인은 소비자의 선택과 일회용 플라스틱을 줄이기 위한 새로운 법률과 이니셔티브에 가시적인 영향을 끼쳤다. 이들은 기존 협약의 일부 조항 개정 혹은 독립된 형태의 새로운 협약 체결을 통해 플라스틱과 관련한 국제적 차원의 법적 장치 마련을 주장하고 있다. 스크랩 산업계 역시 기존의 국제법이나 중국을 비롯한 국제 시장에서 수용과 검증이 가능한 표준 개발 등의 글로벌 해결책을 추진하고 있다.

이러한 노력은 기후 거버넌스와 같은 글로벌 차원의 다른 거버넌스와 관련 있을지도 모를 지구 환경 거버넌스의 다양한 측면과 이행

방식을 들춰낸다. 지금까지 전 세계에서 제정된 플라스틱 폐기물 규정과 지침은 일회용 플라스틱 소비자용품에만 초점을 두고 있다. 2018년 국제 기구, 정부 및 옹호 단체들은 해양 플라스틱과 관련한 새로운 조약 설립 추진을 진지하게 받아들이기 시작했다. 국제 정치 무대에서는 플라스틱 스크랩 거래를 중심으로 열띤 논쟁이 펼쳐지고 있다. 플라스틱 스크랩 거래는 허용되어야 하는가 혹은 금지되어야 하는가? 플라스틱 스크랩은 위험한 폐기물인가 혹은 최소한 어떤 형태로든 거래되어야 하는 존재인가? 이러한 논제는 기존의 무역 거버넌스 메커니즘인 바젤협약과 WTO를 돌아보게 한다.

일회용 플라스틱 소비

전 세계의 플라스틱 폐기물을 줄이기 위한 큰 노력이 경량 비닐봉지, 일회용 물병, 플라스틱 포장용기 등과 같은 일회용 플라스틱 제품을 줄이거나 없애는 데에 기여하고 있다. 2015년과 2016년에 일회용 빨대도 소비자 플라스틱 폐기물 감축 대상으로 분류되어 이 '전장'에 진입하였다(Toscano 2018).[9]

일회용 비닐봉지가 그 첫 번째 대상 중 하나였다. 초기의 비닐봉지 제한 규제는 남아시아에서 시행되었다(Clapp와 Swanston 2009). 방글라데시는 비닐봉지에 의해 하수 배출구가 2달 동안이나 막혀있어 당시 대홍수 사태가 더욱 악화한 것을 계기로 1998년 비닐봉지 사용 금지를 선언했다. 1990년대 후반 인도의 많은 주와 관할구역에서 비닐봉지 금지법이 제정됐다. 대만은 2002년에 비닐봉지 사용을 단계적으로 폐기하기 시작했고, 남아프리카 공화국은 2004년부터 비닐봉지 사용료를 부과하고 있다.[10] 일부 아프리카 국가에서는 비닐봉지 사용이 전면 금지되었으며 남미에서는 지역 차원의 금지 조치가 실행되고 있다. 케냐의 '플라잉 토일렛'* 중단 조치는 많은 관심을 받았다. 본 조치 위반자는 실형 및 최고 4만 달러(약 4,500만 원)의 벌금형이 선고된다. 이러한 규제가 실행된 첫해에 폐기물과 오염이 상당히 줄어들었다. 일부 규제는 후퇴하거나 시행에 어려움을 겪기도 했지만 지구 북반구에서 행해진 조치보다 앞선 것이고, 경량 비닐봉지에 대한 세계적인 신설 규범으로 인식된다.

유럽연합은 회원국을 대상으로 한 규제적 제한 조치를 2030년에 마련할 예정이나 현재는 주로 비닐봉지 소비세를 부과하고 있다. 유럽연합은 단기 및 중기 계획으로 일회용 플라스틱 10개 품목과 어구의 단계적 폐지를 목표로 삼았다. 규제 조치가 항상 순탄하게 시행되는 것은 아니다. 2018년 7월 호주 슈퍼마켓 체인인 콜스Coles는 비닐봉지 금지 정책을 도입했으나 고객 불만 폭주로 이를 취소하였다. 그러나 막상 취소 결정에 더 많은 불만이 제기되자 이를 또다시 번복하고 말았다. 불과 몇 주 만에 일어난 일이었다. 2018년 현재 많은 국가와 도시에서 비닐봉지 사용이 제한되고 사용료가 부과되고는 있지만 화학 산업과 비닐봉지 생산 업체의 심한 반발에 직면한 미국은 캘리포니아와 하와이에서만 금지령을 시행하고 있다.

비닐봉지 생산업체들은, 특히 미국의 경우 비닐봉지 관련 대책에

---

* flying toilet. 용변을 보고 묶어서 밖으로 내던지는 비닐봉지를 말한다.

대항하기 위해 업계가 연합하여 법률에 직접적으로 반대하고 있다. 이들은 개인의 쓰레기 무단투기 행태를 비난하고 나서며 선제적으로 입법 지원에 나서고 있다. 여러 플라스틱 제조업체의 지원을 받는 비닐봉지 제조업자들의 모임인 미국비닐봉지협회American Progressive Bag Alliance는 2015년 캘리포니아의 비닐봉지 판매 금지 철회를 요구하는 캠페인을 벌였다. 미국의 최소 8개 주에서 비닐봉지 규제를 시행하는 지역 당국(플로리다, 위스콘신, 인디애나, 아이오와, 미시건, 미시시피, 미주리, 애리조나)의 법을 무효화하는 법안을 채택했다.[11]

비닐봉지 관련 조치는 초국가적 정책 확산이라는 국제적 거버넌스의 한 특징을 잘 드러낸다. 즉 한 국가나 관할 지역에서 개발 및 시행된 정책적 규제가 다른 국가나 관할권에서의 채택으로 이어지는 전 세계적인 전파 현상을 뜻한다. 다른 소비자 폐기물 규제보다 오랫동안 제자리걸음을 해 온 비닐봉지 관련 대책이 긍정적인 영향을 낳고 있다는 연구결과가 나오기 시작했다. 한 연구(Maes 외 2018)는 1992년과 2017년 사이 대양을 떠도는 비닐봉지가 상당히 감소했음을 발견했다(그러나 어구 등 다른 범주는 증가했다). 이 연구에 따르면 소비자 제품 규제와 변화하는 문화 규범이 장기적 효과를 내고 있음을 시사한다.

2015년 플라스틱 빨대 사용의 금지 또는 제한 운동이 전 세계적으로 탄력을 받기 시작했다. 매년 수십억 개의 빨대가 폐기된다.[12] 빨대는 눈에 띄는 대표적인 일회용 소비품으로 초 단위의 짧은 사용 수명을 가진다. 2018년까지 스타벅스, 캐리비안 크루즈, 메리어트 호텔 체인 등과 같은 대형 기업이 플라스틱 빨대 사용을 전면 금지할 것이라 발표했다. 캘리포니아의 산타바바라와 같은 일부 도시들의 경우처럼 영국도 빨대 금지령을 발포했다. 2016년 호주의 블루 마운틴에 위치한 블랙히스Blackheath 마을은 기업들이 플라스틱 빨대의 대체품으로 종이 빨대를 단계적으로 도입한 세계 최초의 마을인 듯하다. 플라스틱 빨대가 목표가 되었다는 것은 그 자체로 매우 상징성이 있다. 일각에서는 이는 계란으로 바위 치기일 뿐이라 한다. 여기에 집중하는 동안 폐어구와 같은 더 큰 문제들을 놓치게 되며, 플라스틱 산업의 정치적 영향력과 같은 더 광의의 구조적인 문제에서 우리의 시선을 멀어지게 할 뿐이라 주장한다. 그러나 플라스틱 빨대 금지도 분명 효과와 영향력이 있다. 많은 소비자가 거의 신경조차 쓰지 않았던 작은 행동에 관심을 두게 했으며 이는 결국 전 세계적으로 심각한 환경 영향 문제를 돌아보게 했기 때문이다.

코카콜라, 월마트, 유니레버 등 플라스틱을 사용하는 대기업들은 전반적으로 플라스틱 사용을 줄일 방법을 찾고 있다. 이들은 사용된 플라스틱 병이나 포장 용기를 회수해 가며, 얇은 플라스틱 물병과 같은 새로운 용기를 개발하고 있다. 또한 아시아 연안국의 해양 정화 및 폐기물 인프라 프로젝트에도 기부하고 있다. 그러나 인류의 장기적인 목표는 석유를 원료로 하는 플라스틱 대체품을 찾아내고, 이를 합리적인 비용으로 대량 생산이 가능하도록 하여 환경 영향을 낮추는 것이다. 이는 분명 어려운 문제지만 많은 사람이 동참하고 있다.

화석연료 기반 플라스틱의 대체재와 대안

장기적으로 운동가, 정책 입안자 그리고 산업계는 플라스틱 폐기물 문제 해결을 위해 다양한 대안을 모색하고 있으며, 많은 사람이 중국의 작전명 국가 검을 재앙이 아닌 기회로 생각한다. 이러한 대안으로는 기존의 플라스틱 사용을 단계적으로 줄여나가고, 더 나은(예로, 퇴비로 사용이 가능한) 플라스틱에 인센티브를 부여하며, 플라스틱 대체재와 대안 물질을 개발하는 것이다.

대체재(비석유 기반 플라스틱) 개발은 간단하지 않다. 예를 들어 옥수수 녹말, 짚 또는 음식물쓰레기로 만들어진 플라스틱의 대체재는 바이오 기반 플라스틱이다(Spierling 외 2018). 바이오 기반 물질은 환경에서 완전히 생분해될 수 있도록 설계되었다. 그러나 퇴비화가 가능한 포크, 나이프 등의 식도구와 접시는 전문 설비가 있어야만 완전 분해가 가능하다.[13] 플라스틱 포장용기만큼 내용물을 보호하고, 탄성 있으며 신선도를 유지할 수 있는 대체 재료를 찾기는 쉽지 않다. 많은 소매업자는 바이오 기반의 플라스틱이 열을 견딜 수 없다고 우려한다. 실제로 플라스틱 제조업계는 기존의 플라스틱 통이 오히려 음식물쓰레기를 방지한다고 주장한다. 플라스틱 대안 물질로는 종이, 천 그리고 포장용기 대체품을 비롯한 기타 용도의 대안 재료(스테인리스 스틸 빨대 포함)가 있다. 리유저블 플라스틱 커피 머그잔과 생수병은 미국의 대학교 캠퍼스 주변에서 쉽게 찾아볼 수 있다. 플라스틱 대체물은 종종 비용이 많이 든다. 종이 빨대는 플라스틱 빨대보다 가격이 4배 정도 비싸므로 소매상이나 고객에게는 부담이 된다. 케냐의 비닐봉투 판매 금지 이후 어느 기자의 인터뷰에 응한 한 시장 상인은 비닐봉투 대신 더 비싼 천을 사용하고 있다고 불평했다(Watts 2018).

이 외 소규모로 개발되고 있는 다른 형태의 혁신적인 플라스틱 대체품도 있다. 균사체를 이용한 바이오 가공기술(뉴욕 소재 첨단 소재 회사인 에코베이티브Ecovative가 개발)로 냉이나 열에 견딜 수 있는 열성 플라스틱인 폴리스타이렌 폼의 대체품을 만든다. 플라스틱 사용을 '설계 단계에서 아예 제거하는 것'이 순환경제 플랫폼의 기반이다(본서의 결론 참조).

또 다른 대안인 폐기물 에너지도 재조명되고 있다. 제로 웨이스트와 반소각 옹호자들은 미국 네브래스카주 오마하시의 플라스틱 에너지 전환 시범 계획인 헤프티에너지백프로그램Hefty Energybag Program과 같은 이니셔티브를 강하게 비판한다. 그러나 미국 유타주의 솔트레이크시티에 본사를 둔 리뉴얼로지Renewlogy 등의 소규모 업체는 플라스틱을 에너지로 전환하기 위한 열분해thermal depolymerization기술을 비롯한 더 새롭고 더 깨끗한 기술 개발을 위해 분투하고 있다. 그러나 플라스틱을 대체하거나 모방할 수 있는 저렴하고, 대규모로 이용 가능하며, 친환경적인 비화석 연료 기반 물질을 찾는 것은 아직 요원한 해결책으로 남아 있다. 그렇기 때문에 많은 이들이 에너지 문제를 국제 정치 무대에 올려놓고 있으며 이는 곧 플라스틱 폐기물 위기 해결을 위해 국제 거버넌스 메커니즘이 활용될 것임을 시사한다.

글로벌 플라스틱 조약?

2018년 3월 미국 캘리포니아주 샌디에이고에서 열린 제6차 국제해양폐기물컨퍼런스International Marine Debris Conference에서 해양, 플라스틱, 폐기물 이해관계자들이 한자리에 모였다. 참석자들은 여러 주제 중에서도 특히 이러한 문제를 다룰 수 있는 통로인 세계 플라스틱과 해양 거버넌스가 여러 국가가 한자리에 모여 의논하는 다자간 협상의 자리에서 논의될 수 있도록 다양한 방법을 모색하였다.

국제 사회는 환경 문제 해결이나 관리의 수단으로 다자간 합의에 오랫동안 의존해 왔으며 다자간 합의는 종종 UN의 후원하에 이루어진다(O'Neill 2017b). 그중 대표적인 사례가 1992년 기후변화에 관한 UN 기본협약과 그 부속 협정인 1997년 교토의정서와 2015년 파리협정이다. 1987년 몬트리올의정서와 이후 개정판은 가장 성공적인 지구 환경 거버넌스 체제 중 하나로 널리 인정받고 있다.

남획, 쓰레기 해양 투척, 석유 오염, 해양 산성화 등의 인간 활동이 다방면으로 바다를 위협하고 있다. 이러한 인간 활동으로부터 바다를 보호하기 위한 대형 국제법 기관이 설립되었다. 여기에 전 세계의 바다에 넘실거리는 플라스틱이 또 다른 위협거리가 되고 있다(Dauvergne 2018). 해양법에 관한 국제연합 협약United Nations Convention on the Law of the Sea을 개정하거나, 의정서 또는 부속서를 마련할 수도 있고 혹은 해양 환경에 영향을 끼치는 인간의 활동과 플라스틱 문제를 연계해서 다루는 독립된 형태의 협정을 마련하는 것도 해양을 보호하는 방법이 될 수 있다.

그러나 그러한 협약은 어떠한 형태여야 하며 또한 그것을 마련하고 이행하는 것은 얼마만큼의 정치적 실현 가능성이 있는가? 국가와 기업은 플라스틱 제조와 사용을 기꺼이 포기할 것인가? 기후변화와 화석연료의 경우처럼 플라스틱 생산과 사용 역시 전 세계 어디에서나 일어나는 일이기 때문에 단계적 폐지를 의무적으로 적용하기는 어려울 것이다. 위에서 본 바와 같이 오존층 파괴 주요 물질인 염화불화탄소*의 사례와 달리 플라스틱은 대체재를 찾기가 쉽지 않다. 일반적으로 국가 간의 경쟁적 이해관계가 개입되면 국제적인 합의 도출은 항상 어려운 문제가 된다.

그러나 글로벌 플라스틱 협정 옹호자들이 사용할 수 있는 전술이 있긴 하다. 첫째, 환경 운동가에서부터 플라스틱 생산자에 이르기까지 모든 사람이 해결을 원하는 특정 이슈를 목표로 합의를 끌어내는 것이다. 가장 대표적인 예가 특히 아시아와 동남아시아의 해안가의 경우처럼 플라스틱이 바다로 흘러 들어가는 것을 꼽을 수 있는데, 이는 다른 쪽의 행위자에게는 폐기물 관리 역량 구축을 목표로 삼을 기회가 되기도 한다. 둘째, NGO와 기업 부문 대표에게 결정 권한을 부여하는 복수 이해당사자 협정을 개발할 수 있다. 셋째, 각국이 더 넓은 법적 틀 안에서 자국의 상황에 맞게 온실가스 감축 목표를 설정할 수 있는 파리협정에 의거하여 구속력 있는 조항과 구속력 없는 조항을 모두 담은 별도 협정 신설이 가능하다. 거의 200개국이 2017년 12월

* CFCs. 수소염화불화탄소(HCFC)와 수소불화탄소(HFC)로 대체 되었으나 이후 모두 사용이 규제되었고, 현재는 HFO 혼합제나 자연 냉매로 전환되는 추세이다.

플라스틱이 바다로 유출되는 것을 막기 위해 구속력이 없는 UN 결의안에 서명했다. 해양 건강에 관한 지속가능발전목표 14번을 통해 참여국들이 더욱 확실한 결과를 낼 수 있도록 유도할 수 있다.

플라스틱 거래의 글로벌 거버넌스: 스크랩인가 폐기물인가

위에서 논의된 거버넌스 접근방식은 모두 플라스틱의 생산, 사용 및 폐기에 초점을 맞춘다. 이와 관련하여 살펴볼 또 하나의 측면이 있다. 바로 세계 플라스틱 스크랩 거래의 문제이다. 플라스틱 폐기물 거래량은 전체 플라스틱 폐기물 측면에서는 매우 작은 부분을 차지하지만 앞서 설명한 대로 중국의 작전명 국가 검 실행으로 2030년까지 1억 1,100만 톤의 폐플라스틱이 갈 곳이 없어진다(Brooks 외 2018). 따라서 폐플라스틱의 상당수는 매립지로 직행하거나 소각을 통해 대기 중으로 퍼지거나 또는 바다로 버려질 가능성이 높다. 어떠한 조건에서 플라스틱 스크랩의 가치가 인정되는가? 스크랩의 유형, 상태 혹은 수입국이 제시한 조건에 따라 가치가 달라지는가? 1장의 시작 부분에 실제 사례로 소개한 이사용 종이상자의 예와 같이 한 사람의(또는 한 나라의) 쓰레기는 다른 사람에게는 재활용 가능성이 있는 폐기물이 될 수 있다. 이와 비슷한 경우라 할 수 있는 스크랩 분야의 세계 시장 가치는 한해 수백만 달러에 달한다.

또한 이 책의 주제와도 직접적으로 연결되어 있기도 한 플라스틱 스크랩 거래는 모든 유형의 국제 스크랩 거래에도 영향을 끼친다. 작전명 국가 검은 종이와 기타 유형의 스크랩도 단속했고 중국은 2018

년 미국과의 무역전쟁에서 스크랩 수입을 무기로 삼았다. 이는 또한 전자 폐기물 거래와도 매우 관련이 있다. 전자 폐기물과 플라스틱은 스크랩으로 확실히 분류되기엔 애매한 부분이 있어 쓰레기와 폐기물의 경계에 위치한다. 이 두 유형은 모두 부정적인 영향을 끼치지만 재활용을 통해서든 자원 추출이나 수리를 통해서든 추출 가능한 자원을 포함하고 있다. 그러나 다시 말하지만 폐기물 거래의 지속성 여부를 두고 펼쳐지는 강한 의견 대립은 전체 폐기물 거래에 파급 효과를 미칠 수 있는 불확실성을 야기한다.

국제적 수준에서 스크랩 거래를 규제할 수 있는 세 가지 확실한 선택지가 있다. 첫째는 스크랩 인증 이니셔티브의 도입이다. 자발적 인증과 친환경 제품 라벨링은 민간 기업이 자사 제품이 환경적으로(또는 사회적으로) 건전하다는 것을 알릴 방법이다. 이러한 방법은 목재 무역, 수산 및 기타 무역 상품(4장 참조)뿐만 아니라 의류 제조의 사회적 및 작업적 기준에도 적용되어 왔다. 폐기물재활용산업연구원은 2005년 스크랩 수출을 위한 재활용 산업 운영 표준Recycling Industry Operating Standard, RIOS 인증을 제정했다. 이 경우 RIOS 인증은 스크랩이 수입국(이 경우는 중국을 뜻함)의 기준에 따라 준비 및 세척되는 것을 의미한다. 그러나 이러한 조치는 국제 무역 규정상으로는 허용되지만 다른 인증 시스템이 안고 있는 몇 가지 동일한 문제를 피해 갈 수는 없다. 그 예로 인증 표준이 문제가 될 수 있다. 무엇보다도 이러한 인증 시스템에서는 수입국 내의 작업 및 안전 상태를 감시하고 검증하는 것 자체가 어려워진다.

다른 두 가지 선택지는 플라스틱 스크랩을 바젤협약이나 WTO

의 무역협정에 혹은 이 두 메커니즘에 모두 포함하는 것이다. 단 여러 복잡한 이유로 바젤협약이나 WTO의 무역협정은 확실한 효과는 내지 못하고 있으며, 플라스틱 스크랩이 이에 포함된다고 하더라도 거래 중단이나 촉진을 이끌어 갈 수는 없을 것이다.

국제 폐기물 거래를 규제하는 주요 국제 무대는 1989년 유해 폐기물의 국가 간 이동 및 그 처리의 통제에 관한 바젤협약이다(4장 참조). 본 협약은 잠재적 수입국의 사전 서면 동의 의무화를 목적으로 설립되었으며, 1995년 OECD 회원국에서 비회원국으로의 거래 금지 조약이 개정되었다. 소위 '바젤 금지Basel Ban'라 불리는 본 협약은 충분한 수의 국가 비준을 받지 못하여(20년이 지난) 지금까지도 완전한 법적 강제력을 갖추지 못하고 있다. 오히려 국경을 초월한 폐기물 투척 행위의 반규범적 합의를 끌어냈고 해당 사례를 감시하고 보고할 수 있도록 함으로써 유해 폐기물 거래를 형성하였다.

노르웨이는 2018년 6월 바젤협약 부속서 II의 특별 관심 생활폐기물 범주에 플라스틱 스크랩을 추가할 것을 제안했다. 무엇보다도 본 부속서 본문 부분에 기술적인 세부사항이 너무 길게 나열되어 있으며, 가정에서 수거한 폐기물과 가정 폐기물 소각 시 발생하는 잔여물을 '특별 고려대상'으로 명시하고 있다. 이는 수입국의 사전 서면 동의가 있어야만 OECD 회원국에서 비회원국으로의 수출이 가능하다는 것을 의미한다.[14] 이는 또한 지구 북-남 방향의 플라스틱 스크랩 수출 제한 조치로도 이어질 수 있다. 남쪽 국가(바젤협약에 따라 이 경우 중국도 지구 남쪽 국가에 속한다)로의 폐기물 수출 금지는 플라스틱 오염이 노동자에게 끼친 피해, 육지 환경 및 해양에 끼치는 부정적인 영향을 줄이고, 그 부담을 소비국가로 되돌려 놓는 것을 의미한다. 노르웨이의 이러한 제안이 받아들여지면 혁신을 장려하는 효과는 있을 수 있겠다(어디까지나 가능성일 뿐이지만). 그러나 전자제품의 경우는 이에 해당하지 않는다. 또한 스크랩이 재처리 및 재사용 되는 해외 시장을 폐쇄하여 폐기물 덤핑 사례는 물론 잠정적으로는 초국가적 스크랩 밀수 거래를 증가시킬 수 있다.

2018년 9월 바젤협약 실무 회의 당시 논의된 위와 같은 노르웨이의 제안은 개발도상국과 중국의 강력한 지지를 얻었지만 유럽연합을 포함한 다른 나라들은 이에 반대했다. 이 제안이 채택되면 여러 가지 문제가 발생한다. 첫째, 플라스틱이 바젤협약에 의해 해로운 물질로 정의될 만큼 관련 조건에 부합하는지는 명확하지 않지만 플라스틱이 그 자체로 위험한 물질은 아니다. 물론 이에 대해서도 해석의 차이는 존재한다. 또한 유해성 여부는 수입국 또는 수출국이 알아서 결정할 수 있는 사안이다. 둘째, 플라스틱 스크랩 거래에 관심을 둔 국가가 위의 제안 내용을 과도한 개입으로 간주할 시 결국 바젤협약과 바젤금지를 지지하는 회원국의 참여도에 부정적인 영향을 끼칠 수 있다. 또한 전자 폐기물 거래에서 보았듯이 세계 남쪽의 국가들, 즉 OECD 비회원국 간의 플라스틱 스크랩 거래라는 또 다른 문젯거리를 수반한다.

WTO는 다음의 두 가지 방법을 통해 플라스틱 스크랩 거래를 규제할 수 있다. 첫째, 바젤금지가 명시된 대로 발효될 경우의 가장 큰 우려사항은 무역 분쟁이 촉발될 수 있다는 점이다. WTO는 국제 무역을 통치한다. WTO와 그 전신인 관세무역협정GATT은 1940년대 후반부터 무역 자유화를 추진해 상품과 서비스의 전 세계적인 손쉬운 이동을 장려했다.[15] 타 회원국의 무역제한조치 제정이 의심되는 회원국은 WTO에 중재를 요청할 수 있다. 인도와 같은 나라(실제로도 그렇게 하겠다고 협박했듯이)가 바젤금지에 따라 재활용 가능 폐기물 수입국 명단에서 임의로 제외되어(실제로도 제외된 상태) 불공정 제한적 무역, 즉 차별을 당했다 주장하면 WTO에서 승소할 수 있다.

하지만 이는 WTO가 관여하는 유일한 경우이다. 전혀 예상치 못한 결과를 초래할 수 있으면서도 잠정적으로는 더 중요한 또 다른 방안은 국가 간 직접 무역 분쟁을 WTO가 판정하는 것이다. 1995년 이후 500건 이상의 사례가 WTO 분쟁 해결 패널에 제소되었다.[16] 이 중 환경 제한 조치와 관련하여 자국의 상품이 차별당한 듯한 사례로 제소된 경우는 몇 건 안 되지만 중대한 사항이다. 이러한 환경 관련 제소 결과는 복잡하게 나타난다. 환경 보호보다는 경제적 세계화의 가치가 우선한다는 사실이 직접적으로 드러나지도 않는다. 그러나 WTO는 중국이(결국) 스크랩 수입을 재개하도록 강제할 수 있는 주요 국제 기관이다.

지금까지 폐기물/스크랩 수출과 수입을 직접적으로 다룬 유일한 WTO 분쟁은 2006년에 유럽연합에 의해 제기되었다. WTO-브라질 재생 타이어 사건에서 유럽 위원회는 브라질이 재생 타이어 수입을 거부한 것에 대해 제소했다.[17] 유럽연합은 브라질이 자국 타이어 시장을 보호하고 있다고 주장했다. 반면 브라질은 결국 수명이 다한 타이어만 받아들임으로써 화재에서부터 질병 매개체인 모기의 번식지 양산 등 그로 인한 피해만 고스란히 떠맡게 됐다고 반박했다. 브라질은 2007년 단일 무역 상대국으로부터의 수입 차별을 이유로 실질적으로는 패소했지만, WTO는 보건 및 안전상의 이유로 중고 타이어의 모든 수입을 제한할 수 있도록 허용했다. 이 사례는 모호하게나마 향후 스크랩과 폐기물 거래 관련 거버넌스 마련에 실마리는 제공할 수 있을 것이다.

WTO에 사건을 제소하고 그에 따른 심의를 거치는 과정 등의 절차는 복잡하고 긴 시간을 필요로 하겠지만 거래를 목적으로 한 스크랩이 무엇인지 국제적인 정의에 대한 합의를 이끌어 내기에는 WTO가 가장 적합한 국제무대일 수 있다. 유럽연합-브라질 사례에서 알 수 있듯 WTO의 결정이 항상 환경 보호를 우선하여 옹호하지는 않지만(이 경우에는 재생 타이어가 브라질에서 환경 및 건강 피해를 야기한다는 것이 인정된다), 스크랩이 그저 환경 위험요소가 아닌 거래 가능한 상품으로 규제될 수 있는 문은 열어 둘 수 있을 것이다.

결론

> 재활용을 이끄는 것은 기술, 가치 또는 활용 목적의 요인이 아니다. 스크랩과 재활용품을 위해 필요한 것은 튼튼하고 안정적으로 형성된 시장이다(Minter 2013 인용 및 재표현).

플라스틱은 핵전쟁처럼 즉각적인 대재앙을 일으키지는 않지만 기후변화처럼 천천히 다가오는 폭력도 아니다. 장기적으로 어떠한 영향을 끼칠지 확실하지는 않지만 전 세계 어디에서나 쓰이고 있는 플라스틱은 지구상에서 인간의 깊은 인상을 또 다른 차원으로 나타낸다.

이번 장에서 언급된 여러 사례가 진행되는 와중에 본 장을 완성하였다. 해양 플라스틱 위기의 심각성을 인류가 깨닫게 되고, 중국이 2010년 중반 실시한 작전명 국가 검의 영향으로 플라스틱과 플라스틱 폐기물 또는 스크랩 문제가 국제 정치 무대로 올라 덩달아 탄력을 받게 되었다. 국제 스크랩 거래는 이미 오래전부터 존재해 왔지만, 작전명 국가 검 이후로 차질이 발생하고 있으며 그와 동시에 관심의 대상으로 떠올랐다.

플라스틱 스크랩에 관한 한 인류는 매우 불안한 세계 자원 개척지를 마주하고 있다. 플라스틱을 스크랩이라 칭하는 것조차 논쟁의 여지가 있다. 실제로 작전명 국가 검의 일부 분석에 따르면 부유한 나라들이 마침내 자신들의 무능한 처리 방식에 대한 인과응보적인 결과를 맞이하고 있다. 그러나 중고 전자제품과 마찬가지로 플라스틱 폐기물의 국제 거래를 완전히 중단시킬 수 있거나 중단시켜야 하는 것인지의 여부조차 아직 확실하지 않다. 적어도 현재로서는 지구 북쪽 국가에서는 플라스틱 알갱이나 기타 재활용품을 찾는 시장이 거의 형성되어 있지 않은 상태이다. 시장이 있어야 재활용 분야의 경제적 타당성을 확보할 수 있다. 따라서 플라스틱 스크랩은 재화의 측면에서는 국제 거래 규정의 대상이 되며, 위해 요소의 측면에서는 국제 환경 규제의 대상이 될 수도 있다. 궁극적으로 어느 쪽의 규제 대상이 되는지는 플라스틱 스크랩 문제가 어떻게 누구에 의해 다뤄지느냐에 달려있다. 즉 피해를 본 수출업자, 피해를 본 수입업자 혹은 또 다른 외부 당사자 중 누가 문제를 제기하느냐에 따라 적용 가능한 규제가 달라질 수 있다.

플라스틱의 미래를 보다 일반적인 관점에서 바라본다면 인류가 원하는 것은 화석 연료를 기반으로 하는 모든 종류의 플라스틱 대체재와 대안을 찾고 개발하는 보다 장기적인 해결책 마련이다. 플라스틱은 유럽연합의 경우처럼 여러 순환경제 계획에서 선두를 차지하고 있다. 이어지는 결론 부분에서 많은 국제 기구와 유럽에서부터 중국에 이르는 전 세계 정책 입안자들이 옹호하는 사후 폐기물의 미래 비전인 세계 순환경제를 더욱 심도 있게 살펴보고자 한다.

결론:
폐기물 없는 세상이 가능할까?

이 책은 버리는 물건, 거슬리지 않게 눈앞에서 치워져 더는 생각조차 안 나는 물품적 개념의 차원을 넘어 폐기물이 자원으로서(혹은 자원이 될 수 있도록) 활용될 수 있는 여러 방법 중 일부를 소개했다. 따라서 세계 폐기물과 재활용경제에 초점을 두고 책의 내용을 전개하였으며, 폐기물 생산, 국제 시장에서 거래되고 있는 자원 전환 가치를 지닌 폐기물, 국내는 물론 국경을 넘어서까지 최종 폐기 처분되고 있는 폐기물의 실체를 집중적으로 다루었다. 이 책은 다음과 같은 세 가지의 주제로 시작하였다. 첫째, 세계 자원 개척지로 부상한 폐기물. 둘째, 이 과정에서 규모나 범위가 모두 확장된 위험성. 셋째는 세계적 네트워크를 통해 거래되는 자원이자 위험과 불평등한 영향을 수반한 폐기물 관리를 둘러싼 거버넌스 측면의 도전과제이다. 이 '새로운' 세계 폐기물경제가 탄생한 배경에는 몇 가지 이유가 있다. 인간은 종류를 막론하고 폐기물을 점점 더 많이 지속해서 발생시키고 있다. 이 책을 통해 폐기물 안에 많은 가치가 갇혀 있음을 이해했을 것이다(전자 폐기물의 경우가 대표적이라 할 수 있겠다). 폐기물경제는 이미 세계화되었다. 폐기물은 해체, 재활용, 재사용 또는 폐기 장소로 비교적 쉽게 이동된다. 초국가적인 네트워크를 형성한 행위자들이 이 거래에 관여하고 있고, 수천만 명이 폐기물 작업으로 생계를 유지한다.

폐기물을 위험(혹은 외부성 물질) 또는 자원(혹은 원자재)으로 이해하는 것만으로는 충분하지 않다. 폐기물을 생계의 수단(폐기물 작업을 직업적 차원으로 바라보는 것)과 투입재(폐기물을 다시 생산 단계로 순환시키는 순환경제적 차원)로 새로이 바라보면 세계폐기물경제를 보다 깊이 이해할 수 있게 된다. 또한 1장의 박스 1.1에 언급된 6가지 관점(외부재로서의 폐기물, 위험 또는 위험요소로서의 폐기물, 물품으로서의 폐기물, 자원으로서의 폐기물, 생계 수단으로서의 폐기물, 투입재로서의 폐기물)에 따라 폐기물 수거 및 처리, 재활용 및 자원 추출, 예방의 가치를 살펴보기도 하였다(2장 참조). 마지막으로 폐기물은 변동 자원이다. 폐기물은 상황에 따라 쓰레기가 될 수도, 자원이 될 수도 있다. 하지만 모든 폐기물이 혹은 모든 폐기물의 구성요소가 재활용 또는 재탄생 될 수 있는 것은 아니며(휴대폰의 모든 부품이 가치를 지녔다고 할 수 없듯), 폐기물의 자원 가치는 시장 안정성에 의해 크게 좌우된다.

각 사례가 소개된 부분에서 이러한 주제를 자세히 다루었다. 3장에서는 공식, 비공식 분야의 폐기물경제와 이 두 분야가 교차하는 지점을 설명하였다. 4장에서는 전자 폐기물을, 5장 음식물쓰레기, 6장에서는 플라스틱 스크랩을 다루었다. 주제마다 세계적인 관점을 취했지만, 지역적(일부 사례의 경우는 말 그대로 동네 길가 차원에서) 관점에서 결과를 분석하기도 했다.

세계 자원 개척지인 폐기물

희소 자원 배분만으로는 경제 성장이 이뤄질 수 없다. 새로운 개척지를 찾고, 개발하고, 말 그대로 열어가며 경제 성장을 이끌어 갈 수 있다. 역사를 되돌아보면 인류는 토지, 금, 석유, 목재, 어류를 비롯한 여러 분야의 자원을 개척하면서 경제 발전을 이루었지만, 일부 자원은 이제 거의 고갈 상태이다. 폐기물이 자원으로 활용되고 에너지원으로 사용되는 사례가 점점 더 많아지고 있다. 여러 연구에서 밝혔듯이 지구 표면이나 땅속에 묻혀 추출되기만을 기다리는 폐기물의 양은 엄청난 규모를 자랑한다. 산업혁명 이후 축적된 폐기물은 무려 30조 톤에 달할 것으로 추정된다(Zalasiewicz 외 2017).

폐기물은 독특한 자원 개척지이다. 먼저 특정 분포지역이 없는 것이 특징이다. 전 세계 어디서나 사람이 사는 곳이라면 어김없이 폐기물이 존재한다. 어떤 폐기물은 접근이 매우 쉽지만 어떤 폐기물은 요새처럼 둘러싸인 곳에 존재하기도 한다. 폐기물은 곳곳에 분산되어 있기도 하지만 몇 헥타르까지 뻗어 있는 '초대형 매립지'에 쌓여 있기도 하다. 폐기물은 대개 이동성이 높다. 기존 광물과 달리 폐기물은 다른 곳으로 운송되어야 완전히 '채굴' 되지만 기존 광석과 나란히 제련되고 정제되기도 한다. 이러한 특성은 4장의 전자 폐기물 부분의 유연한 광산 활동 사례에 잘 드러나 있다(Knapp 2016).

또한, 폐기물은 고도로 세분된다. 2장에서 언급된 거레이의 표현대로 접시에 놓인 머스타드 소스 한 덩어리에서부터 사용 후 폐기된 핵 원자로에 이르기까지 모두 폐기물에 속한다. "인간이 사용을 원하지 않거나 사용하지 않게 된 것"에 해당하기 때문이다(Gourlay 1992). 그러나 인류가 폐기물을 활용하고 자원으로 개척해 나가려면 폐기물과 관련한 많은 것을 이해하고 알아야 한다. 처리 방법, 환경 잔류 시간, 위험의 종류와 내포 가치 등의 측면에서 음식물쓰레기, 중고 전자제품, 플라스틱 스크랩은 각각 매우 다른 물질로 분류된다. 같은 종류 내에서도 다양한 차이점이 존재한다. 예를 들어(RIC에 의해) 플라스틱도 종류에 따라 재활용이 여러 번 혹은 몇 번만 가능할 수도 있다.

어쨌거나 많은 종류의 폐기물이 공공 혹은 개인의 이득을 위해 재활용, 재처리, 재정비, 또는 재사용 되고 있다. 폐기물의 가치가 완전히 추출되면 인류에게 돌아가는 이득은 어마어마할 것으로 예상된다. 「글로벌 전자 폐기물 모니터」에 따르면 전 세계 전자 폐기물 저수지에 갇힌 폐기물의 가치를 값으로 환산하면 550억 유로(약 73조 원)에 달한다(Bald 외 2017).

이 책을 통해 폐기물이 어떻게 그리고 왜 전 세계적인 자원 개척지가 되는지를 설명하였다. 재활용이나 재처리를 위해 전자제품, 식품, 플라스틱 스크랩이 운송된다. 하치될 매립장으로 운반되는 것이 아닌 재처리와 재활용이 가능한 제조 업계와 시장이 있는 곳으로 향하고 있다. 지역 폐기물경제는 전 세계 어디에나 존재한다. 지역사회의 폐기물 수거업자가 먼 곳에서부터 배송된 전자제품을 해체한다. 다국적 광산 업체는 지구 남쪽 국가의 '도시 광업' 분야에 진출한다. 본문의 폐기물 사례가 소개되는 각각의 장에서 폐기물 거래 방향과 지속성을 더욱 자세히 이해하려면 폐기물 공급 측면뿐이 아니라 수입 폐기물에 대한 수요를 함께 살펴봐야 함을 강조하였다.

모든 자원 개척지가 그렇듯 폐기물 자원 개척지에도 분쟁과 갈등이 나타나며, 새로운 개척지가 주는 혜택을 차지하는 과정에서 다국적 이해관계자와 지역사회 간에 충돌이 발생한다. 정부의 개입은 비공식 노동자를 생계의 현장에서 멀리 떨어뜨려 놓는다. 이집트의 카이로시 당국이 자발린족이 전통적으로 행해왔던 재활용 작업을 다국적 기업의 손에 넘기려 했던 사례(3장)를 기억할 것이다. 자국의 전자제품과 플라스틱 스크랩 경제의 재정비를 목표로 중국 정부가 개입한 결과, 여기저기 즐비하게 늘어서 있던 많은 비공식 처리 시설이 질서 있는 산업단지로 재탄생되었다.

폐기물 개발 이익은 누구에게 돌아가는가? 이는 확실하게 누구라고 답변할 수 없는 문제이다. 폐기물과 스크랩을 수거하고 판매하는 일은 오래전부터 사회적 신분 상승의 기회로 활용되었다(Zimring 2015). 오늘날에도 비공식 폐기물 수거는 다른 형태의 비공식 작업보다 수입이 높은 편이다(진입 장벽도 낮다). 세계적인 규모로 살펴보자면 공공 에너지 기업인 베올리아나 폐기물·재활용 분야의 법인 업체인 웨이스트 매니지먼트 같은 세계 최대 기업 중 일부는 폐기물 수거와 처리보다는 대규모 재활용업과 에너지 발전을 통해 더 많은 수익을 올린다. 도시와 마을의 퇴비용 수거 시설과 수리점은 지역사회에 이익을 제공할 뿐 아니라 필수적인 서비스를 수행하기도 한다. 플라스틱 대체물 개발에 진출한 여러 중소기업과 혁신가들은 폐기물 예방 개념을 통해 이득을 보고 있다. 이처럼 저마다의 이익 창출원이 다양하기 때문에 가장 힘있는 곳으로 수익성이 흘러간다고 일반화할 수는 없다.

확대된 위험

그러나 이러한 세계화된 자원 개척지는 더 큰 위험을 동반한다. 더 많은 양의 폐기물 생산은 노동자에게 가해지는 위험 또는 버려진 음식물로 가득한 매립지의 온실가스 배출량이 증가하는 등 여러 위험이 파생됨을 의미한다. 환경에 머무는 기간이 매우 긴 유해성 폐기물이나 핵폐기물은 지난 수십 년 동안 출입 제한 공간에 격리되어야만 했다. 점점 더 많은 플라스틱 파편이 바다를 집어삼키며 해양 생물과 먹이 사슬을 위협하고 있다. 말 그대로든 비유적이든 '멀리두기 개념'은 이러한 세계화된 위험을 개념화하는 데 도움이 된다(Princen 외 2002). 폐기물은 사용된 지점에서 멀리 떨어진 곳에서 처리되는 경우가 많아 일반 소비자의 눈앞에서 사라지고 이내 잊힌다. 이는 결국 잠재적 해결책이 효과적인 지지를 받지 못하도록 방해만 될 뿐이다.

세계 폐기물경제의 노동자들은 명백한 위험을 마주하고 있다. 보호장비 없이 수공구로 낡은 전자제품을 해체하는 비공식 노동자는 수은, 다이옥신을 비롯한 여러 독성 물질에 노출된다. 이들은 또한 질병, 악조건의 날씨 그리고 세계 최대 규모의 초대형급 매립지 붕괴 또는 '쓰레기 사태' 등의 여러 위험에 가장 취약한 집단이기도 하다. 본문에서 정부와 기업 행위자의 등장으로 비공식 노동자들이 생계유지 현장인 일터에서 보상금 한 푼 없이 쫓겨나게 되는 취약한 상황을 설명하였다.

재활용과 재처리 자재 시장은 경제적 또는 정치적 충격에 매우 취약하다. 1차 자재 가격이 내려가면 2차 자재 가격은 더 내려간다. 미국을 비롯한 폐기물 수출국의 폐기물 수거와 관리에도 영향을 끼친 중국의 작전 명 국가 검은 세계 재활용 시장이 얼마나 빨리 붕괴할 수 있는지를 보여주고, 세계 시장이 얼마나 빠른 속도로 폐기물 유입에 대비하지 못한 말레이시아, 태국, 베트남 등으로 폐기물을 보낼 수 있는지를 설명하였다. 동시에 세계 시스템에서 약자로 간주한 이러한 국가들도 '작전명 국가 검' 이후 수개월 내에 각각 자체적인 규제 정책을 도입하여 원치 않는 수입에 저항할 수 있는 능력이 있음을 살펴보기도 했다.

세계 폐기물경제 위기에 대한 대책으로 제시된 몇 가지 방안은 매우 논란이 많다. 그중 하나가 폐기물 에너지 소각이다. 폐기물 에너지 소각은 지난 10년간 소득 상위 국가에서 엄청난 규모로 성장하였다. 특히 중국이 이 반열에 끼면서 2010년 당시 세계 총 에너지 생산의 0.1% 정도만을 차지했던 폐기물 에너지 분야가 2018년에는 10%까지 상승했다(Kaza 외 2018). 여기에 반대하는 글로벌소각대안연맹과 같은 단체는 폐기물 에너지 소각의 오랜 독성 유산과 지속적인 대기, 물, 토양 오염의 문제를 거론하며 이에 반대하고 있다(Baptista 2018). 한편 열처리 폐기물 에너지는 폐기물 처리(및 온실가스 배출 감소)의 일반적 방법의 하나로 간주하여야 하며, 보다 최신 기술은 오염을 더욱 감소시킨 형태일 것이라는 주장도 제기된다(Castaldi 2014). 그러나 이에 대한 논란은 계속되고 있다.

거버넌스 도전과제, 기회 그리고 이니셔티브

기존의 폐기물 관련 주요 거버넌스와 규제 방식으로는 새로운 세계폐기물경제와 그에 따른 기회와 위험을 다루기에 턱없이 부족하다는 것은, 이 책을 위한 여러 조사 활동을 시작하기 전부터 인정하고 싶지 않았던 너무도 명백한 사실이었다. 폐기물을 내다 버리고 처분해야 할 물건으로 간주한 국내적 차원의 폐기물 규제는 제품의 사용 이후 가치를 포획하는 데 실패하였다. 전자 폐기물이 그 대표적인 예이다. 재활용 폐기물 수거인들은 빠른 돈벌이를 생각하며, 즉 생계를 위해 수거한 전자 폐기물을 배에 싣는다.

국제적 차원을 살펴보면 다른 폐기물 문제를 다루기 위한 국제법적 협정이 일찍부터 실행되었다. 1989년 유해 폐기물 거래에 관해 바젤협약은 부유한 국가의 유해 폐기물을 가난한 국가로 덤핑처리하는 행태를 겨냥한 매우 중요한 지구 환경 정의 문제를 다루고 있다. 그러나 유해 폐기물 규제로는 거래량이 많이 발생하는 남-남 방향 전자 폐기물 거래의 복잡한 현실을 규제할 수가 없다. 또한 폐기물로 분류되지 않는 물품(예로 자선 단체 기부용이라 라벨이 찍힌 컴퓨터)이나 현재 상태로는 딱히 직접적인 위험을 끼치지 않는 물품(플라스틱 스크랩)을 규제하기에도 적합하지 않다.

이 책의 긍정적인 결과 중 하나는 아직 해결해야 할 많은 도전과제와 불확실성에도 불구하고 지역 단위에서부터 전 세계에 이르기까지 폐기물경제를 위한 많은 거버넌스 측면의 혁신과 여러 시도가 이뤄지고 있다는 사실의 발견이다. 1장에서 주장했듯 폐기물 자원 개척지의 가시성을 높이면 세계 폐기물경제의 확장된 위험을 완화하는 동시에 귀중한 폐기물 자원의 재사용을 장려하는 효과적인 거버넌스 메커니즘을 구축할 수 있다. 이러한 거버넌스 실행 계획은 국가 및 지방자치단체, 민간 부문 행위자와 NGO 그리고 국제 기관에 의해 설계된다.

폐기물 행동주의는 강력하고 다면적으로 나타난다. 폐기물 수거인 네트워크는 국경을 넘어 네트워크를 형성하여 자신들의 우려를 표명하고 목소리를 낸다. 음식물쓰레기와 플라스틱 폐기물 활동가들은 지역 슈퍼마켓과 식당을 일터로 삼고 있다. 전 세계 대형 NGO들은 폐기물 관련 캠페인을 활동 범위에 추가했다. 글로벌소각대안연맹을 비롯한 제로 웨이스트 NGO는 초국가적 네트워크를 형성하고 있으며, 학생 운동가들은 캠퍼스의 학생들을 동원한다.

폐기물을 스트림(처리 이후)과 물품(전체 생애주기와 함께)으로 인식하면서 정책적 접근의 폭이 확장되었다. 음식물쓰레기가 그 좋은 예이다. 폐기물 방지 옹호자들은 버려진 음식물 관련 이니셔티브와 생산에서 폐기까지 음식물을 전체 생애주기의 관점에서 보는 것의 중요성을 각인시키는 이니셔티브를 고안했다.

많은 사람이 전자 폐기물 거래를 중단시키려는 노력이 헛수고로 돌아가거나 어쩌면 역효과를 낳을 수도 있음을 우려한다. 따라서 대안적 거버넌스 이니셔티브는 전자 폐기물 거래의 현재 관행을 규제하고, 리스크는 최소화하면서도 멀리서 운반된 중고 기기를 수리 및 분해하는 작업자에게도 이득이 돌아갈 수 있도록 하는 방식에 초점을 두어야 한다. 예를 들어 가나의 전자 폐기물 분야 연구에 따르면 가나의 매립지는 전자제품의 수리 및 재판매 비율이 높게 나타나는 곳으로서, 단순히 폐기물이 소각되는 곳이 아닌 '비공식 녹색 경제'가 이뤄지고 있는 곳임을 시사한다(Minter 2016).

하지만 거버넌스 이니셔티브가 그렇다 할 해결책이나 수용 가능한 해결책을 찾지 못한 채 난항을 겪고 있는 분야가 있다. 여러 대안을 찾으려는 다양한 시도에도 불구하고 플라스틱 스크랩 분야는 여전히 매우 많은 문제에 직면해 있다. 또한 전자제품 분야의 경우 더 오래 사용이 가능하고, 수리가 용이하며, 더욱 안전하게 해체될 수 있도록 설계 방향을 근본적으로 바꾸라는 외침에도 불구하고 강력한 힘을 가진 제조사들은 꿈쩍도 하지 않고 있다.

지역 단위와 국제적 차원의 정부 행위자들은 폐기물의 자원으로서의 가치 인식과 폐기물 발생 최소화를 겨냥한 종합적인 거버넌스 틀을 만들기 위해 노력하고 있다. UN의 지속가능발전목표는 폐기물 예방을 위한 명확한 요소를 규정했으며 특히 음식물쓰레기를 중심으로 구체적인 목표를 설정하고 있다. 현재 지구촌이 당면한 해결 과제는 바로 스크랩 거래 문제이다. 즉 플라스틱 폐기물과 전자 스크랩이 어떠한 조건에서 어느 순간에 폐기물과 스크랩으로 각각 분류되어야 하는가의 문제이다. 이것이 어떻게 정의되고 실행되는지에 따라(만약 그렇게 된다면) 향후 수십 년간의 세계 폐기물경제의 관행이 결정된다.

초국가적 문제

이 책을 연구하고 써 내려가면서 추가적으로 파악한 사실이 있다. 모든 경우의 폐기물 거래에서 나타나는 관행, 초국가적 폐기물 활동주의의 반향을 넘어 더욱 그리고 가장 중요한 사실을 강조하고자 한다.

첫째, 이 분석은 세계 폐기물경제에서 나타난 북-남 거래 방향의 기존 통념을 뒤집어 놓았다. 이제는 세계 남쪽 국가들이 북쪽 국가가 버린 폐기물의 수동적인 피해자라고 말할 수 없다(Montgomery 1995). 중국, 가나, 나이지리아와 같은 폐기물 재처리 및 사용이 가능한 국가의 제조업을 중심으로 시장이 형성된다. 조시 레포스키의 연구는 조밀하고 다차원적인 전자 폐기물 거래 네트워크를 밝히는 데 가장 크게 기여했다(예로, 레포스키의 2018년 연구가 있다).

둘째, 제품 설계 단계는 제품의 전체 공급망과 마찬가지로 폐기물의 발생량과 그에 따른 위험을 최소화하는 데 있어 매우 중요한 부분이다. 전자제품은 값비싼 금속뿐만 아니라 매우 위험한 물질도 포함하고 있다. 보다 최신 세대의 전자제품일수록 제조사가 부품(배터리) 제거나 교체를 아예 불가능하도록 제품 일체형으로 설계하기 때문에 사용 후 바로 폐기될 가능성이 더 커진다. 이러한 설계 관행은 결국 이에 반대하고 수리 시설 설치를 독려하는 '수리권' 운동에 불을 지폈다.

셋째, 이 책의 대부분은 중국이 플라스틱과 종이 스크랩의 수입 항구를 폐쇄하는 작전명 국가 검을 발표하겠노라 위협한 후 실제 발표와 실행으로 이어졌던 2017년 1월부터 2018년 9월에 이르는 기간에 작성되었다. 나는 중국의 1차 단속(녹색담장정책)이 시작된 2013년부터 중국의 스크랩 수입 규모를 이미 파악하고 있었다. 또한 UC 버클리 대학교의 졸업생을 지도하는 과정에서 폐기물을 주제로 삼은

한 학생의 논문을 통해 대학교 캠퍼스 재활용 통에 버려진 플라스틱이 어디로 향하는지를 추적할 수 있었다(Davis 2014). 2017년 초 무엇인가 큰 일이 일어났다는 소문이 돌아 『웨이스트 다이브』와 업계 저널을 읽기 시작했다. 7월쯤 중국의 작전명 국가 검이 발표되었고 매우 짧은 기간에 다가온 그 여파와 심각성에 놀라지 않을 수 없었다. 그 후 나는 관련 토론장과 회의장을 찾아다니며 폐기물 산업 대표들이 자신들의(피해) 사례를 중국 정부에 제기한 사례는 물론, 캘리포니아 북부의 재활용 시설에서 바닥부터 천장 높이로 잔뜩 쌓여있는 오래된 종이 폐기물 더미를 다루는 사람들의 사례까지 다양한 이야기를 듣게 되었다. 그동안 심각한 일이 계속해서 펼쳐지고 있었다. 세계(환경) 정치학자인 나에게 두 가지 사항이 눈에 들어왔다. 첫째, 세계 경제에서 중국의 역할 변화를 고려할 시 지정학이 할 수 있는 역할 범위는 어디까지인가? 둘째, 중국 정부와 WTO의 조치와 결정이 전 세계 북쪽 국가의 도시와 마을 단위의 재활용 수거 관행과 정책에까지 영향을 끼친다는 사실이다. 이는 지역 경제와 세계 폐기물경제가 어떻게 불가분의 관계에 놓여 있는지를 매우 잘 드러낸다.

이제 많은 이들이(비록 동일한 비전을 공유하지는 않더라도) 구현하고자 하는 세계 순환경제라는 미래의 비전으로 화제를 전환해 보자.

폐기물 없는 세상? 세계 순환경제

과연 폐기물이 없는 세상을 만들 수 있을까? 폐기물이 없는 세상이란 폐기된 모든 것이 재활용, 재처리되거나 생산적 사용 단계로 되돌아가 폐기물이 애초에 발생하지 않도록 설계되거나 일회용품 사용 문화가 절약과 재사용의 문화로 대체된 곳을 뜻할 것이다. 이러한 세상은 폐기물이 자원으로 간주된 책 속에서 논리적으로 도달할 수 있는 이상적인 세상이자 순환경제 옹호자들이 궁극적으로 추구하는 비전이다(2장 참조).[1]

개인적으로 더러움, 무질서, 악취가 없는 세상은 상상할 수가 없다. 1980년대 후반의 어느 여름날 뉴욕시를 처음 방문한 나는 그곳의 쓰레기 냄새에 매혹되었다. 이 책을 쓰면서 비로소 뉴욕이 미국 내 주요 도시 중 유일하게 쓰레기봉투를 도로변 연석 옆에 쌓아두는 곳임을 알게 되었다. 물론 이는 개선되어야 할 관행이다. 하지만 이는 플라스틱 병, 뚜껑, 빨대, 전자기기 및 기타 소비자 눈에 잘 띄는 21세기형 생활용품이 대량으로 보급되기 수십 년 전의 일이다. 세계 폐기물경제에 순환성 요소가 내재된 징후가 나타나고 있다. 제품에 스마트 디자인을 접목하고 재활용과 재처리에 더 나은 기술을 접목하는 것은 중요한 단계다. 일회용 플라스틱 제품 규제가 전 세계적으로 늘어나는 추세며, 많은 지역 단위의 관할 구역이 비공식 폐기물 노동자들이 공공 폐기물 관리 시스템에 통합되도록 노력하고 있다(실제로 그렇게 되는 경우가 많지는 않지만).

유럽연합의 순환경제 전략은 무엇보다도 플라스틱 사용을 재활용 가능한 플라스틱으로만 제한하고 일회용 플라스틱 사용의 최소화를 강조하고 있다. 중국 역시 최근 5개년 계획을 끌어낸 순환경제 정책을 개발했다(Mathews와 Tan 2016). 엘렌맥아더재단의 뉴 플라스틱 이코노미New Plastics Economy 이니셔티브는 플라스틱 생애주기의 선형적인 '생산, 제조, 폐기' 구조에서 벗어나는 것에 초점을 두고 있다. NGO연합인 #Breakfreefromplastics는 플라스틱 사용과 소비에 반대하는 여러 조직을 한곳으로 모은다. 마지막으로 여러 법인 업체, 지역 당국 및 기타 단체들은 폐기물, 에너지, 자재의 사용이 재생 모델에 통합됨으로써 플라스틱, 전자, 생물학적 폐기물 문제를 다룰 수 있도록 순환경제 프레임워크를 활용한 미래 비전 구축에 박차를 가하고 있다.

자체 시장, 네트워크, 역동성 등을 지닌 폐기물경제를 세계 자원 개척지로 바라보게 되면서 세계 순환경제의 필요성이 부각됨과 동시에 일부 문제점도 드러나고 있다. 순환경제는 기술 관료적* 프로젝트의 성격으로 제시될 수도 있다(Gregson 외 2015). 그러나 본 책에서 인용된 여러 사례를 통해 순환경제 정책에 의해 야기된 복잡성과 의도하지 않은 부정적인 영향, 즉 다음과 같은 '어두운 이면'의 일부가 드러났다.

첫째, 책을 쓰기 위한 조사 활동 과정에서 순환경제의 틀 안에서 서로 대립하고 있는 폐기물 전환과 폐기물 예방의 개념 사이에서 팽팽한 긴장감이 느껴졌다. (가능한 범위 내에서) 폐기물이 경제 및 사회 체제 전반에 걸쳐 아예 발생하지 않도록 애초에 설계를 계획해야 하는가? 혹은 재활용, 재처리 및 에너지 복구를 가능하게 하는 것이 우선적 목표가 되어야 하는가? 이러한 갈등은 폐기물과 자원 회수 업계 그리고 순환경제와 제로 웨이스트 옹호자 간의 상호작용에서 가장

* 전문적 지식이나 과학기술 등에 의한 지배를 말한다.

잘 드러난다.

둘째, 폐기물 발생과 처리 과정에서뿐만 아니라 이러한 문제를 해결하는 방법에서도 뿌리 깊은 불평등과 부당함이 발견된다. 기후변화를 막거나 순환경제를 구축한다는 명목하에 매립지가 폐쇄되거나 폐기물 에너지 설비가 구축될 시 수천 명의 사람들이 생계 현장에서 내몰릴 수 있다. 순환경제가 북방의 엘리트 국가에 의해서만 추진되는 것이 아니냐는 우려 속에 실제로 세계 순환경제가 세계 각지에서 무엇을 의미하는가에 대한 광범위한 논쟁에서 남쪽 국가의 목소리가 거의 반영되지 않은 사실이 드러났다(Schröder 외 2019).

셋째, 순환경제는 어느 정도의 규모로 설계되어야 하는가? 식품은 일련의 지역 순환경제 단위로 설계 및 실행될 수 있는 분야이다. 음식물쓰레기는 기존 및 신규 지역 식품 시스템으로 순환 및 처리(감량, 재유통, 퇴비화를 통해)가 가능하다. 이러한 방법은 식량 손실이나 음식물쓰레기의 구조적인 문제를 해결하진 못하겠지만 지역적 차원에서의 상당한 진전은 이룰 수 있을 것이다. 또한 유기성 폐기물을 통해 온실가스를 감축시켜 인류의 기후변화 해결 노력에도 기여할 수 있다. 한편 식량 공급망이 전 세계적으로 뻗어 있기 때문에 식량 손실과 음식물쓰레기 처리는 해결하기 더 어려운 문제가 된다.

플라스틱이나 전자제품의 경우에는 지역적 해결책이 효과가 없을 것 같다. 제조된 곳과 사용된 곳이 멀리 떨어져 있듯이 재활용과 재처리 공장 역시 폐품이 사용된 곳에서부터 멀리 떨어져 있다. 세계 또는 지역 차원의 순환경제는 폐기물과 재활용품의 국경을 초월한 이동에 여전히 의존할 것이다. 물론 다소 중립적인 용어인 '이동'이 정확한 표현이지는 않다.

이러한 이동 관행은 경제적인 이득을 목적으로 수요가 발생하는 해외 시장과 제조 공장으로 폐기물을 운송하는 행위자들에 의해 주도된다. 그러나 현재 진행 중인 이러한 거래 행태는 그에 수반된 위험을 최소화하기 위한 일종의 거버넌스가 필요하다.

글로벌 거버넌스와 정치 분야에 몰두한 정치학자들은 이러한 위험을 최소화하는 목적의 거버넌스를 비판한다. 이들은 전 지구적 문제를 규제하려 할 때 고려되는 사항인 경쟁적 이해관계, 복잡성과 불확실성 그리고 정의의 함의 문제까지 포함된 복잡한 정치적 맥락에서 이 문제를 다루려 한다.

그러나(그리고 마지막으로) 미국과 유럽의 아무리 많은 소비자가 빨대 사용을 포기한다고 하더라도 세계 곳곳에서 성장 중인 초대형 도시의 폐기물 생산과 처리 문제를 다루지 않는 한 결코 "폐기물 정점peak waste"(Hoornweg 외 2013) 문제를 피해갈 수 없을 것이다.

유럽을 비롯한 부유한 국가에서는 폐기물 생산과 매립 처리가 감소하고 있지만 세계 남쪽 국가의 일부 지역에서는 빠른 도시화가 진행됨에 따라 비유기성 폐기물 생산량이 기하급수적으로 증가하고 있다. 따라서 인류는 자원, 원자재, 생계수단 등 폐기물의 복잡한 가치적인 측면을 다뤄야 함과 동시에 전 세계 도시 곳곳에 이상적인 폐기물 관리 시스템 구축이라는 어렵고도 오랜 문제를 해결해야 한다.

최종 결론

폐기물은 지구촌 어디에나 도처해 있으면서도 매우 국지적인 존재이다. 이 책 전반에 걸쳐 소개된 사례를 통해 어떻게 폐기물과 폐기물 관련 연구가 더 넓은 범위와 정치적 시각에서 폐기물 문제를 바라볼 수 있는지를 설명하였다. 사회와 정부의 관계, 기업 부문의 변화와 성장, 거리 정치와 민권 운동에 이르는 사례까지 모두 이러한 예에 속한다. 폐기물이라는 렌즈를 통해서 더 넓은 사회 정치적 문제와 갈등을 바라볼 수 있다. 폐기물학의 부분적 설립 목적은 더럽고 무질서함이 시사하는 중대한 의미를 발견하고 폐기물이 더 넓은 사회적인 측면에서 다뤄질 수 있도록 하기 위함이다(Liboiron 2018).

서문에서 말했듯 이 책은 폐기물과 재활용에 관한 개인(특히 폐기물을 염려하는 북방 국가의 소비자)의 선택과 행동에 초점을 두지 않는다. 그러나 결론적으로 보면 개인 역시 시민으로서 또한 최소한 소비자(그리고 폐기물 생산자)의 책임은 질 수 있다. 이를 위해 몇 가지 선택사항을 제시하고자 한다. 우선, 내가 속한 지역 정부가 어떠한 일을 하고 있으며, 특히 변화하는 국제 환경에 발맞추어 적절한 지역 폐기물 관리 프로그램을 구축하는 데 있어 어떠한 지지나 지원이 필요한지를 살펴볼 수 있다. 또 다른 방법은 법적으로 일회용 플라스틱 사용 제한을 할 수 없도록 선제적 조치를 행하는 자들에 반대하여 주 정부를 대상으로 로비 활동을 펼치는 것이다. 혹은 수리권 옹호 단체를 지원하거나 전자기기 수리 허용을 위한 투표의 기회가 생긴다면 투표에 적극적으로 참여할 수도 있다. 국제적 차원의 노력으로는 폐기물 수거인 협회와 그들의 목표를 지원하고, 폐기물 처리와 관련된 멀리두기 관행의 정치적, 환경적 영향을 이해하는 것이 있다.

혹은 글로벌 차원의 폐기물 관리 부분에서 일하거나 이를 지원할 수 있는 방법을 찾을 수도 있다. 이러한 참여적 행동은 폐기물 처리를 둘러싼 특정 위기를 해결하는 데 도움이 된다. 또한 폐기물 관리, 재활용 그리고 예방 정책이 기후변화에 대항하는 중요한 도구라는 사실이 명백해지고 있다(O'Neill 2018b).

아이디어는 끝도 없다. 세계 폐기물 위기를 해결할 수 있는 방법은 여러 가지이다. 세계 자원 개척지가 던지는 기회, 위험 그리고 거버넌스 차원의 도전 과제를 이해한다면 지구촌이 추구해야 할 중대한 방향적 제시는 얻은 셈이다.

독자를 위한 글:
폐기물 문제의 가시화

내가 처음 폐기물이란 주제를 접했던 20년 전과 비교해 요즘은 관련 자료나 정보를 더 쉽게 더 많이 찾아볼 수 있다. 최근 연구 결과, 행동주의 보고서, 기사문, 학술 논문 등을 통해 폐기물이 더 가시적인 주제로 떠올랐으며, 폐기물의 여정도 더욱 자세히 추적할 수 있게 되었다. 『웨이스트 다이브』와 같은 온라인 매체, 주요 무역협회와 국제 기구의 보고서, 폐기물 연구 분야의 연구 성과를 다룬 폐기물 관련 데이터, 뉴스, 학술 분석 자료 등 내가 이 분야에서 첫발을 내딛던 시절에 비해 얻을 수 있는 자료와 데이터가 훨씬 풍부해졌고 접근성도 높아졌다. 이 책에서 언급된 다양한 국제 기구, 일간지와 정기간행물, 학술논문 등의 연구 동향이나 현황을 놓치지 않고 따라갈 수 있는 가장 좋은 방법 중 하나는 트위터를 활용하는 것이다(예로 @discardstudies, @wastedive, 그 외).

본 섹션은 폐기물과 관련 연구 분야에 대해 자세히 알아보고 연구를 위한 방향에 초점을 맞추고 있다. 우선 기초적인 폐기물 자료를 찾기는 더욱 쉬워졌지만, 주의해야 할 사항이 있다. 서로 다른 정의, 불완전한 정보, 비공개 정보, 폐기물 생산, 처리, 거버넌스의 투명성을 저해하는 요소 등이다. 이는 모두 데이터의 한계에 직면하여 발생하는 문제들이다. 그렇지만 본 섹션에서 인용한 모든 연구는 폐기물 문제가 위험, 자원, 생계수단으로 부각될 수 있도록 기여했다. 모든 참고자료는 본 책의 참고문헌 장에 수록되어 있다.

현재와 향후의 세계 폐기물 현황을 다룬 중요 보고서로는 세계은행이 발행하는 「극심한 낭비」(2012, 2018)가 있다. 이 보고서는 '폐기물 정점' 개념을 도입하였으며, 국가 간 및 시간 경과에 따른 폐기물 동향을 탐색한다. 2015년의 「세계 폐기물 관리 전망」은 UNEP의 300페이지 분량의 보고서이다. 국제고형폐기물협회는 여전히 주요 정보 제공처의 역할을 하고 있다. 마찬가지로, 「글로벌 전자 폐기물 모니터」(Bald 외 2015, 2017)는 전 세계 전자 폐기물 생산 현장의 스냅숏을 제공한다. 천연자원방어위원회와 유엔식량농업기구는 음식물쓰레기와 식량 손실에 대한 가장 포괄적인 보고서를 작성했다(예를 들어 Gunders 2012; UNFAO 2011). 조지아 대학교의 제나 잼벡Jenna Jambeck과 동료 연구자들이 플라스틱에 대한 세계 기준을 설정하고 있다(Jambeck 외 2015; Geyer 외 2017; Brooks 외 2018). 폐기물 관련 보도는 풍부히 제공되고 있다. 『웨이스트 다이브』는 매일 발행되며(www.wastedive.com), 중국의 '작전명 국가 검'의 현재 진행 상태와 같은 세계적인 사건에서부터 매우 개인적인 사안(예로 여성이 남성보다 재활용을 더 많이 한다는 내용의 연구)까지도 다룬다. 『웨이스트 360』, 『리사이클링 투데이』, 『웨이스트 매니지먼트 월드』는 뉴스 보도 서비스도 제공하는 무역 전문 간행물로, 업계 소식을 알아보기 좋은 정보원이다. 『가디언』은 폐기물, 음식물쓰레기, 플라스틱 관련 이슈를 매우 폭넓게 제공한다.

폐기물이란 주제는 일반 글쓰기의 주제로도 널리 활용되고 있다. 영향력 있는 작품으로 로빈 네이글의 『쓰레기 줍기: 뉴욕의 거리와 폐기물 수거 트럭 주변의 환경미화 노동자들의 행위를 중심으로』, 애덤 민터의 『폐품처리 행성: 십억 달러짜리 스크랩 거래 여행』, 칼 짐링의 『깨끗하고 하얀: 미국의 환경 인종차별의 역사Clean and White: A History of Environmental Racism in the United States』(Carl Zimring 2015), 사만다 맥브라이드의 『재활용을 재고하다Recycling Reconsidered』(Samantha MacBride 2012), 조슈아 리노의 『웨이스트 어웨이: 북미 매립지에서 일하고 사는 것 Waste Away: Working and Living with a North American Landfill』(Joshua Reno 2016), 수전 스트레서의 『낭비와 욕망: 쓰레기의 사회사』(김승진 옮김, 이후) 등이 있다. 쓰레기학과 역사 이해에 있어 쓰레기의 중요성을 살펴보려면 흄(Humes 2010)과 랏제와 머피(Rathje와 Murphy 2001)의 연구를 참조할 수 있다.

그 밖에 '꼭 읽어야 할' 책이나 기사로는 레포스키의 『폐기물 재조립Reassembling Rubbish』(Lepawsky 2018)과 데이비드 윌슨David Wilson의 폐기물 관리 역사에 대한 2007년 기사, 앤드류 사스의 유해 폐기물 및 조직 범죄에 관한 1986년 기사가 있다. 폐기물의 세계 정치경제에 관한 1980년대 후반과 1990년대 초반의 고전으로는 거레이 『폐기물의 세계World of Waste』(Gourlay 1992), 브라이언 윈의 논문(Wynne 1987, 1989), 폐기물학 분야의 필수 교과서 격인 메리 더글러스의 『순수와 위험』(유제분·이훈상 옮김, 현대미학사)을 추천한다. 내가 연구 초반에 읽은 글로는 음식물쓰레기에 대한 아주 기초적인 설명을 담은 앳워터(Atwater 1895)의 연구를 꼽을 수 있다.

폐기물학회 홈페이지(www.discardstudies.com)에는 예술, 정치, 인문, 사회과학, 공학 등의 다양한 관점에서 살펴본 '폐기물과 낭비와 관련한 광의의 시스템, 구조, 문화'의 모든 관련 연구가 망라되어 있다. 이 사이트의 설립자인 맥스 리보이론Max Liboiron의 폐기물학 분야의 실무적 이야기*와 '폐기물학'의 개념 이해가 어떻게 다른 사회 현상을 이해하는 데 도움이 되는지의 내용을 다룬 다양한 기사와 글이 수록되어 있다.**

이 책에서는 매우 광범위한 분야인 '폐기물학'까지 다루지는 못하였다. 이 부분에 대해서는 「폐기물의 사후The Afterlives of 'Wastes'」(Gidwani와 Reddy 2011)를 추천한다. 특히 비공식 분야를 비롯한 폐기물 관련 질적 데이터 수집은 실질적, 윤리적으로 어려움이 따른다. 라울 파체코-베가와 케이트 파리지아우는 지역사회 폐기물 작업에 생계를 유지하는 취약 계층을 연구하는 방법으로 '이중 민족지학'의 개념을 적용하였다(Pacheco-Vega와 Parizeau 2018). 다중 매체와 여러 미디어 출처를 통해 폐기물 문제를 거론하는 것도 폐기물 문제를 가시화할 수 있는 유용한 방법이다. 애니 레오나르드의 「물건 이야기The Story of Stuff」(Annie Leonard 2007)는 전 세계 관객을 동원한 온라인 애니메이션 다큐멘터리로, 현재 진행 중인 멀티미디어 프로젝트로 이어지기도 했다. 도시 광산과 가나에 대한 사례로는 건축설계학 교수이자 실천가인 DK 오써아사레DK Osseo-Asare의 아그보그블로시에 대한 이야기를 담은 '가나의 스크랩 야드가 우리에게 혁신에 대해 가르쳐 주는 것

* 리보이론의 「폐기물학의 정의와 필요성(The What and the Why of Discard Studies)」(2018) 등. (원주)

** 리보이론의 「점거 운동에서의 폐기물, 쓰레기, 폐기물학 전술법(Tactics of Waste, Dirt and Discard in the Occupy Movement)」(2012). (원주)

들'이라는 제목의 테드 강연을 제공했다.* 탐마라 소마는 인도네시아의 음식물쓰레기에 관한 유튜브 영상을 올린다.** 수에즈 인바이론먼트는 자사 웹사이트에 오늘날의 복잡한 폐기물 관리 법인이 생겨난 원인을 소개하는 짧은 영상과, 19세기로 거슬러 올라가 초기 폐수와 고형 폐기물 수거 시스템을 담은 원본 영상을 보유하고 있다.***

이 책은 더욱 광의의 분야인 세계 환경 거버넌스와 세계정치경제의 틀 안에서 폐기물과 폐기물학을 조명하였다. 이 분야에 대해 좀 더 알아보길 희망하는 독자에게 다음과 같은 몇 가지 출발점을 제시하고자 한다. 『소비에 맞서다Confronting Consumption』(Princen 외 2002)는 폐기물에서 언급된 멀리두기 개념과 국제 정치와 거버넌스에 있어 방치됐던 소비의 역할을 이해하는 데 도움이 된다. 피터 도베르뉴Peter Dauvergne의 「플라스틱 거버넌스가 어떻게 바다를 망치고 있는가How Governance of Plastics is Failing the Ocean」라는 2018년 기사는 플라스틱 스크랩 분야에 있어 기존의 글로벌 환경 거버넌스가 어떻게 적용될 수 있는지를 개략적으로 보여준다. 『환경과 국제관계The Environment and International Relations』(O'Neill 2017b)는 글로벌 환경정치와 거버넌스의 기본 개념을 매우 자세히 소개한다. 민간 글로벌 거버넌스도 여럿 등장하였는데 그중 벤자민 캐쇼어와 동료 연구진이 인증 시스템에 대한 자세한 사항을 연구하고 있다(Cashore 외 2004). 자원 프런티어에 대한

---

* 본 강연은 https://www.youtube.com/watch?v=i_wtaoHCw3k에서 들을 수 있다.

** https://www.youtube.com/ watch?v=9q46XBJNbP4 (원주)

*** 다음의 웹페이지에서 접속할 수 있다. https:// www.suez.com/en/Who-we-are/A-worldwide-leader/Our-history

연구로는 펠루소(Peluso 2017)를 참조할 수 있으며, 세계에서 중국의 변화하는 역할에 대해서는 진다 외(Zinda 외 2018)의 연구를 소개한다.

마지막으로 폐기물이 가시적인 문젯거리로 떠오른 것과는 별도로 폐기물, 폐기물 작업 그리고 그것이 표현하는 바가 대중문화의 예술 행위로 나타나는 경우를 살펴보지 않을 수 없다. 예술과 문학은 시각화와 허구의 스토리를 통해 폐기물과의 인간관계를 탐구한다. 오래된 회로판으로 만든 악기, 해양 플라스틱으로 만든 조각품, 폐기물 하치장이 중국 고전 그림처럼 보이도록 연출하는 사진 예술 등의 폐기물 아트는 실질적으로 하나의 자체 장르가 될 수 있으며, 다양한 분야에도 널리 활용되고 있다. 폐기물을 주제로 한 공상과학 소설인 파올로 바치갈루피의 『십브레이커』(나선숙 옮김, RHK)나 조 해리스Joe Harris와 마틴 모라조Martin Morazzo의 그래픽 노블인 『위대한 태평양Great Pacific』 시리즈 등 다양한 장르를 찾아볼 수 있다. 청소부와 고물 판매업자는 영화에서 종종 '아웃사이더'로 묘사되는 단골 직종이다(「매드 맥스: 분노의 도로」, 「파이어플라이」, 물론 「스타워즈」도). 그리고 마지막으로 많은 사람이 좋아하는 영화이자 빼놓을 수 없는 픽사의 「월-E」는 인류에 의해 황폐해지고 고갈된 지구가 거대한 스크랩 폐차장으로 변해버린 모습을 배경으로 한다.

주

1장 폐기물과 국제 정치경제

1 Michael Stothard, "Nuclear Waste: Keep Out for 100,000 Years," *Financial Times*, July 14, 2016.

2 세계 폐기물 및 재활용경제를 이해하기 위해서는 지구 북쪽의 부유한 나라들과 남쪽의 가난한 나라 간의 사이의 변화하는 관계(이러한 차별화는 더 심화되고 있지만)를 먼저 파악해야 한다. 양 측을 구별하는 용어로 북-남, 부유국-빈곤국, 선진국-개발도상국(혹은 저개발국) 등이 사용되고 있다. 유해 폐기물 무역을 다룬 바젤협약도 경제협력개발기구(OECD) 회원국과 지구 남쪽 국가를 뜻하는 OECD 비회원국을 구분하고 있다. 그러나 이러한 이분법적 구분을 적용하기엔 상황이 변화하고 있고, 실제 현상을 제대로 반영하고 있지도 않다. 중국은 30년 전만 해도 국제 정치학적 관점에서 지구 남쪽에 속하는 국가였다. 그러나 이제는 신흥 경제국으로 떠오르면서 산업화를 이룬 경제 대국으로 부상했다. 이러한 내용은 6장에 보다 상세히 기록되어 있다(물론 중국은 여전히 '가난한 국가' 찬스를 이용할 때도 있다). 국가 내 소득 불평등 심화가 부유한 국가의 비공식 부분의 노동을 촉진하고 있다. 반대로 가나와 같은 전자 폐기물 수입국의 대부분은 빈곤과는 거리가 멀다. 오히려 산업과 소비 부문이 번창하고 있기 때문에 북쪽의 소비자들이 더 이상 사용하지 않는 전자 제품에 대한 수요가 계속 발생하고 있다.

2장 폐기물 이해하기

1 「극심한 낭비」 2.0 (Kaza et al. 2018; 무료 다운로드 가능)의 2장에서 관련 데이터가 표와 차트로 정리되어 있다. 29p의 '2016년~2050년 사이 국가별 예상 폐기물 발생량' 부분 참고.

2 "남 보기에 지저분해 보이는 일이 돈벌이는 잘 된다"는 오래된 영국 속담이다. "Where there's muck, there's brass." 직역하면 "오물이 있으면 거기 놋쇠가 있다"는 의미로 놋쇠는 돈, 오물은 거름이나 폐기물 등으로 다양하게 정의될 수 있다. 그러니까, 폐기물이 있는 곳에서 돈벌이가 된다. Paterson (2012) 참고.

3 Eurostat, Municipal Waste Statistics, Figure 2: Municipal waste treatment by type of treatment, EU-28, (kg per capita), 1995-2017 (updated January 2019), https://ec.europa.eu/eurostat/statistics-explained/index.php/Municipal_waste_statistics#Municipal_waste_treatment

4 재활용에 관한 추가 정보는 다음을 참고. "A brief history of household recycling", https://www.citylab.com/city-makers-connections/recycling/

5 WTE 기술에 관한 정보는 다음을 참고. Sustainable Energy Africa, http://sustainable.org.za/userfiles/incineration(1).pdf

6 소각과 폐기물 에너지 문제에 대한 상세 사항은 GAIA 공개 자료를 참고. http://www.no-burn.org/incineration/

소각 반대 운동에 관한 추가 정보는 다음을 참고. Balkan (2012) (China); Baptista (2018) and Davies (2007) (Ireland); Rootes (2013) (UK); Henry (2018) (Moscow); Demaria and Schindler (2016) (Delhi); Sánchez (2018) (Mexico City); and many others.

7 또 다른 용어인 폐쇄루프(closed loop)는 산업 시스템(이를 생태계로 비유)의 물질과 에너지 흐름을 지칭하며, 로버트 프로슈와 같은 산업 생태학자들의 연구와 연관되어 있다(Robert Frosch 1997). 생산자책임확대 정책으로 폐쇄루프의 용어 사용이 구체화되었다. 또한 폐쇄루프는 제조 공장, 기업, 산업 부문 또는 산업 활동 전반에 걸쳐 다양한 수준에서 적용될 수 있다. 기업, 제조업체, 재활용업체 등의 기술과 가장 밀접한 관련이 있다.

3장 폐기물 작업

1 Dias (2016), Jo Beall과 Nanzeen Kanji 인용, "Households, Livelihood and Urban Poverty," ESCOR 배경지식 문서 도시 개발 연구(도시 거버넌스, 파트너십, 빈곤)를 위해 1999년 의뢰됨.

2 US BLS 통계 자료 참고. 폐기물 관리 및 복원 서비스(Waste Management and Remediation Services, NAICS 562) 웹사이트에서 접속 가능. https://www.bls.gov/iag/tgs/iag562.htm#earnings, https://www.bls.gov/cps/cpsaat18.htm

뉴욕시 환경미화원 모집에 하버드 대학교 지원자보다 더 많은 사람이 지원했다고 한다. 다음의 기사 참고. Jaime Hellman, "Sanitation Gold: NYC Garbage

Collection Jobs in Huge Demand." *Aljazeera America*, January 13, 2015 at http://america.aljazeera.com/watch/shows/real-money-with-alivelshi/articles/2015/1/13/sanitation-gold.html

3 Statista의 데이터, 2010년~2020년의 전 세계 폐기물 관리 시장 예상 규모(미화 10억 달러, 약 1조 1,300억 원). 작성자가 있는 원본 파일.

4 세계 경제 비공식 노동자 관련 참고문헌. Ashiagbor (2019), Bob-Milliar and Obeng-Odoom (2011), Bromley and Wilson (2018), Chen (2012) and Herod (2018).

5 비공식 폐기물 작업 관련 참고문헌. Dauvergne and LeBaron (2013), Dias (2016), Dias and Samson (2012), Grant and Oteng-Ababio (2012, 2016), Hartmann (2018), Linzner and Lange (2012), Marello and Helwege (2018), Moore (2009), Parizeau (2015), Vergara and Tchobanoglous (2012).

6 카이로 자발린족 관련 참고문헌. Bower (2017); Davies (2016); Fahmi and Sutton (2010); Hessler (2014); Slackman (2009).

7 노동 통계국, NYC 위생국 2016년 민간 운반 연구로 Rosengren (2016) 참고.

4장 전자 폐기물

1 J. B. MacKinnon, "The L.E.D. Quandary: Why there's no such thing as 'built to last'," *The New Yorker*, July 14, 2016.
G. Slade, *Made to Break: Technology and Obsolescence in America*. Cambridge, MA: Harvard University Press, 2009.

2 미국환경보호청(USEPA)의 전자 폐기물 데이터 참고. https://www.epa.gov/recycle/electronics-donation-and-recycling

3 도시 광산 관련 참고문헌. Grant and Oteng-Ababio (2012, 2016), Knapp (2016), Krook and Baas (2013), Lepawsky et al. (2017), Minter (2013); Labban (2014) and Reddy (2016).

4 본 절에서는 다양한 등급과 유형의 고철을 매우 간단하게 나타내었다. '새로운' 스크랩과 '오래된' 스크랩의 구분 기준이나 zorba, zurik, zebra와 같은 업계 전문 용어의 정보를 원하면 폐기물재활용산업연구원(ISRI) 웹사이트의 Scrap Specifications Circular 부분을 참고하거나 Minter(2013)와 Graedel 외(2011)의 논문을 참고할 수 있다.

5 HS 코드, 즉 "통일상품분류체계"는 수출입 기록 전반에 걸쳐 거래되고 있는 것을 표준화한다. 무역 관련 자료는 UN 컴트레이드 홈페이지에서 이용 가능. https://comtrade.un.org

6 Adam Minter (@adamminter), "Lots of News These Days About the Current Global Recycling Crisis," Twitter, September 13, 2018.

5장 음식물쓰레기

1 1945년에 제정된 유엔식량농업기구의 임무는 세계의 기아 문제 종식이다. 또한 전 세계의 식량과 농업 부분의 전문지식과 권위 있는 정보를 제공하는 주요 정보원이기도 하다.

2 폐기물자원행동프로그램은 플라스틱 폐기물과 순환경제에 관한 일을 하며 이러한 문제를 연계하여 정책적 권고를 하는 등 다양한 연구 및 옹호 활동을 펼치고 있다. 폐기물자원행동프로그램(WRAP)의 미션과 활동에 대한 추가 정보를 원한다면 홈페이지를 참고하라. http://www.wrap.org.uk

3 음식물쓰레기의 역사에 더한 추가 정보를 원하면 Schneider (2013)와 Evans 외. (2013)를 참고하라.

4 Eric Holthaus, "Stop Buying in Bulk," https://slate.com/business/2015/06/bulk-shopping-creates-food-waste-shop-more-often-instead.html

5 음식물쓰레기 활동단체는 식품 정의, 안보 및 주권활동, 지역/대안 식품운동의 성장과 밀접한 관련이 있다. Alkon and Guthman (2017) 참고. 활동 단체에 대한 추가 정보는 「59 Organizations Fighting Food Loss and Waste」 참고. https://foodtank.com/news/2016/07/fighting-food-loss-and-waste/

6 ReFED's의 세계 혁신가 지도는 다음의 링크 참고. https://www.refed.com/tools/innovator-database/innovators#active_tab=innovatorMap

7 Gunders (2012), Gunders 외 (2017) 참고. 세계자원연구소(WRI)의 식량 손실 및 폐기물 처리 프로토콜(The World Resource Institute's Food Loss and Waste Protocol) 및 관련 자료는 다음 홈페이지 참고. http://www.flwprotocol.org

8 Laudan의 블로그 포스팅 자료, Alexander 외 (2013), Gjerris and Gaiani (2013) 연구 참고. Laudan의 블로그는 다음의 링크를 참고. https://www.rachellaudan.com/2017/03/im-a-happy-food-waster.html
『디 어니언』의 음식 쓰레기 줄이기를 풍자적으로 보는 시선은 다음 페이지에서 접속 가능. https://www.theonion.com/how-to-cut-down-on-food-waste-1819592516

9 Claire Provost and Felicity Lawrence, "US food aid program criticized as 'corporate welfare' for grain giants." *The Guardian*, July 18, 2012; Mark Tran, "EU agriculture policy 'still hurting farmers in developing countries'." *The Guardian*, October 11, 2011.

6장 플라스틱 스크랩

1 이는 플라스틱에 관한 많은 책과 기사들 중 몇 가지에 불과하다. Rebecca Altman이 관련 목록을 게재한 웹사이트에서 본 장에서 인용된 여러 연구를 볼 수 있다. 다음의 링크에서 접속 가능. http://rebecca-altman.com

2 https://www.epa.gov/facts-and-figures-about-materials-waste-and-recycling/plastics-material-specific-data

3 이 수치는 2014년 7월 7일 중국 플라스틱 스크랩 협회의 보고 자료로 『리사이클링 투데이』에 실렸다. http://www.recyclingtoday.com/article/china-plastic-recycling-rate-decline/

4 Winter (2015), "Violent afterlife of a recycled plastic bottle," *The Atlantic*, December 4, 2015.

5 폐기물재활용산업연구원(ISRI)이 2017년 8월 WTO와 중국 환경보호부에 제출한 자료에 의거함. 보고자료 G/TBT/N/CHN/1211.

6 소비 후 재활용 산업계에 끼치는 영향을 고려할 때 플라스틱과 종이 스크랩(HS 3915&HS 4707)은 24개 폐기물 유형 중 가장 주목할 만한 품목이다. 그 밖의 유형으로는 철이나 강철(HS 2619) 제조 시 발생하는 슬래그, 드로스(알갱이 모양의 슬래그)와 비소, 금속 또는 그 혼합물(HS 2620)을 함유한 잔여물; 연사 폐기물을 비롯한 울 폐기물 또는 동물털 폐기물(HS 5103); 면화 폐기물(HS 5202); 인공섬유의 폐기물(HS 5505); 중고, 신형, 낡은 넝마, 삼실스크랩, 로프, 케이블(HS 6310).

7 Xavier A. Cronin, "America's Plastic Scrap Draft," *Recycling Today*, September 30, 2016. 이 기사에서 인용된 허드(Heard) 섬과 맥도날드 섬으로의 수출에 대해서는 거의 알려진 바가 없다. 다음의 링크 참고. http://www.recyclingtoday.com/article/americas—plastic-scrap-draft/

8 *Waste Dive*, "How recycling is changing in all 50 states," https://www.wastedive.com/news/what-chinese-import-policies-mean-for-all-50-states/510751/

9 이러한 목록에는 식기류(나이프, 포크 등), 면봉 및 식품 용기도 포함된다. 병과 관련된 부분은 Hawkins 외 (2015) 참고.

10 비닐봉지의 역사와 현재에 대한 설명은 다음 기사를 참고. Rebecca Altman, "American Beauties." *Topic*, August 2018, https://www.topic.com/american-beauties

11 최신 업데이트 정보는 다음의 웹사이트에서 확인 가능. http://www.ncsl.org/research/environment-and-natural-resources/plastic-bag-legislation.aspx

12 플라스틱 빨대에 대한 내용은 다음의 기사를 참고. Sarah Gibbens, "A brief history

of how plastic straws took over the world," *National Geographic* "Planet or Plastics" issue, June 2018. 반대의 의견은 Minter (2018)에서 확인 가능.

13 생분해성 및 퇴비성은 두 개의 별도 속성이다. 우리는 플라스틱을 포함한 모든 것은 결국 생분해가 가능하다고 생각한다. 포장용기에는 '퇴비성'이란 용어를 사용하는 것이 더 적절하다. 이는 올바른 조건하에 포장재 전체가 분해됨을 의미한다. 그러나 분해 조건에 상당히 전문적인 사항이 요구될 수 있다. 예를 들어 일부 퇴비성 식기류는 전용시설에서 처리되는 것보다 분해에 더 오랜 시간이 걸릴 수 있다.

14 이와 관련하여 더욱 자세한 정보는 다음에 수록되어 있다. https://www.ciel.org/plastic-waste-proposal-basel-convention/

15 세계무역기구(WTO)는 상품과 서비스의 복잡한 세계 무역을 보다 효율적으로 관리할 수 있도록 GATT와 기타 관련 협정을 통합하여 1995년 더욱 강력한 조직으로 탄생하였다.

16 세계무역기구 분쟁 사례에 대한 자세한 정보는 WTO 웹사이트에서 얻을 수 있다. 각 사례별 논쟁 및 결과에 대한 자세한 설명이 수록되어 있다. 다음의 링크 참고. https://www.wto.org/english/tratop_e/dispu_e/dispu_e.htm 국제환경법센터(Center for International Environmental Law, CIL)도 이러한 사례를 추적한다.

17 국제환경법센터의 분석 결과 참고. https://www.ciel.org/project-update/brazil-retreaded-tires/

결론: 폐기물 없는 세상이 가능할까?

1 코카콜라 회사의 사장 겸 CEO인 제임스 퀸시는 2018 세계 경제 포럼에서 바로 이 주제에 대해 연설을 했다. "쓰레기 없는 세상을 향해 나아가다(Moving toward a world without waste)." 다음의 링크에서 시청 가능. https://www.weforum.org/agenda/2018/01/world-without-waste-recycle-plastic/

참고문헌

Acaroglu, Leyla. "System Failures: Planned Obsolescence and Enforced Disposability." *Medium.com*, May 7, 2018.

Alexander, Catherine, Nicky Gregson, and Zsuzsa Gille. "Food Waste." In *The Handbook of Food Research*. Eds. Murcott, Anne, Warren Bellasco and Peter Jackson. London: Bloomsbury, 2013, pp. 471-84.

Alkon, Alison, and Julie Guthman, eds. *The New Food Activism: Opposition, Cooperation, and Collective Action*. Berkeley, CA: University of California Press, 2017.

Altman, Rebecca. "American Petro-Topia—An Intimate History of Plastic." *Aeon Magazine*, March 2015.

Arora, Rachna, Katharina Paterok, Abhijit Banerjee, and Manjeet Singh Saluja. "Potential and Relevance of Urban Mining in the Context of Sustainable Cities." *IIMB Management Review* 29 (2017): 210-24.

Aschemann-Witzel, Jessica. "Waste Not, Want Not, Emit Less." *Science* 352.6284 (2016): 408-9.

Aschemann-Witzel, Jessica, Ilona de Hooge, and Anne Normann. "Consumer-Related Food Waste: Role of Food Marketing and Retailers and Potential for Action." *Journal of International Food & Agribusiness Marketing* 28.3 (2016): 271-85.

Ashiagbor, Diamond, ed. *Re-Imagining Labor Law for Development: Informal Work in the Global North and South*. London: Hart Publishing, 2019.

Atwater, W. O. *Methods and Results on Investigations on the Chemistry and Economy of Food*. Bulletin No. 21, US Department of Agriculture, Office of Experiment Stations. Washington, DC: Government Printing Office, 1895.

Australian Packaging Covenant Organisation. *Market Impact Assessment Report: Chinese Import Restrictions for Packaging in Australia*. March 30, 2018, available at https://www.packagingcovenant.org.au/documents/item/1224

Baldé, C.F., V. Forti, V. Gray, R. Kuehr, and P. Stegmann. *The Global E-Waste Monitor-2017*. Bonn/Geneva/Vienna: United Nations University (UNU), International Telecommunication Union (ITU) and International Solid Waste Association (ISWA), 2017.

Baldé, C.F., F. Wang, R. Kuehr, and J. Huisman. *The Global E-Waste Monitor-2014*. Bonn: United Nations University; IAS, 2015.

Balkan, Elizabeth. "Dirty Truth About China's Incinerators." *China Dialogue*, May 7, 2012.

Baptista, Ana. "Garbage in, Garbage Out: Incinerating Trash Is Not an Effective Way to Protect the Climate or Reduce Waste." *The Conversation*, February 27, 2018.

Barbier, Edward B. "Scarcity, Frontiers and the Resource Curse: A Historical Perspective." In *Natural Resources and Economic Growth: Learning from History*. Eds. Badia-Miro, Marc, Vicente Pinilla and Henry Willebald. London: Routledge, 2015, pp. 54-76.

Barboza, Luis Gabriel Antao, A. Dick Vethaak, Beatriz R.B.O. Lavorante, Anne-Katrine Lundebyef, and Lucia Guilhermino. "Marine Microplastic Debris: An Emerging Issue for Food Security, Food Safety and Human Health." *Marine Pollution Bulletin* 133 (2018): 336-48.

Barnard, Alex V. "'Waving the Banana' at Capitalism: Political Theater and Social Movement Strategy among New York's 'Freegan' Dumpster Divers." *Ethnography* 12.4 (2011): 419-44.

Basel Action Network. *Scam Recycling: E-Dumping on Asia by US Recyclers*. Seattle, WA: Basel Action Network e-Trash Transparency Project, 2016.

Beall, Jo. "Thoughts on Poverty from a South Asian Waste Dump: Gender, Inequality and Household Waste." *IDS Bulletin* 28.3 (1997): 73-90.

Bhatia, Juhie. "Ugly Fruits and Vegetables: Why You Have to Learn to Love Them." *The Guardian*, November 17, 2016.

BIPRO/CRI. *Assessment of Separate Collection Schemes in the 28 Capitals of the EU, Final Report*. Brussels: European Commission — DG ENV, 2015.

Bloch, Stefano. "Hollywood as Waste Regime." *City* 17.4 (2013): 449-73.

Block, Alan A., and Frank R. Scarpitti. *Poisoning for Profit: The Mafia and Toxic Waste in America*. New York: William Morrow & Co, 1985.

Bob-Milliar, George M., and Franklin Obeng-Odoom. "The Informal Economy Is an Employer, a Nuisance, and a Goldmine: Multiple Representations of and Responses to Informality in Accra, Ghana." *Urban Anthropology and Studies of Cultural Systems and World Economic Development* 40.3/4 (2011): 263-84.

Boo, Katherine. *Behind the Beautiful Forevers: Life, Death, and Hope in a Mumbai Undercity*. New York: Random House, 2012.

Boteler, Cody. "Interpol Seizes More Than 1.5m Metric Tons of Illegal Waste in 30-Day Operation." *Waste Dive*, August 15, 2017.

Bower, Edmund. "One Man's Trash," *Business Monthly*, May 2017.

Breivik, Knut, James M. Armitage, Frank Wania, and Kevin C. Jones. "Tracking the Global Generation and Exports of E-Waste: Do Existing Estimates Add Up?" *Environmental Science and Technology* 48 (2014): 8735-43.

Bromley, Ray, and Tamar Diana Wilson. "Introduction: The Urban Informal Economy Revisited." *Latin American Perspectives* 45.1 (2018): 4-23.

Brooks, Amy L., Shunli Wang, and Jenna R. Jambeck. "The Chinese Import Ban and Its Impact on Global Plastic Waste Trade." *Science Advances* 4 (2018): 1-7.

Brooks, Andrew. "Networks of Power and Corruption: The Trade of Japanese Used Cars to Mozambique." *The Geographical Journal* 178.1 (2012): 80-92.

Brooks, Andrew. "Stretching Global Production Networks: The International Second-Hand Clothing Trade." *Geoforum* 44 (2013): 10-22.

Bullard, Robert. *Dumping in Dixie: Race, Class and Environmental Quality*. Boulder, CO: Westview Press, 1991.

Carlin, Aine. "We All Love Bagged Salads but They're the Tip of the Food Waste Iceberg." *The Guardian*, May 24, 2017.

Cashore, Benjamin, Graeme Auld, and Deanna Newsom. *Governing through Markets: Forest Certification and the Emergence of Non-State Authority*. New Haven, CT: Yale University Press, 2004.

Castaldi, Marco J. "Perspectives on Sustainable Waste Management." *Annual Review of Chemical and Biomolecular Engineering* 5 (2014): 547-62.

Chambers, Robert, and Gordon R. Conway. "Sustainable Rural Livelihoods: Practical Concepts for the 21st Century." IDS Discussion Paper 296 (1991).

Chen, Martha Alter. "The Informal Economy: Definitions, Theories and Policies." WIEGO Working Papers (2012).

Ciplet, David. "Contesting Climate Injustice: Transnational Advocacy Network Struggles for Rights in UN Climate Politics." *Global Environmental Politics* 14.4

(2014): 75-96.

Clapp, Jennifer. "The Distancing of Waste: Overconsumption in a Global Economy." In *Confronting Consumption*. Eds. Princen, Thomas, Michael F. Maniates and Ken Conca. Cambridge, MA: MIT Press, 2002.

Clapp, Jennifer. *Hunger in the Balance: The New Politics of International Food Aid*. Ithaca, NY: Cornell University Press, 2012.

Clapp, Jennifer. *Food* (2nd edn). London: Polity, 2016.

Clapp, Jennifer, and Linda Swanston. "Doing Away with Plastic Shopping Bags: International Patterns of Norm Emergence and Policy Implementation." *Environmental Politics* 18.3 (2009): 315-32.

Coffin, David, Jeff Horowitz, Danielle Nesmith, and Mitchell Semanik. "Examining Barriers to Trade in Used Vehicles." Office of Industries Working Paper, US International Trade Commission ID-044 (2016).

Crooks, Harold. *Giants of Garbage: The Rise of the Global Waste Industry and the Politics of Pollution Control*. Toronto: James Lorimer and Company, 1993.

Dauvergne, Peter. "Why Is the Global Governance of Plastic Failing the Oceans?" *Global Environmental Change* 61 (2018): 22-31.

Dauvergne, Peter, and Genevieve LeBaron. "The Social Cost of Environmental Solutions." *New Political Economy* 18.3 (2013): 410-30.

Davies, Anna R. "Civil Society Activism and Waste Management in Ireland: The Carranstown Anti-Incineration Campaign." *Land Use Policy* 25 (2007): 161-72.

Davies, Caroline. "Garbage City: The Scavengers Making a Fortune from Other Peoples' Rubbish," *BBC News Magazine*, September 26, 2016.

Davis, Shannon. "The Commodification of Waste: A Story of Plastics Recycling in Berkeley." Honors Thesis, Society and Environment Major. University of California at Berkeley, 2014.

Demaria, Federico, and Seth Schindler. "Contesting Urban Metabolism: Struggles over Waste-to-Energy in Delhi, India." *Antipode* 48.2 (2016): 293-313.

Dias, Sonia Maria. "Waste Pickers and Cities." *Environment & Urbanization* 28.2 (2016): 375-90.

Dias, Sonia Maria. "4 Strategies to Integrate Waste Pickers into Future Cities." *WIEGO Blog*, February 28, 2017.

Dias, Sonia Maria. "Statistics on Waste Pickers in Brazil." WIEGO Statistical Brief, No. 2 (2011).

Dias, Sonia Maria, and Melanie Samson. *Informal Economy Monitoring Sector Report:*

Waste Pickers. Cambridge, MA: WIEGO, 2012.
Dinler, Demet S. "New Forms of Wage Labor and Struggle in the Informal Sector: The Case of Waste Pickers in Turkey." *Third World Quarterly* 37.10 (2016): 1834-54.
Douglas, Mary. *Purity and Danger*. London: Routledge and Kegan Paul, 1966.
Earley, Katharine. "How Technology Can Prevent Food Waste in Developing Countries." *The Guardian*, December 18, 2014.
Economist. "A 'right to repair' movement tools up." *The Economist*, September 30, 2017.
Ellen MacArthur Foundation. *A New Textiles Economy: Redesigning Fashion's Future*. 2017.
Elliott, Lorraine. "Governing the International Political Economy of Transnational Environmental Crime." In *Handbook of the International Political Economy of Governance*. Eds. Payne, Anthony and Nicola Phillips. Cheltenham: Edward Elgar Publishing, 2014, pp. 450-68.
European Environment Agency. "Environmental Goods and Services Sector: Employment and Value Added". EEA, 2018. Available at https://www.eea.europa.eu/airs/2018/resource-efficiency-andlow-carbon-economy/environmental-goods-and-services-sector
Evans, David, Hugh Campbell, and Anne Murcott. "A Brief Pre-History of Food Waste and the Social Sciences." *The Sociological Review* 60.S2 (2013): 5-26.
Evans, David, Hugh Campbell, and Anne Murcott, eds. *Waste Matters: New Perspectives on Food and Society*. Hoboken, NJ: Wiley, 2013.
Fahmi, Wael, and Keith Sutton. "Cairo's Contested Garbage: Sustainable Solid Waste Management and the Zabaleen's Right to the City." *Sustainability* 2 (2010): 1765-83.
Flower, Will. "What Operation Green Fence Has Meant for Recycling." *Waste360*, February 10, 2016.
Freinkel, Susan. *Plastics: A Toxic Love Story*. New York: Houghton Mifflin Harcourt, 2011.
Friedman, Gerard. "Workers without Employers: Shadow Corporations and the Rise of the Gig Economy." *Review of Keynesian Economics* 2.2 (2014): 171-88.
Frosch, Robert A. "Industrial Ecology: Closing the Loop on Waste Materials." In *The Industrial Green Game*. Ed. Richards, Deanna J. Washington, DC: National Academies Press, 1997.

Gardner, T. A., M. Benzie, J. Borner, et al. "Transparency and Sustainability in Global Commodity Supply Chains." *World Development* (2018). https://doi.org/10.1016/j.worlddev.2018.05.025

Geeraerts, Kristof, Andrea Illes, and Jean-Pierre Schweizer. *Illegal Shipment of E-Waste from the EU: A Case Study on Illegal Export from the EU to China*. London: IEEP, 2015.

Geoghegan, Tom. "The Story of How the Tin Can Nearly Wasn't." *BBC News Magazine*, April 21, 2013.

Geyer, Roland, Jenna R. Jambeck, and Kara Lavender Law. "Production, Use, and Fate of All Plastics Ever Made." *Science Advances* 3.7 (2017): 1-5.

Gibbs, Carole, Edmund F. McGarrell, Mark Axelrod, and Louie Rivers III. "Conservation Criminology and the Global Trade in E-Waste: Applying a Multi-Disciplinary Research Framework." *International Journal of Comparative and Applied Criminal Justice* 35.4 (2011): 269-91.

Gidwani, Vinay. "The Work of Waste: Inside India's Infra-Economy." *Transactions of the Institute of British Geographers* 40.4 (2015): 575-95.

Gidwani, Vinay, and Rajyashree N. Reddy. "The Afterlives of 'Wastes': Notes from India for a Minor History of Capitalist Surplus." *Antipode* 43.5 (2011): 1625-58.

Gille, Zsuzsa. "From Risk to Waste: Global Food Waste Regimes." *The Sociological Review* 60.S2 (2012): 27-46.

Gjerris, Mickey, and Silvia Gaiani. "Household Food Waste in Nordic Countries: Estimations and Ethical Implications." *Nordic Journal of Applied Ethics* 7.1 (2013): 6-23.

Gourlay, K.A. *World of Waste: Dilemmas of Industrial Development*. London: Zed Books, 1992.

Graedel, Thomas E., Julian Allwood, Jean-Pierre Birat, et al. "What Do We Know About Metal Recycling Rates?" *Journal of Industrial Ecology* 15.3 (2011): 355-66.

Grant, Kristen, Fiona C. Goldizen, Peter D. Sly, et al. "Health Consequences of Exposure to E-Waste: A Systematic Review." *Lancet Global Health* 1 (2013): 350-61.

Grant, Richard, and Martin Oteng-Ababio. "Mapping the Invisible and Real 'African' Economy: Urban E-Waste Circuitry." *Urban Geography* 33.1 (2012): 1-21.

Grant, Richard, and Martin Oteng-Ababio. "The Global Transformation of Materials and the Emergence of Urban Mining in Accra, Ghana." *Africa Today* 62.4 (2016): 2-20.

Gregson, Nicky, Mike Crang, Julie Botticello, Melania Calestani, and Anna Krzwoszynska. "Doing the 'Dirty Work' of the Green Economy: Resource Recovery and Migrant Labor in the EU." *European Urban and Regional Studies* 23.4 (2016): 541-55.

Gregson, Nicky, Mike Crang, Sara Fuller, and Helen Holmes. "Interrogating the Circular Economy: The Moral Economy of Resource Recovery in the EU." *Economy and Society* 44.2 (2015): 218-43.

Gunders, Dana. *Wasted: How America Is Losing up to 40 Percent of Its Food from Farm to Fork to Landfill*. New York: National Resources Defense Council, 2012.

Gunders, Dana, Jonathan Bloom, JoAnne Berkenkamp, Darby Hoover, Andrea Spacht, and Marie Mourad. *Wasted: How America Is Losing up to 40 Percent of Its Food from Farm to Fork to Landfill, Second Edition of NRDC's Original 2012 Report*. New York: National Resources Defense Council, 2017.

Hartmann, Chris. "Waste Picker Livelihoods and Inclusive Neoliberal Municipal Solid Waste Management Policies: The Case of the La Chureca Garbage Dump Site in Managua, Nicaragua." *Waste Management* 71 (2018): 565-77.

Havice, Elizabeth, and Kristin Reed. "Fishing for Development? Tuna Resource Access and Industrial Change in Papua New Guinea." *Journal of Agrarian Change* 12.2-3 (2012): 413-35.

Hawkins, Gay, Emily Potter, and Kane Race. *Plastic Water: The Social and Material Life of Bottled Water*. Cambridge, MA: MIT Press, 2015.

Heneghan, Carolyn. "Why Tackling Food Waste Is a Win-Win for Manufacturers— and 3 Ways It's Getting Done." *Waste Dive*, June 27, 2016.

Henry, Laura. "Will a Garbage Revolt Threaten Putin?" *The Conversation*, June 7, 2018.

Henz, Gilmar Paulo, and Gustavo Porpino. "Food Losses and Waste: How Brazil Is Facing This Global Challenge?" *Horticultura Brasileira* 35.4 (2017): 472-82.

Herod, Andrew. *Labor*. London: Polity, 2018.

Hessler, Peter. "Tales of the Trash", *The New Yorker*, October 13, 2014.

Hobson, Kersty, and Nicholas Lynch. "Diversifying and De-Growing the Circular Economy: Radical Social Transformation in a Resource-Scarce World." *Futures* 82 (2016): 15-25.

Hoornweg, Daniel, and Perinaz Bhada-Tata. *What a Waste: A Global Review of Solid Waste Management*. Washington, DC: World Bank, 2012.

Hoornweg, Daniel, Perinaz Bhada-Tata, and Chris Kennedy. "Waste Production Must Peak This Century." *Nature* 502 (2013): 615-17.

Hopewell, Jefferson, Robert Dvorak, and Edward Kosior. "Plastics Recycling: Challenges and Opportunities." *Philosophical Transactions of the Royal Society* 364 (2009): 2115-26.

Howard, Brian Clark. "What Do Recycling Symbols on Plastics Mean?" *Good Housekeeping*, November 25, 2008.

Humes, Edward. *Garbology: Our Dirty Love Affair with Trash*. New York: Penguin Group, 2010.

Iles, Alastair. "Mapping Environmental Justice in Technology Flows: Computer Waste Impacts in Asia." *Global Environmental Politics* 4.4 (2004): 78-107.

International Energy Agency. *The Future of Petrochemicals: Towards More Sustainable Plastics and Fertilizers*. Paris: International Energy Agency, 2018.

ISWA. *Globalization and Waste Management, Phase 1: Concepts and Facts*. Vienna: International Solid Waste Association, 2012.

ISWA. *A Roadmap for Closing the World's Largest Dumpsites: The World's Most Polluted Places*. Vienna: International Solid Waste Association, 2016.

Jambeck, Jenna R., Roland Geyer, Chris Wilcox, et al. "Plastic Waste Inputs from Land into the Ocean." *Science* 347.6223 (2015): 768-71.

Jeffries, Nick. "A Circular Economy for Food: 5 Case Studies." *Circulate News*, February 9, 2018.

Jolly, Janice L. *The US Copper-Based Scrap Industry and Its Byproducts: An Overview* (7th edn). New York: Copper Development Association, 2007.

Kagan, Robert A. *Adversarial Legalism: The American Way of Law*. Cambridge, MA: Harvard University Press, 2001.

Kaza, Silpa, Lisa Yao, Perinaz Bhada-Tata, and Frank Van Woerden. *What a Waste 2.0: A Global Snapshot of Solid Waste Management*. Washington, DC: World Bank, 2018.

Khalamayzer, Anya. "Ikea's 7 Imperatives for Scrapping Food Waste." *GreenBiz*, July 24, 2017.

Kiser, Barbara. "Getting the Circulation Going." *Nature* 531 (2016): 443-44.

Knapp, Freyja L. "The Birth of the Flexible Mine: Changing Geographies of Mining and the E-Waste Commodity Frontier." *Environment and Planning A* 48.10

(2016): 1-21.

Knoblauch, Jessica A. "Plastic Not-So-Fantastic: How the Versatile Material Harms the Environment and Human Health." *Environmental Health News*, July 2, 2009.

Krook, Joakim, and Leenard Baas. "Getting Serious About Mining the Technosphere: A Review of Recent Landfill Mining and Urban Mining Research." *Journal of Cleaner Production* 55 (2013): 1-9.

Kumar, Deepak, and Prasanta Kalita. "Reducing Post-Harvest Losses During Storage of Grain Crops to Strengthen Food Security in Developing Countries." *Food* 6.1 (2017): 8.

Labban, Mazen. "Deterritorializing Extraction: Bioaccumulation and the Planetary Mine." *Annals of the Association of American Geographers* 104.3 (2014): 560-76.

Laville, Sandra. "Chinese Ban on Plastic Waste Imports Could See UK Pollution Rise." *The Guardian*, December 7, 2017.

Lebreton, L., B. Slat, F. Ferrari, et al. "Evidence That the Great Pacific Garbage Patch Is Rapidly Accumulating Plastic." *Scientific Reports* 8.4666 (2018).

Lepawsky, Josh. *Reassembling Rubbish: Worlding Electronic Waste*. Cambridge, MA: MIT Press, 2018.

Lepawsky, Josh, Erin Araujo, John-Michael Davis, and Ramzy Kahhat. "Best of Two Worlds? Towards Ethical Electronics Repair, Reuse, Repurposing and Recycling." *Geoforum* 81 (2017): 87-99.

Lepawsky, Josh, and Chris McNabb. "Mapping International Flows of Electronic Waste." *The Canadian Geographer* 54.2 (2009): 177-95.

Levitan, Dave. "Recycling's Final Frontier: The Composting of Food Waste." *Yale 360*, August 2013.

Li, Yun, Xingang Zhao, Yanbin Li, and Xiaoyu Li. "Waste Incineration Industry and Development Policies in China." *Waste Management* 46 (2015): 234-41.

Liboiron, Max. "Tactics of Waste, Dirt and Discard in the Occupy Movement." *Social Movement Studies* 11.3-4 (2012): 393-401.

Liboiron, Max. "Municipal Versus Industrial Waste: Questioning the 3-97 Ratio." *Discard Studies*, March 2, 2016.

Liboiron, Max. "The What and the Why of Discard Studies." *Discard Studies*, September 1, 2018.

Linzner, Roland, and Ulrike Lange. "Role and Size of Informal Sector in Waste Management—A Review." *Waste and Resource Management* 166.2 (2012): 69-83.

Lundgren, Karin. *The Global Impact of E-Waste: Addressing the Challenge*. Geneva: International Labor Organization, SECTOR and SAFEWORK offices, 2012.

MacBride, Samantha. *Recycling Reconsidered: The Present Failure and Future Promise of Environmental Action in the United States*. Cambridge, MA: MIT Press, 2012.

McKee, Emily. "Trash Talk: Interpreting Morality and Disorder in Negev/Naqab Landscapes." *Current Anthropology* 56.5 (2015): 733-52.

McKenzie, Tara, Lila Singh-Peterson, and Steen J.R. Underhill. "Quantifying Postharvest Loss and the Implication of Market-Based Decisions: A Case Study of Two Commercial Domestic Tomato Supply Chains in Queensland, Australia." *Horticulturae* 3.44 (2017): 1-15.

Maes, T., J. Barry, H.A. Leslie, et al. "Below the Surface: Twenty-Five Years of Seafloor Litter Monitoring in Coastal Seas of North West Europe (1992-2017)." *Science of the Total Environment* 630 (2018): 790-8.

Marello, Marta, and Ann Helwege. "Solid Waste Management and Social Inclusion of Waste Pickers: Opportunities and Challenges." *Latin American Perspectives* 45.1 (2018): 108-29.

Matchar, Emily. "The Fight for the Right to Repair." *Smithsonian Magazine*, July 13, 2016.

Mathews, John A., and Hao Tan. "Lessons from China." *Nature* 531 (2016): 440-2.

Meikle, Jeffrey. *American Plastic: A Cultural History*. New Brunswick, NJ: Rutgers University Press, 1995.

Minter, Adam. *Junkyard Planet: Travels in the Billion-Dollar Trash Trade*. New York: Bloomsbury, 2013.

Minter, Adam. "How We Think of E-Wastes Is in Need of Repair." *Anthropocene Magazine*, October 2016.

Minter, Adam. "China's War on Foreign Garbage." *Bloomberg.com*, July 20, 2017.

Minter, Adam. "Plastic Straws Aren't the Problem." *Bloomberg Opinion*, June 7, 2018.

Mitchell, Scott. "Narratives of Resistance and Repair in Consumer Society." *Third Text* 32.1 (2018): 56-67.

Montgomery, Mark A. "Reassessing the Waste Trade Crisis: What Do We Really Know?" *Journal of Environment and Development* 4.1 (1995): 1-28.

Moore, Sarah A. "The Excess of Modernity: Garbage Politics in Oaxaca, Mexico." *The Professional Geographer* 61.4 (2009): 426-37.

Moore, Sarah A. "Garbage Matters: Concepts in New Geographies of Wastes." *Progress in Human Geography* 36.6 (2012): 780-99.

Morath, Susan J. "Regulating Food Waste." *Texas Environmental Law Journal* 48.2 (2018): 1-35.

Musulin, Kristin. "The 2016 Dive Awards for the Waste Industry." *Waste Dive*, November 29, 2016.

Nagle, Robin. *Picking Up: On the Streets and Behind the Trucks with the Sanitation Workers of New York City*. New York: Farrar, Strauss and Giroux, 2013.

Nestle, Marion. *Food Politics: How the Food Industry Influences Nutrition and Health*. Berkeley, CA: University of California Press, 2002.

Newell, Peter, and Adam Bumpus. "The Global Political Ecology of the Clean Development Mechanism." *Global Environmental Politics* 12.4 (2012): 49-67.

NRDC/Harvard Food Law and Policy Clinic. *The Dating Game: How Confusing Date Labels Lead to Food Waste in America*. NRDC Report. 2013.

O'Neill, Kate. "Regulations as Arbiters of Risk: Great Britain, Germany, and the Hazardous Waste Trade in Western Europe." *International Studies Quarterly* 41.4 (1997): 687-718.

O'Neill, Kate. *Waste Trading among Rich Nations: Building a New Theory of Environmental Regulation*. Cambridge, MA: MIT Press, 2000.

O'Neill, Kate. "Will China's Crackdown on 'Foreign Garbage' Force Wealthy Countries to Recycle More of Their Own Waste?" *The Conversation*, December 13, 2017a.

O'Neill, Kate. *The Environment and International Relations* (2nd edn). Cambridge: Cambridge University Press, 2017b.

O'Neill, Kate. "Explainer: The Plastic Waste Crisis Is an Opportunity for the US to Get Serious About Recycling at Home." *The Conversation*, August 17, 2018.

O'Neill, Kate. "Linking Wastes and Climate Change: Bandwagoning, Contention and Global Governance." *WIRES Climate Change* 10.2 (2019): 1-17.

Ottoviani, Jacopo. "E-Waste Republic." *AlJazeera.com*, 2015.

Pacheco-Vega, Raul, and Kate Parizeau. "Doubly Engaged Ethnography: Opportunities and Challenges When Working with Vulnerable Communities." *International Journal of Qualitative Methods* 17.1 (2018): 1-13.

Parizeau, Kate. "Urban Political Ecologies of Informal Recyclers' Health in Buenos Aires, Argentina." *Health & Place* (2015): 67-74.

Paterson, Matthew. "Where There's Muck There's Brass." *Cahiers de l'idiotie: Merde* 5 (2012): 77-87.

Pellow, David Naguib. *Garbage Wars: The Struggle for Environmental Justice in*

Chicago. Cambridge, MA: MIT Press, 2002.

Peluso, Nancy Lee. "Plantations and Mines: Resource Frontiers and the Politics of the Smallholder Slot." *The Journal of Peasant Studies* 44.4 (2017): 834-69.

Porpino, Gustavo, Juracy Parente, and Brian Wansink. "Food Waste Paradox: Antecedents of Food Disposal in Low Income Households." *International Journal of Consumer Studies* 39 (2015): 619-29.

Postrel, Virginia, and Adam Minter. "The Future of Clothing Isn't in Tatters." *Bloomberg.com*, March 31, 2018.

Princen, Thomas. "Distancing: Consumption and the Severing of Feedback." In *Confronting Consumption*. Eds. Princen, Thomas, Michael F. Maniates and Ken Conca. Cambridge, MA: MIT Press, 2002, pp. 103-32.

Princen, Thomas, Michael F. Maniates, and Ken Conca, eds. *Confronting Consumption*. Cambridge, MA: MIT Press, 2002.

Puckett, Jim, Leslie Byster, Sarah Westervelt, et al. *Exporting Harm: The High-Tech Trashing of Asia*. Seattle, WA: Basel Action Network, 2002.

Puckett, Jim, Sarah Westervelt, Richard Gutierrez, and Yuka Takamiya. *The Digital Dump: Exporting Re-Use and Abuse to Africa*. Seattle, WA: Basel Action Network, 2005.

Rathje, William, and Cullen Murphy. *Rubbish! The Archaeology of Garbage*. Vol. Tucson, AZ: The University of Arizona Press, 2001.

Reagan, Robert. "A Comparison of E-Waste Extended Producer Responsibility Laws in the European Union and China." Vermont Journal of International Law 16 (2015): 662-86.

Reddy, Rajyashree N. "Reimagining E-Waste Circuits: Calculation, Mobile Policies, and the Move to Urban Mining in Global South Cities." Urban Geography 37.1 (2016): 57-76.

Reno, Joshua. Waste Away: Working and Living with a North American Landfill. Berkeley, CA: University of California Press, 2016.

Resnick, Elana. "Discarded Europe: Money, Trash and the Possibilities of a New Temporality." Anthropological Journal of European Cultures 24.1 (2015): 123-31.

Rogoff, Marc J., and Ian Spurlock. "Employment in a Tech Savvy Waste Industry." MSW Management (September/October 2017): 54-8.

Rootes, Christopher. "From Local Conflict to National Issue: When and How Environmental Campaigns Succeed in Transcending the Local." Environmental

Politics 22.1 (2013): 95-114.

Rosengren, Cole. "What's Next for the NYC Commercial Waste World?" Waste Dive, August 19, 2016.

Rosengren, Cole. "Special Investigation: Living on Scraps." DigBoston, July 12, 2018a.

Rosengren, Cole. "Could New Tariffs Be the Final Blow for US-China Scrap Trade?" Waste Dive, August 9, 2018b.

Sánchez, Tania Espinoza. "Threat of a New Waste Incinerator in Mexico City Puts Informal Waste Pickers' Livelihoods at Risk." WIEGO Blog, March 1, 2018.

Saphores, Jean-Daniel M., Hilary Nixon, Oladele Ogunseitan, and Andrew A. Shapiro. "How Much E-Waste Is There in US Basements and Attics? Results from a National Survey." Journal of Environmental Management 90 (2009): 3322-31.

Saviano, Roberto. Gomorrah: A Personal Journey into the Violent International Empire of Naples' Organized Crime System. London: Picador, 2008.

Scheinberg, A., M. Simpson, Y. Gupt, et al. Economic Aspects of the Informal Sector in Solid Waste Management. Eschborn, Germany: GTZ and CWG, 2010.

Schenck, Catherina, Nik Theodore, Philip F. Blaauw, Elizabeth C. Swart, and Jacoba M.M. Viljoen. "The N2 Scrap Collectors: Assessing the Viability of Informal Recycling Using the

Sustainable Livelihoods Framing." Community Development Journal 53.4 (2017): 656-74.

Schneider, Felicitas. "The Evolution of Food Donation with Respect to Waste Prevention." *Waste Management* 33 (2013): 755-63.

Schroder, Patrick, Manisha Anantharaman, Kartika Anggraeni, and Timothy J. Foxon, eds. *The Circular Economy and the Global South: Sustainable Livelihoods and Green Industrial Development*. London: Earthscan, 2019.

Schumpeter, Joseph A. *The Theory of Economic Development: An Inquiry into Profits, Capital, Credit, Interest, and the Business Cycle*. Oxford: Oxford University Press, 1961.

Schwabl, P., B. Liebmann, S. Koppel, et al. "Assessment of Microplastic Concentrations in Human Stool — Preliminary Results of a Prospective Study." *United European Gastroenterology Week 2018*.

Sheppard, Kate. "E-Waste Recycling in US Prisons." *Grist*, December 23, 2006.

Slackman, Michael. "Cleaning Cairo, but Taking a Livelihood," *The New York Times*,

May 24, 2009.

Smithers, Rebecca. "Salad Days Soon Over: Consumers Throw Away 40% of Bagged Leaves." *The Guardian*, May 24, 2017.

Soma, Tammara. "Gifting, Ridding and the 'Everyday Mundane': The Role of Class and Privilege in Food Waste Generation in Indonesia." *Local Environment* 22.12 (2017): 1444-60.

Soma, Tammara, and Keith Lee. "From 'Farm-to-Table' to 'Farm to Dump': Emerging Research on Household Food Waste in the Global South." *Conversation in Food Studies*. Eds. Anderson, Colin R., Jennifer Brady and Charles Z. Levkoe. Winnipeg: University of Manitoba Press, 2016.

Spierling, Sebastian, Carolin Rottger, Venkateshwaran Venkatachalam, et al. "Bio-Based Plastics — A Building Block for the Circular Economy?" *Procedia CIRP* 69 (2018): 573-8.

Stahel, Walter R. "Circular Economy." *Nature* 531.7595 (2016) 435-8.

Stern, Rachel E. *Environmental Litigation in China: A Study in Political Ambivalence*. Cambridge: Cambridge University Press, 2013.

Strasser, Susan. *Waste and Want: A Social History of Trash*. New York: Metropolitan Books, 1999.

Sundt, Peter, Per-Erik Schulze, and Frode Syversen. *Sources of Microplastics Pollution to the Marine Environment*. Report produced for the Norwegian Environment Agency, 2014.

Szasz, Andrew. "Corporations, Organized Crime and the Disposal of Hazardous Waste: An Examination of the Marking of a Criminogenic Regulatory Structure." *Criminology* 24.1 (1986): 1-27.

Toscano, Nick. "China's Import Ban Shakes Up Plastic Waste War." *The Age*, September 10, 2018.

Uddin, Sayed Mohammad Nazim, and Jutta Gutberlet. "Livelihoods and Health Status of Informal Recyclers in Mongolia." *Resources, Conservation & Recycling* 134 (2018): 1-9.

UN-Habitat. *The Challenge of Slums: Global Report on Human Settlements 2003*. London: Earthscan, 2003.

UNFAO. *Global Food Losses and Food Waste—Extent, Causes and Prevention*. Rome: UN Food and Agriculture Organization, 2011.

UNFAO. *Food Wastage Footprint: Impacts on Natural Resources: Summary Report*. Rome: UN Food and Agriculture Organization, 2013.

United Church of Christ Commission for Racial Justice. "Toxic Wastes and Race in the United States: A National Report on the Racial and Socioeconomic Characteristics of Communities with Hazardous Waste Sites." 1987.

UNODC. *Transnational Organized Crime in East Asia and the Pacific: A Threat Assessment*. Vienna: United Nations Office on Drugs and Crime, 2013.

US Environmental Protection Agency. "How Communities Have Defined Zero Waste". n.d. Available at https://www.epa.gov/transforming—waste—tool/how—communities—have—defined—zero—waste.

Vallette, Jim, and Heather Spalding. *The International Trade in Hazardous Wastes: A Greenpeace Inventory* (5th edn). Washington, DC: Greenpeace International Waste Trade Project, 1990.

Velis, Costas. *Global Recycling Markets: Plastic Waste. A Story for One Player—China*. Vienna: ISWA Taskforce on Globalization and Waste Management, 2014.

Vergara, Sintana E., and George Tchobanoglous. "Municipal Solid Waste and the Environment: A Global Perspective." *Annual Review of Environment and Resources* 17 (2012): 277-309.

Vilella, Mariel. *The European Union's Double Standards on Waste Management and Climate Policy: Why the EU Should Stop Buying CDM Carbon Credits from Incinerators and Landfills in the Global South*. Brussels: Global Alliance for Incinerator Alternatives, 2012.

Watts, Jonathan. "Eight Months on, Is the World's Most Drastic Plastic Bag Ban Working?" *The Guardian*, April 25, 2018.

Wilson, David C. "Development Drivers for Waste Management." *Waste Management & Research* 25 (2007): 198-207.

Wilson, David C., Adebisi O. Araba, Kaine Chinwah, and Christopher R. Cheeseman. "Building Recycling Rates through the Informal Sector." *Waste Management* 29.2 (2009): 629-35.

Wilson, David C., Ljiljana Rodic, Prasad Modak, et al. *Global Waste Management Outlook*. Vienna: United Nations Environment Programme/International Solid Waste Association, 2015.

Winslow, Kevin M., Steven J. Laux, and Timothy G. Townsend. "A Review on the Growing Concern and Potential Management Strategies of Waste Lithium-Ion Batteries." *Resources, Conservation & Recycling* 129 (2018): 263-77.

Winter, Debra. "The Violent Afterlife of a Recycled Plastic Bottle." *Atlantic Monthly*, December 4, 2015.

Wittmer, Josie, and Kate Parizeau. "Informal Recyclers' Geographies of Surviving Neoliberal Urbanism in Vancouver BC." *Applied Geography* 66 (2016): 92-9.

World Economic Forum, Ellen MacArthur Foundation, and McKinsey & Company. *The New Plastics Economy—Rethinking the Future of Plastics*. 2016. Available at http://www.ellenmacarthurfoundation.org/publications

WRAP. "Wrap and the Circular Economy". n.d. Available at http://www.wrap.org.uk/about-us/about/wrap-and-circular-economy

Wynne, Brian, ed. *Risk Management and Hazardous Waste: Implementation and the Dialectics of Credibility*. Berlin: Springer-Verlag, 1987.

Wynne, Brian. "The Toxic Waste Trade: International Regulatory Issues and Options." *Third World Quarterly* 11.3 (1989): 120-46.

Xiarchos, Irine M., and Jerald J. Fletcher. "Price and Volatility Transmission between Primary and Scrap Metal Markets." *Resources, Conservation & Recycling* 53 (2009): 664-73.

Xue, Li, Gang Liu, Julian Parfitt, et al. "Missing Food, Missing Data? A Critical Review of Global Food Losses and Food Waste Data." *Environmental Science and Technology* 51 (2017): 6618-33.

Yee, Amy. "In Sweden, Trash Heats Homes, Powers Buses and Fuels Taxi Fleets." *The New York Times*, September 21, 2018.

Zalasiewicz, Jan, Mark Williams, Colin N. Waters, et al. "Scale and Diversity of the Physical Technosphere: A Geological Perspective." *The Anthropocene Review* 4.1 (2017): 9-22.

Zhang, Shengen, Yunji Ding, Bo Liu, and Chein-chi Chang. "Supply and Demand of Some Critical Metals and Present Status of Their Recycling in WEEE." *Waste Management* 65 (2017): 113-27.

Zimring, Carl A. *Clean and White: A History of Environmental Racism in the United States*. New York: NYU Press, 2015.

Zinda, John Aloyisus, Yifei Li, and John Chung-En Liu. "China's Summons for Environmental Sociology." *Current Sociology* 66.6 (2018): 867-85.

찾아보기